KiWi 68 So sehe ick die Sache
Protokolle aus der DDR

KiWi

So sehe ick die Sache

Protokolle aus der DDR

Leben im Havelländischen Obstanbaugebiet

Von Gabriele Eckart

Kiepenheuer & Witsch

Umschlag Hannes Jähn, Köln
Gesamtherstellung Clausen & Bosse, Leck
ISBN 3 462 01666 0

Das Buch sollte – in einer allerdings zensierten Fassung – im Herbst 1984 in der DDR unter dem Titel »Mein Werder-Buch / 19 Tonbandprotokolle« veröffentlicht werden.
Nach dem Vorabdruck einiger Passagen in der DDR-Literaturzeitschrift »Sinn und Form« konnte das Buch aus politischen Gründen nicht mehr erscheinen.

Das Vorwort von Gabriele Eckart wurde für diese geplante DDR-Ausgabe verfaßt.
Die Namen und eine Reihe anderer individueller Merkmale der Befragten wurden aus Gründen des Personenschutzes z. T. verändert.

INHALT

Die Tonbandprotokolle

VORWORT

In diesem Buch sprechen einundzwanzig Menschen von ihrem Leben, ihren Freuden, Sorgen, Ansichten und Träumen.
Sie alle leben und arbeiten im Havelländischen Obstanbaugebiet (im Buch vielfach als HOG bezeichnet) – einer hügeligen Gegend mit vielen Seen, Obstplantagen und Gemüsefeldern, das man auf der Landkarte westlich Berlins, zwischen Potsdam und Brandenburg, findet. Sie sind hier geboren, die Vorfahren einiger von ihnen hatten seit Jahrhunderten mit Obstanbau zu tun, für den das Gebiet mit seinen leichten, lehmigen Sandböden, die sich im Frühjahr schnell erwärmen, gut geeignet ist – oder sie sind zugezogen, seit das Havelobst 1975 Apfelintensivanbaugebiet sowie Zentrales Jugendobjekt wurde und die Plantagen auf ein bis dahin ungeheuerlich scheinendes Ausmaß wuchsen. Das brauchte viele neue Leute, vor allem junge mit viel Einsatzfreude und mit dem Mut zu fragen, wie aus dieser umgestülpten, zerbaggerten Gegend, in der sich Landschaftsbild und Infrastruktur stark verändert haben, eine Heimat zu machen ist.
Das Zentrum dieses Gebietes ist Werder.
Ich war dort 1980 für ein Jahr »Kulturarbeiter« und habe zu den Menschen schnell Kontakt gefunden. Fast alle erstaunten mich durch die Offenheit, das Selbstbewußtsein und den kritischen Sinn, mit denen sie über alles, was sie fühlten und dachten, sprachen. Als ich in Fontanes »Wanderungen durch

die Mark Brandenburg« las , daß die Werderaner den vertrackten Hang hätten, sich abzuschließen und Fremden äußerst mißtrauisch zu begegnen, wunderte ich mich. So begegnete *mir* niemand. Aber ich war jetzt hundert Jahre später hier, die Geschichte bricht Schalen auf, und immerhin spürte ich doch in dem Maß an Aufgeschlossenheit einen deutlichen Unterschied zwischen den Generationen – der Leser vergleiche zum Beispiel den Ton der Rede von Franz, dem Vater, und Franz, dem Sohn! (In welchem Ton würde wohl der Sohn von Franz, dem Jüngeren, in zwanzig Jahren reden, wenn einer ihn interviewte?)
Meine Arbeit machte mir Spaß. Obgleich es ziemlich schwer ist, für Kultur zuständig zu sein, wenn es hauptsächlich um Planerfüllung, Produktion, Ökonomie geht, nur in Tonnen Äpfeln abgerechnet wird. Als in Werder auf der Jugendhöhe für die über tausend Jugendlichen ein Kulturhaus gebaut werden sollte, mußten nach vielem Hin und Her die Pläne und Entwürfe wieder eingepackt werden. Es wäre noch nicht an der Zeit. Aber diese Jugendlichen sind JETZT jung und brauchen Raum, um in der Freizeit sinnvoll miteinander umzugehen. Einige sprechen auf den folgenden Seiten davon. Ich habe selbst auf der Jugendhöhe in einem Ledigenwohnheim gelebt und die Probleme kennengelernt. Auch auf meine Fragen, inwieweit schon die Arbeit selbst einen kulturellen Effekt hat, oder wie es um die menschlichen Beziehungen in den Kollektiven bestellt ist, konnte ich nur bei einigen befriedigende Antworten finden.
Was mir gelang, war Kleinarbeit. Ich richtete im Lehrlingswohnheim eine Bibliothek ein, brachte die Bücherausleihe in Gang, organisierte Theaterfahrten für Brigaden und Lehrlingsklassen und Gespräche über die Theatervorstellungen sowie alle möglichen Veranstaltungen, Diavorträge und Schriftstellerlesungen. Zum Baumblütenfest, auf dem die Obstbauern früher vorgetriebene Erdbeertöpfchen und Obstwein verkauften, wurde ein Büchersolidaritätsbasar veranstaltet.

Viel Freude machte mir mein Literaturzirkel. Zuerst, nachdem ich dafür Plakate ausgehängt hatte, kam niemand. Ich war traurig. Dann wanderte ich ein paar Abende lang durch alle Zimmer der Lehrlinge, um zu erfahren, warum. »Ach, interessant ist das bestimmt«, sagten viele, »aber wenn du um fünf nach der Arbeit hier ankommst, geht's essen, dann unter die Dusche und erst mal ins Bett. Und wenn du schon einmal im Nachthemd bist, hörst du lieber noch ein bißchen Radio oder schwatzt, statt dich noch mal anzupellen, um in einen Zirkel zu gehen.« Einige fragten erstaunt: »Du machst das, kein Lehrer oder Erzieher?« Und als ich sagte, daß sie von mir aus auch im Nachthemd oder Bademantel kommen könnten, kamen erst vier, dann zehn, dann fünfzehn ... Das waren wenige bei tausend Lehrlingen, aber ich mußte mir eingestehen: An Tagen, wo ich selbst mit auf dem Acker war, Äpfel pflückte oder Bäume schnitt, hätten mich abends keine zehn Pferde mehr aus dem Bett gebracht. Ich hatte zufrieden zu sein. Überdies redeten sie äußerst eifrig über die kleinen Ausschnitte Weltliteratur, die ich ihnen jede Woche vorlas, und über sich selbst. Sie waren empfänglicher als irgend jemand, dem ich bisher begegnete, für Fragen wie die nach dem Sinn des Lebens. Ein Mädchen fing an, Gedichte zu schreiben. In einem hieß es: »Ich habe Angst, daß ich verliere, was ich vielleicht gar nicht liebe ...« Ob wir das verstünden?

Von den Lehrlingen baten viele, für dieses Buch vor dem Tonband einmal ihr Herz ausschütten zu dürfen. Was sie sagten, war in jedem Fall so interessant, daß es mir schwerfiel, auszuwählen. Ich entschied mich für, die mir durch das Maß an Ungeduld in ihrem Wesen und ihr Selbstbewußtsein besonders gefiel.

Auch bei den Älteren – Männern wie Frauen, Arbeitern wie Leitern, Einheimischen wie Zugewanderten – schwand nicht die Offenheit, als ich plötzlich bei ihnen mit Tonbandgerät erschien, in ihren Büros, im Arbeitswagen auf dem Feld oder bei ihnen zu Hause. Sie redeten wie sonst, je nach der Art

ihres Temperaments, aufgeregt und sprudelnd oder bedacht und ruhig. Es wurde geflucht zwischendurch oder gelacht und geweint. Der Leser mag, wenn er die Texte liest, sich zu jedem eine Stimme, einen möglichen Dialekt und einen Gesichtsausdruck vorstellen.
Nicht alle Auffassungen, ob sie Leitungsprobleme im Havelobst oder unser Leben überhaupt betreffen, teile ich. Daß ich nicht wie Ruth ans Hexen glaube, versteht sich von selbst. Wenn ich Heinz wäre, würde ich nicht, weil man mit Tomaten »mehr Geld macht«, im Garten alle Kirschbäume ausreißen. Und bei einem anderen spüre ich, daß er ein Karrierist ist, und darüber, wie er sich unfreiwillig selbst parodiert, muß ich traurig lächeln. Aber bliebe er hier ausgespart, verstünde man nicht so gut, warum der Beruf dort so vielen wie Ralf, Karl, Walter, Klaus, die ich für ihre Haltung bewunderte, tagtäglich so viel Kraft und Stehvermögen abverlangt.
Die Gedanken und Lebenseinstellungen in diesem Buch sind so verschieden wie die Charaktere und Biographien, in denen sie ihren Ursprung haben. Ich halte sie alle für mitteilenswert. Sie dokumentieren für mich einen Zeitausschnitt aus der Geschichte unserer Gesellschaft, die noch jung ist und voll Unruhe nach Formen für ihr Leben sucht.

Die Tonbandprotokolle

ERNST, 66, GÄRTNER Mein Vater war Maurer. Meine Großeltern mütterlicherseits hatten eine Obstanlage, da hat er eingeheiratet. Früher war es hier so üblich: die Frauen versorgten das Obstland, und die Männer gingen ihrem Beruf nach. Wenn sie abends nach Hause kamen, haben sie schnell eine Tasse Kaffee getrunken, sind mit dem Fahrrad raus zur Plantage und haben mit gepflückt, auch sonnabends und sonntags. Auch wir Kinder. Wenn ich aus der Schule kam, lag ein Zettel auf dem Tisch: Ernst, schäl Kartoffeln, hol Kohlen und Holz rein, wenn du fertig bist, komm Erdbeeren pflücken! Das war meine Jugendzeit.

Und dann kamen die Fröste. Um Caputh hier sind sie besonders schlimm. Ich habe lange gerätselt, woher das kommt. Da ist der große Schwielowsee, drüben liegen Werder, Glindow, Geltow, und hier liegt Caputh. Die kalte Luft ist schwerer als die warme, sie kommt überm See von oben und drückt die Warmluft weg. Sie entweicht an den Hängen, darum sind sie frostfrei. Die kalte Luft kommt wieder ... diese Zirkulation geht die ganze Nacht. Und wenn Wind geht, der kommt im Frühjahr meist aus Osten, drückt er die Warmluft nach Westen, nach Werder, Glindow, Geltow, die kalte Luft bleibt in Caputh stehen. Es gab Jahre, wo hier alles erfroren war, und drüben haben sie noch einigermaßen geerntet.

Da habe ich mir beizeiten gesagt: Wenn du Gärtner wirst, mußt du soviel wie möglich Glasflächen haben.

Lust zu dem Beruf hatte ich schon immer, hab ich jetzt noch. Mein Vater sagte: Ist doch brotlose Kunst! Lern ein Handwerk, Tischler, Fliesenleger oder Maurer. Ich sagte: Aber wenn ich dann einundzwanzig bin, werd ich Gärtner! Da sagte er: Na gut, es hat keinen Zweck bei dir, und wir zogen los. Der erste Betrieb, wo wir hinkamen, hatte Alpenveilchen. Ich hatte zur Einsegnung welche gekriegt, mir Samen gezogen und ausgesät, die standen so schön. Der Gärtner sagte: Weißt du, was das ist? Ich sage: Kleine Alpenveilchen, zehn Wochen alt, meine sind auch so weit. Da sagt er: Du kannst morgen anfangen! So bin ich Gärtner geworden.
Bei mir wuchs alles. Ein Chef hat mal zu mir gesagt: Ach, wissen Sie, stecken Sie mal 'n Besen in den Kompost, ich will sehen, ob der auch wächst ... Ich hab eine glückliche Hand, und man muß doch machen, wozu man Talent hat.
Mein Vater hatte mir die Treibhäuser gebaut, mein Bruder, der Tischler war, die Fenster reingemacht, dafür hab ich ihnen die Bäume veredelt. Ich konnte mir nun die Pflanzen selber ziehen, Tomaten und so was, die kosteten viel Geld. Im Winter hatte ich Blumen in den Treibhäusern, Alpenveilchen waren meine Spezialität. Dazu sechs Morgen Obst- und Gemüseland, wir haben uns ganz gut durchgeschlagen.
Dann kam der Krieg. Als ich nach sechs Jahren wiederkam (ich war in Friesland interniert und bin ausgerückt), war hier alles ziemlich verkommen. Die Männer nicht da, die Frauen konnten nur das Nötigste machen. Was sollte nun werden? Wir kriegten durch die Bodenreform Land, das einem Gutsbesitzer gehört hatte, der nach drüben gemacht ist, der hatte es verpachtet und jedes Frühjahr für den Morgen dreißig Mark kassiert. Daraus wurde später die Genossenschaft.
Ich baute erst mal zu Hause alles wieder auf, habe dann das Geschäft neben der Post mit übernommen, dort hat meine Frau verkauft. Ich hab mir 'n alten Opel als Lieferwagen umgebaut und die Gaststätten beliefert. Wenn ich zurückkam, bin ich zur Plantage gefahren, da haben schon paar Leute ge-

erntet ... Das lief bald sehr gut, und dann ging die Reklame los: Die Kolchosen in Rußland ... wie das dort vorwärtsgeht!
Ich hatte Skrupel. Was ich im Krieg drüben gesehen hatte, hat mich nicht begeistert. Aber im Krieg kann ja auch nichts sein, wie's soll. Ich habe eingereicht, daß ich als Tourist in die Sowjetunion fahren will. Die Kreisleitung fragte, was ich für Motive habe. So 'ne Reise kostete ja Geld. Ich sagte: Erzählen kann mir einer viel, ich kann nur vertreten, was ich mit eigenen Augen gesehen habe. Sie haben mir nicht geglaubt, aber ich habe nicht locker gelassen, da haben sie dann über die »Gärtnerpost« gefragt, wer noch mitfahren will. Schließlich sind wir, außer mir noch vierzehn Gärtner, rübergefahren. Die Kolchosen dort ... na, ich sagte: Mit den Erträgen könnten wir zu Hause nicht bestehen. Wir müssen auch aus unserem Sandboden ein bißchen mehr rausholen. Aber man mußte auch bedenken: Wir hatten ja als Voraussetzung viel mehr, und was hatten die unterm Zaren? Was die heut nicht haben, dachte ich, haben die morgen. Trotzdem waren meine Skrupel nicht weg. Was ich gesehen hatte, waren landwirtschaftliche Genossenschaften, gärtnerische hatten die noch nicht. Außerdem haben sie dort guten Boden und Pferde. Bei uns waren die Pferde weg; wenn wir Mist brauchten, hatten wir nur unseren eigenen. Bei diesem mageren Boden konnte man nur mit ganz intensiver Arbeit weiterkommen.
Ich hatte mir alle Vorträge über Genossenschaft angehört, und ich sagte: Große Maschinen? Wir haben hier von der Eiszeit große Berge und Löcher, da können die nichts machen ... Es war mir eben alles fragwürdig. Mehrere sind abgehauen, aber ich hatte keine Verwandten drüben, mein ganzes Zeug war hier. Außerdem war ich in der SPD und bin, als die Vereinigung kam, mit in die SED gegangen.
Als die Vorladung zur Aussprache kam, bin ich hin und habe wieder meine Meinung gesagt. Aber dann sagte ich mir: Ernst, das kommt ja doch! und hab unterschrieben, im Au-

gust achtundfünfzig, als erster Gärtner. Ich war im ganzen Ort verschrien.
Die anderen wollten allein weitermachen, aber wir waren dann doch die erste GPG, die in Gang kam: ein paar Genossen, und die wenigsten von ihnen wußten, was werden soll. Wir wollten eine große Gärtnerei aufbauen, hatten schon Kästen und Fundamente, immer hieß es: Komm mal, Ernst, du mußt ja Bescheid wissen! Ich hab hier weiter Pflanzen angebaut, damit sie welche hatten. Auch mein Auto ist in die Genossenschaft eingegangen und das Geschäft. Meine Frau hat dort weiter verkauft, aber das Geld war nicht mehr unsres. Das hat sie bis heute nicht verkraftet.
Ja, für uns war die Umstellung hart, wir hatten vorher gut verdient. Aber die Frauen, wo die Männer im Krieg geblieben waren, die kamen nicht mehr durch auf dem verkommenen Land und bibberten vor Angst: Kriegen wir Erdbeeren oder keine? Sie mußten zwischendurch arbeiten gehn, für zwei Mark am Tag. 1960 kamen sie in die Genossenschaft, und heute sagen sie: So gut ging's uns vorher nicht! Wenn der Monat rum ist, kriegen sie ihr Geld, wo's herkommt, fragen sie nicht. Wenn sie früher einen Fehler gemacht haben, war oft die ganze Ernte weg, wenn sie heute einen machen, merken sie's oft nicht mal. Aber am Anfang war's schwer, wir haben mit Minus gearbeitet. Es ging mir zu langsam vorwärts, ich sagte: Wenn ich was mache, muß es laufen! Aber es ging nicht schneller. Das bißchen Zuteilung, das wir kriegten, mußte reichen. Heute rufen wir bloß an und kriegen, was wir wollen.
Wir haben zum Beispiel Laub aus dem Wald geholt und aus Potsdam Abfälle vom Schlachthof. Das haben wir kompostiert, um dem Boden was anzubieten.
Um den Block zu räumen, sind wir zehn Stunden am Tag mit der Karre gerannt, aber wie! Heute kommt die Maschine mit der großen Schippe vornedran, der Trecker steht da, den schippen wir voll, in einem halben Tag ist der Block geräumt.

Wenn man jetzt erzählt, wie wir mit so primitiven Mitteln oft so gute Ernten hatten, glaubt das keiner.
Die Arbeitseinheit stieg dann, schließlich lagen wir an der Spitze. Jetzt merkten wir langsam: Was wir machen, ist für uns selber! Es kamen immer mehr in die Genossenschaft. Die mir nicht paßten, waren solche, die uns am Anfang den Vogel gezeigt hatten, nach der Mauer nicht mehr in den Westen kamen und nun doch aufkreuzten. Sie hatten sich schnell umgestellt und wollten nun sagen, was wir zu machen hatten. Das ist mir sehr aufgestoßen.
Der erste Vorsitzende, den wir hatten, konnte gut organisieren, er hatte alles herangeholt. Vom Garten hatte er wenig Ahnung, aber er sagte: Mach, ich vertraue dir! und wir sind miteinander ausgekommen. Mit dem zweiten war's schwer, der ging dann, da sollte ich Vorsitzender werden. Aber ich wollte nicht. Mein Prinzip war: Nie die erste Geige spielen, da bist du immer auf dem Abschuß! Dadurch hab ich alle überlebt.
Ich habe meine Arbeit gemacht, meine Kulturen standen, wir waren viermal Kreissieger und kriegten regelmäßig unsere Prämie. Wenn wir mal mit einer Kultur hängengeblieben sind, hat die andere es wieder reingebracht.
Aber ich verstehe nicht: Wenn ich heute in der Zeitung lese, daß in Sachsen oder Thüringen ein Betrieb die Produktion um zehn oder zwanzig Prozent gesteigert hat, zum Beispiel auf sechzehn Kilo Gurken pro Quadratmeter, da sage ich: Wozu unterhält man sich mit dem! Wir haben unter sechzehn gar nicht angefangen. Die Prozente sagen nichts! Wer schon den höchstmöglichen Ertrag bringt und noch ein Prozent mehr schafft, der hat was geleistet. Die Leute, die da in der Zeitung stehen, gehören nicht rein. Die sollte man auswechseln.
Um die Leistung kommen wir nicht drumrum.
Wir haben jahrelang gesagt: Weltniveau! Das ist zum Beispiel bei der Gurke dreißig Kilo. Wir waren bei zwanzig, zweiundzwanzig, dreiundzwanzig ... und immer wurde uns das um

die Ohren gehauen. Da hab ich auf einer Versammlung gesagt: Wenn wir Weltniveau bringen solln, müßt ihr uns die Bedingungen dafür geben! Wir haben bei der Gurke noch dieselbe Sorte wie vor fünfzig Jahren. Drüben bringen sie siebenundzwanzig, achtundzwanzig, dreißig Kilo. Glauben Sie, daß ich dümmer bin als mein Kollege in Westdeutschland? Aber wenn mir die Bedingungen fehlen, verliere ich die Lust.
Aber wir haben unsern Wissenschaftlern immer Zucker in den Hintern geblasen. Ich habe oft gesagt: Nun blast ihnen Pfeffer rein, damit sie endlich eine neue Gurkensorte bringen, nicht bloß einer Sorte einen neuen Namen geben, damit ist nichts gebessert!
Im Jahr darauf haben wir dann wirklich mal 'ne neue Sorte gekriegt, aus Dänemark oder Holland, und siehe da, im selben Jahr sind wir auf vierundzwanzig, fünfundzwanzig Kilo geklettert, eine Kollegin hatte sogar siebenundzwanzig erreicht. Aus Geltow hatten wir jede Menge guten Dung gekriegt. Aber dann geht auch nicht, daß ich im Februar mit Braunkohle, halber Blumenerde, dastehe und kriege nur elf Grad bei den Gurken rein. Drüben feuern sie mit Anthrazit und solchem Kram, und wir können vor Angst nicht schlafen, daß die Temperaturen runtergehen.
Mit dem Seeschlamm hatte ich schon vor der Genossenschaft angefangen. Da war eine Stelle im Schwielowsee mit achtzehn Metern Schlick, alles organische Stoffe, Fische, Pflanzen, Muscheln, das hatten sie rausgepumpt, und ich hatte mir davon was auf meine Plantage fahren lassen, es durchgefräst im Herbst und im Frühjahr eingebracht. Die Erträge, die ich da hatte! Da standen die Tomaten bis zu zwei Meter hoch! Und Zwiebeln und Möhren, drei, vier Jahre lang!
Wir jammern hier um jede Schippe Humus, und in den verschlammten Seen und Flüssen liegt er meterdick. Wer das nicht nimmt, ist nicht dumm, der ist dußlig. Und mancher

Betriebsleiter hat das lange nicht eingesehen. Aber dazu gehört auch praktische Erfahrung.
Wir hatten mal einen Betriebsleiter, der hatte gar keine. Ich war auf einer Beratung wegen Unfallschutz und so. Es war Frühjahr, der Schnee verschwand gerade, viele fehlten auf der Beratung. Der Betriebsleiter meckerte: Was ist los, wo sind die? Ich sagte: Hör mal, wir stecken voll in der Arbeit, die läßt sich nicht verschieben. – Was habt ihr denn jetzt zu tun, Asche auf den Schnee streuen? Ich sagte: Du bist mir ein Betriebsleiter, wir haben eine Hauptsaison, die Gurken- und Tomatenpflanzen sind soweit. Du kannst uns nicht mit der Landwirtschaft vergleichen, die warten muß, bis der Schnee weg ist. Wir arbeiten auf vollen Touren ... Der stand wie vom Donner gerührt. Na ja, wenn einer nicht drinsteckt, kann er's nicht wissen. Wir fangen im Januar an, die Pflanzen vorzuziehen, ich allein ziehe im Jahr hundertfünfzigtausend Tomatenpflanzen ran, vierzigtausend für unseren Betrieb, die andern für die, die nicht die Zeit und die Möglichkeit haben. Da muß man hinterher sein, um die Temparatur zu halten, alles muß flitzen!
Neue Leiter brauchen immer erst ein paar Jahre, bis sie erkennen, daß es falsch ist, die Praxis geringzuschätzen und nur von oben herab zu befehlen.
Aber vielleicht lag's auch an uns, hätten wir, die alten erfahrenen Kräfte, uns doch noch mal auf 'ner Schulbank drillen lassen sollen und selber geleitet. Ich bin ja praktisch unterm Johannisbeerstrauch geboren, stak von klein auf drin. Wie oft haben sie gesagt: Komm, mach ein Jahr Schule mit! und ich: Laßt mich, ich hab keine Lust mehr zum Lernen! Das habe ich inzwischen als Fehler eingesehen.
Einmal, als aus mehreren Betrieben die ZBE Gewächshauswirtschaften zusammengestellt wurde, war da ein Professor V., mit dem bin ich oft zusammengerasselt. Ich hatte beanstandet, daß die Plaste für die Treibhäuser nicht in Ordnung ist.

Er sagte: Sie ... Sie ... intrigieren hier! Das ist ein wichtiges Staatsproblem ...
Ich sagte: Langsam, Herr Professor, ich bin hier als Fachmann geladen. Hier steht, daß diese Plaste im Jahr eins Komma fünf Prozent Verschmutzung annimmt. Und in Ihrer Doktorarbeit steht, das ist gleich soundsoviel Prozent Ernteverlust. Daraus muß ich entnehmen, daß wir in zehn Jahren dreißig Prozent Ernteverlust haben. Da wären wir pleite! Haben Sie sich geirrt, oder ...? Er hob die Hand und machte bum, bum ... die Tischplatte brach fast durch.
Ich sagte: Lassen Sie das sein! Und meine Fragen gingen weiter, zum Beispiel zu seiner Methode der Bewässerung.
Also, wissen Sie! donnerte er.
Ich sagte: Hörn Sie uff! Wenn Sie mit einer Faust auf den Tisch hauen, hau ich mit zweien, so! Da hört sich das besser an. Und gucken Sie, in Ihrem Projekt der Draht ... durch Ihre Bewässerung werden die Tomaten immer schwerer, wissen Sie, was der Draht dann macht? Kchkchkch ... und die ganze Scheiße liegt unten. Die kriegen Sie nicht wieder hoch und haben fünfundzwanzig Prozent weniger Ertrag! Ich sage Ihnen, wir treffen uns in zehn Jahren wieder, falls Sie sich durchsetzen, und dann steh ich in Werder auf der Bühne und sage Ihnen, was an Ihren Berechnungen nicht gestimmt hat, und dann sind Sie sooo klein!
Meine Kollegen sagten: Aber Genosse K., der ist doch Professor!
Ich sagte: Und wenn! Der ist auch bloß nackend geboren. Ich hatte drei Semester gemacht, da wurde mein Vater arbeitslos, ich mußte aufhören. Aber den Professor, wer hat den bezahlt? Wir mit unseren Steuergeldern. Und da muß er gründlich an die Dinge herangehen!
Aber man ist nicht beliebt, wenn man so was sagt.
Ich war neulich in Berlin und treffe Z., Minister oder was der jetzt ist. Er hatte seine Doktorarbeit übers Havelländische Obstanbaugebiet hier in meiner Wohnung geschrieben. –

Mann, sagt der, warum bist du nicht mitgekommen! Ich sage: Ich kann doch meine Schnauze nicht halten. Und wenn ich hier gesagt hätte, was ich denke ... – Nee, da bist du im Irrtum, wenn wir nur mehr solche Leute hätten! Das sagte der. Ein feiner Kerl. Mit dem können Sie reden, wie wir uns hier unterhalten.

Ich hab mir, wenn mir was nicht paßte, nie ein Blatt vor den Mund genommen. Im Krieg sagte ein Arzt, der war aus Siebenbürgen: Du Schnellbaum! Ich sage: Was meint der? Sie: Der meint, daß du schnell auf der Palme bist! Das stimmt. Und heute schimpfen viele: Der mit seiner ewigen Kritik! Einmal hat ein Abgeordneter zu mir gesagt: Wenn du auf der Kanzel stehst, entweder wird das sehr gut, oder du machst uns zur Sau! Aber ich sage: Wenn ich meckere, ist das doch nicht für mich. Wenn es mein Betrieb wäre, könntet ihr sagen: Guckt mal, der Kapitalist, der kriegt wieder den Mund nicht voll genug, der will mehr haben ... Aber jedes Pfund, das bei uns verkommt, fehlt uns allen!

Und ohne Kritik, wo kommen wir da hin? Wir schalten zurück und zurück, dabei müssen wir doch endlich aus 'm Arsch raus und nach vorne! Und außerdem, wenn man nicht ausspuckt, was einen stört, drückt einem der Magen, und die Arbeitsmoral sinkt. Keiner gewinnt was dabei.

Ich kann ja auch mal was Falsches sagen. Na und? Wenn ich's dann einsehe, sage ich: Entschuldigung, ich hab mich geirrt! Ich hatte schon mal eine Auseinandersetzung, die ging bis zum Präsidenten Pieck. Es war in der schlechten Zeit. Da hatte die staatliche Gesellschaft »Deronap« hier angehalten und gefragt: Wer kauft Benzin? Wir kriegten wenig Zuteilung, ich hatte ein Auto und eine Fräse, im Mai mußte ich mit meinen fünfundzwanzig Litern pleite sein. Ich habe hundert Liter gekauft und die Gemeinde eine Woche später zweihundert Liter. Dann wurde ich angeklagt wegen Wirtschaftsvergehen. Schwarz Benzin gekauft! Es gab viel Hin und Her, da schrieb ich an Pieck ... mit den paar Litern, die wir kriegen, kann ich meinen Plan nicht erfüllen, und der Staat kann kein Gemüse von mir kriegen. Ich habe von den hundert Litern auch meinen Nachbarn, den Kriegshinterbliebenen, das Land gefräst. Wie sollte ich wissen, daß ich ein Wirtschaftsverbrecher bin? Der Staatsanwalt sagt: Unkenntnis schützt vor Strafe nicht ... Aber muß meine Kenntnis so weit reichen, daß eine sozialistische Benzingesellschaft hier mittags um zwölfe illegal Benzin verkaufen kann? Wenn Sie das nicht verstehen, ich kenne einen Offizier, der bringt mein Schreiben zum Kreml. Ich muß in dieser sozialistischen Welt doch irgendwo mein Recht kriegen. Also, anworten Sie bitte!

Ich hatte Kollegen, die sagten: Du willst Recht kriegen? Ha ha ... Aber der Pieck hat zurückgeschrieben: Er glaubt, daß ich es wirklich nicht gewußt habe. Und ich habe mein Recht gekriegt. Mußte sogar die fünfzig Mark zurückbekommen, die ich bei Gericht schon bezahlt hatte.

Aber viele stecken lieber den Kopf in den Sand.

Überhaupt, denke ich manchmal, sind die Menschen bei uns noch nicht reif für den Sozialismus. Es gibt sogar Kreaturen ... na, auf der Sammelstelle steckt in einem Erdbeerkorb, der zweieinhalb Kilo haben muß, oft ein halbes Kilo Kieselsteine. In einem Korb Johannisbeeren war sogar schon mal ein Ziegelstein. Das geht in der Marmeladenfabrik in die Presse, und die Zahnräder gehn zum Teufel. Bei dem Ersatzteildefizit, das wir haben, dauert es drei, vier Tage, bis die Maschine wieder läuft ... Ich weiß nicht, was in den Leuten ihrem Gehirn vorgeht!

Aber es ist auch schwierig. Was kriegt ein Lehrling bei uns? Neunzig Mark. Drüben kriegt er das Vierfache. Und die kommen rüber und erzählen das.

Eine Tochter von mir wohnt auch drüben, die andere hier, sie können sich alle paar Tage treffen. Und es ist nun mal so, daß die Tochter, die hier wohnt, doppelt so viel arbeiten muß, um zu bestehen. Die verdienen drüben mehr, und die

Artikel, die sie kaufen, sind einwandfrei. Dadurch sind viele bei uns verärgert, und dann ist es schwer mit Bewußtsein.
Aber ich sage: Kinders, das kommt, daß wir auch den Stand erreichen. Schaltet mal zehn Jahre zurück, wo der Liter Benzin drüben siebenundfünfzig Pfennige gekostet hat und hier 'ne Mark fuffzig. Nun guckt euch das heute mal an! Die Zeit kommt, wo die drüben nicht mehr weiterkommen, aber wir werden's. Oder wenn ich heute einen Korb Tomaten auf die Sammelstelle bringe, krieg ich fünfundzwanzig Mark dafür, durch die Subventionen, die der Staat zahlt, damit er keine Tomaten einführen muß. Aber wo nimmt er das Geld her? Er macht die Autos und Luxusartikel teurer. Die große Menge weiß das nicht. Und da ist der Fehler, daß sie, von oben angefangen, es nicht so sagen können, daß die Leute es verstehen.
Wir sagen: Die Versorgung, ach! Aber oft liegt es nur an Kleinigkeiten. Ich komme zum Beispiel in ein Restaurant, da ist eine Diskussion. Einer schimpft: Seine Frau hatte Knochen geholt, wollte Suppe kochen und kriegt kein Suppengrün. Da ist die Frau in die Pilze gegangen und hat gesagt: Laß, Mann, wir essen heute die Pilze und morgen Suppe! Sie geht in den Laden und will für die Pilze Petersilie. Aber die gab's auch nicht, und sie hat gesagt: Mann, du bist in der Partei, Suppengrün ist nicht da, Petersilie auch nicht, was macht ihr überhaupt? Das gab dann eine Diskussion, daß die Kneipe kopf stand.
Da frage ich mich: Muß das sein? Können wir nicht sagen: Wir machen Suppengrün und ihr Petersilie! Was, ihr kommt nicht zurecht damit? Dann sorgen wir dafür, daß ihr zurecht kommt! Die Bevölkerung müßt ihr befriedigen.
Klar, man verdient nicht viel daran, aber so was muß trotzdem da sein! Bei uns läuft es mit der Petersilie, wir liefern nach Dresden, Potsdam und Berlin. Das geht. Wir machen sie auf Plantagen, wo im Winter nichts anderes zu tun ist, die Frauen arbeiten hier auf Leistung. Die müßten Sie mal sehn!

Wie die Kümmeltürken. Wenn die hören: auf Leistung! vergessen die das Essen, das Austretengehn, sie sehen nur noch ihre Leistung und schaffen dabei fünfzig Prozent mehr. Schade, daß sie nicht mit Bewußtheit so arbeiten, aber das haben sie eben nicht. Woran es auch sehr fehlt bei uns ist Freundlichkeit. Gehn Sie mal in einen Laden: Ham wir nich ... ham wir nicht! Oft, weil sie zu bequem sind, es rauszuholen. Wir müssen mehr tun, um die Menschen davon zu überzeugen, daß Freundlichkeit kein Geld kostet.

Woran ich glaube? An die Naturgesetzmäßigkeiten. Man muß auf sie gucken und dann sehen, was man machen kann. Zum Beispiel die Eisheiligen. Die sind jahrhundertelang am elften, zwölften, dreizehnten Mai, und da erfriert eben alles. Ich habe von einem sowjetischen Wissenschaftler einen Vortrag gehört, der hat gesagt: Blödsinn, die Bäume gewöhnen sich dran, nichts erfriert! Ich sage: Ja, Ihr Apfel Antonowska-Minitschka, oder wie der heißt, der ist dafür nicht anfällig, aber er blüht auch später. Ich hab ja nichts dagegen, wenn die Bäume sich dran gewöhnen, das wäre schön, aber es ist nun mal so, daß die Eisheiligen die Blüte beschädigen, der Stempel erfriert, die Fruchtentwicklung wird verhindert.

Deshalb glaube ich nicht an Gott oder was, der uns die schickt. Es ist einfach eine Feststellung, daß das immer wieder auftritt. Der Bauer hier hat jahrhundertelang von seinem Vater gesagt bekommen: Alles, was du von den Bäumen geschnitten hast, mußt du in der Nacht, bevor die Eisheiligen kommen, anstecken! Hat mein Vater zu mir auch gesagt, und früh halb vier sind wir raus, haben die alten Äste von den Bäumen und Johannisbeeren auf einen Haufen gepackt, im Osten, wo der Wind herkam, haben sie angezündet, der Nachbar hat dasselbe gemacht, und der Wind ist mit dem Rauch, der ja mindestens acht bis zehn Grad hat, durchgezogen, die Ernte war morgens gerettet.

Das haben die Leute doch nicht aus Blödsinn gemacht, es ist

ein Erfahrungswert. Und den wolln wir übern Haufen schmeißen?
Ich habe hier mal gesagt: Im letzten Weltkrieg hat man's fertig gebracht, ganze Landstriche zu vernebeln, damit die Leute nicht gucken konnten, und wir schaffen es nicht, in der friedlichen Welt, einen Landstrich zu vernebeln, daß die Blüte nicht erfriert? Der Nebel steht da wie ein Eisenblock, da erfriert nichts.
Jetzt haben sie hier ein paar Methoden, zum Beispiel Kogeln, aber das reicht nicht. Was nützen uns die zehntausend Hektar, wenn wir nicht garantieren können, daß die Ernte reinkommt? Aber ehe die Aufbauleitung sich zu so was bewegen läßt! Was glauben Sie, wie mich das ärgert.
In meinem Leben bereue ich zwei Dinge: Daß ich nicht noch studiert habe, wie gesagt, schon deshalb möchte ich gern noch mal jünger sein, und, daß ich mich nicht habe scheiden lassen. Sogar meine Tochter schüttelt den Kopf: Ihr quält euch doch bloß! Und Mutter braucht eben keinen Mann! Einmal war ich fast soweit. Erika, meine Freundin, hatte sich für mich scheiden lassen. Und ich ging auch los, um es meiner Frau zu sagen. Da sehe ich sie dasitzen und heulen. Ich frage: Warum heulst du? – Ach, sagt sie, ich heule, weil ich so bin. Warum bin ich bloß so? Da hat sie mir leid getan, zum erstenmal. Ich merkte, die kommt nicht nur mit der Welt nicht zurecht, sondern auch mit sich selber. Und da konnte ich's nicht sagen. Die Quälerei ging weiter. Statt Erika zu heiraten, machte ich mit ihr Schluß und schrieb bloß ein Gedicht. Ich kann's auswendig:

Und wieder geht ein Jahr zu Ende,
das wir verlebt im stillen Glück.
Ich halte deine beiden Hände
und denke an die Zeit zurück,
»O Liebster«, sprachst du da vertraut,
»sieh an, die vielen kleinen Glocken

an diesem Zweig, dem Heidekraut,
die solln in jedem Jahr dich rufen
und immer wieder zu mir locken!«
Und wenn im Herbst die Heide blüht
und Heideglöckchen läuten,
es mich dann auf die Heide zieht
wie einst in schönen Zeiten.
Dann ruft das Heideglöckchen laut:
Vergiß nicht deine Heidebraut!
Dann steh ich still, ganz still im Schmerz,
und leise, leise spricht mein Herz,
und das klingt nicht vermessen:
Meine liebe, kleine Heidebraut,
ich werd dich nie vergessen!

Und jedes Jahr im Herbst stelle ich ein Heidekrauttöpfchen ans Fenster. Wäre ich bloß entschlossener gewesen!
Das war eine gute Seele, sie schrieb mir sogar die Berichte für die VVB und nähte mir eine Fahne. Dafür würde meine Frau nie 'n Finger rühren.
Einmal hat sie Erika sogar verprügelt. Wir hatten noch gar nichts miteinander, ich ging mit ihr von einer Versammlung heim, vor meinem Haus blieben wir stehen und redeten noch, da stürzte meine Frau zur Tür raus ... Und mir hielt sie danach drei Tage Predigten, spuckte Gift und ließ mich nun gar nicht mehr ran. Da sagte ich zu Erika: Weißt du was? Wir mußten für was bezahlen, was wir gar nicht haben. Dafür entschädigen wir uns! So wurde sie meine Erika. Das ging sechs Jahre lang, wir haben uns nicht einmal gestritten.
Meine Frau rannte jetzt noch öfter in die Kirche. Immer lag ich sonnabends und an Feiertagen früh allein im Bett, weil sie um drei aufstand, um zum Gottesdienst um neun in Wilhelmshorst zu sein. Sie ist katholisch, und wir haben hier keine katholische Kirche. Sie kochte vor Wut, weil sie allein gehen mußte, und ich, weil ich allein dalag.

Sie ging auch nicht mit zu Betriebsvergnügen. Und einmal rannte sie zum Vorsitzenden: Was ist das für 'ne Moral in der GPG? Mein Mann klatscht bei der Arbeit fünfundzwanzig Frauen auf den Hintern! Ich sagte zu ihr: Fünfundzwanzig? Es reicht mir doch, wenn ich eine hab. Warum willst du die nicht sein? Aber dir darf ich ja nicht auf 'n Hintern klatschen!
Sie hatte bis vierzehn im Kloster gelebt, in Polen, einer stockkatholischen Gegend. Mit siebzehn kam sie hierher, mit meiner Freundin war gerade Schluß, ich war einundzwanzig und sah sie vor mir auf der Straße laufen. Die schnappst du dir! dachte ich und machte ihr einen Antrag. Ich sagte mir: Sei mal anständig, geh an die erst nach der Hochzeit ran! So hab ich 'ne Katze im Sack gekauft. Daß sie mich überhaupt ranließ, war nur, weil sie Kinder wollte. Die sind zum Glück nach mir geraten!
Sie sagt, sie wäre krank, hätte Schmerzen, aber beim Arzt hat sich immer herausgestellt, daß gar keine da sind. Die Krankheit hat sie im Kopf, jetzt sieht sie immer schwarze Wolken in der Luft und hat Angst vorm Smog. Ich verstehe bloß nicht, was hat das mit dem Bett zu tun? Ich hab mal alles einem Arzt hier erzählt. Der hat mit meiner Frau gesprochen und sagte hinterher zu mir: Mein Gott, mich hat's gefroren! Ich wollte ihr Tabletten zur Beruhigung verschreiben, da schrie sie: Ich weiß schon, warum ich die fressen soll! Damit ich abkratze und mein Mann zu Hause ein Hurenhaus aufmachen kann! Schlimm, wenn einem Menschen so was in den Knochen steckt. Ihre Eltern und Geschwister waren auch so, und ihr Pastor hat unsere Ehe bis heute nicht anerkannt.
Ihre Schwester war Nonne, sogar Professor bei den Nonnen. Als ich die zum erstenmal sah, gaffte ich: Noch schöner als meine Frau: – Veronika, sag ich, und du willst keinen Mann? – Ich bin mit Jesus Christus verlobt, sagte sie. – So?, sagte ich, das will ich mal sehen, wie der dir's macht! Meine Frau und ihre Eltern guckten. Vorher hatte es schon Krach gegeben, weil ich im Gewächshaus Salat geschnitten habe, am Sonntag.

Aber ich schaffte es, daß die Veronika in Caputh in Zivil ging. Fünfundvierzig, als die Russen kamen, machte sie irgendwas gegen sie, sie wurde vergewaltigt, da nahm sie sich das Leben. Hätte Jesus Christus verraten. Ist das nicht schlimm? Und meine Frau ist fast genauso. Stellen Sie sich die Ehe mal vor! So habe ich mich eben in die Politik geschmissen. Da klatschten schon alle, wenn ich die Treppe raufkam; ich hatte Anerkennung. Zu Hause nicht.
Aber sonst ist gegen die Frau nichts zu sagen. Die ist sauber, fleißig, gucken Sie sich um! Wenn mal einer mit Dreckschuhen reinkommt, ist sie gleich mit Besen und Kehrschaufel hinterher. Auch im Laden hat sie gut gearbeitet, obwohl sie sicher auch davon krank ist, daß er nicht mehr uns gehört und sie nur noch Geld als Verkäuferin kriegt. Das kann nicht jeder verkraften, mir fiel es ja selber schwer.
Am allerschlimmsten war, daß ich Lieder und Gedichte machte. Welcher anständige Mensch verbricht so 'n Zeug! sagte sie. Deshalb hab ich auch nie welche aufgeschrieben, damit sie sie nicht findet. Aber ich hab sie im Kopf.
Kennen Sie Professor Magnus Zeller? Der hat, bis er starb, hier in Caputh gewohnt. Machte auch mal in unserer Genossenschaft eine Ausstellung. Ich guckte mir die Bilder an, da war zum Beispiel eins mit einem Haus am Wald, vor der Tür eine Frau mit Kind. Ich sage: Wie lange haben Sie daran gemalt? Er: Drei Wochen. Ich sage: Ich kann nicht malen, aber was Ihr Bild ausdrückt, mache ich Ihnen in zehn Minuten. Hören Sie:

Wenn Welten erzittern,
Und dein Glaube stürzt ein,
Wenn dich Menschen verbittern,
Und du bist ganz allein,
Dann komm zu mir, bei mir findest du Ruh!
Vor dir schließ ich nie meine Türe zu.

So machte ich einen Spruch unter jedes Bild. Er sagte, und alle, die in die Ausstellung kamen, außer meiner Frau, sagten das: Sie haben den falschen Beruf, Mann! Hängen Sie den Spaten an den Nagel. Das hatte ich dann auch vor. Aber ich merkte, der Gärtner liegt mir im Blut. Wie soll ich da den Spaten an den Nagel hängen?

LYDIA, 20, TRAKTORIST Meine Eltern sind Melker. Sie dachten, das Beste für mich wär auch in der Landwirtschaft, da ist man gut untergebracht. Als in der »Jungen Welt« eine Annonce vom Havelobst war, hat meine Mutter einfach, ohne mich zu fragen, hierher geschrieben. Ich wollte Schlagersängerin werden und war erst mal empört. Jetzt bin ich ganz froh, daß alles so gekommen ist.
Bei der Lehre merkte ich: Gärtner will ich nie werden, den ganzen Tag auf'm Acker rumkriechen! Aber wir hatten die Möglichkeit, unsere Fahrerlaubnis zu machen, und da hab ich gedacht: du wirst Traktorist! Es war schwierig, da ranzukommen. Die Männer wollten keine Frauen auf dem Traktor. Aber ich habe gesagt: Wenn ich nicht darf, kündige ich! Ich habe meinen Mechanisator und Mähdrescherschein gemacht, jetzt habe ich alles, und über meine Arbeit kann ich nicht meckern. Das ist ja mit das Wichtigste im Leben. Es ist zwar mehr Streß, als wenn ich auf dem Acker wäre, da ist Obst zu transportieren, Mist oder Steine für'n Bau, zwischendurch Bodenarbeiten, aber du bist auf dem Trecker dein freier Mann. Und ich verdiene gut. Geld macht zwar nicht glücklich, aber es beruhigt.
Die erste Zeit als Traktorist war schlimm. Wenn ich zu einer Reparatur auf den Hof kam, hat der Werkstattmeister gesagt, ich soll Hebamme werden oder auf den Acker gehn und hakken, das hier wär nichts für Weiber. Ich habe aber gesehen,

daß einige Arbeitskollegen viel öfter Reparaturen hatten als ich, da hat er nichts gesagt, und ich hab mich beschwert. Die anderen aus meiner Brigade sind zu ihm rein, ich habe von draußen zugehört. Die haben sich angebrüllt wie die Kaputten! Danach haben wir, der Werkstattmeister und ich, vier, fünf Wochen lang nicht miteinander geredet, und auf einer kleinen Feier hat er dann gesagt: Wolln wir nicht unseren Streit vergessen? Seitdem akzeptiert er mich.
Wir müssen öfters auch am Wochenende arbeiten, besonders wir Ledigen. Ich mach's zwar gern, aber es ärgert mich, daß sie damit immer erst freitags kommen, und du hast dir schon für Sonnabend und Sonntag was vorgenommen. Warum sagen sie nicht schon am Mittwoch oder Donnerstag was? Und es ärgert mich auch, daß es heißt: »Du mußt!«, also nicht »Bitte« oder so. Wenn du Nee! sagst, respektieren sie es zwar, aber mit so 'ner Flappe. Unser Genossenschaftsvorsitzender ist Dr. E. Von dem sehen wir so gut wie nichts. Höchstens mal 'ne Rede, wenn eine Feier ist. Auf den Acker kommt er nicht. Erst war er sich sogar zu fein, uns bei einer Auszeichnung die Hand zu geben. Bloß, wenn die Fotoleute von der Zeitung da sind, gibt er sie dir mal.
Am Montag hatten wir FDJ-Versammlung, da waren welche von der Kreis- und Bezirksleitung da, wir sollten unsere Meinung über unseren Betrieb sagen. Da habe ich gesagt: Wie ist es zum Beispiel mit der Dieseleinsparung? Jeder Trecker soll im Jahr nicht mehr als fünftausend Liter tanken. Wer sich daran hält, kriegt 'ne Prämie. Aber wenn du voll im Einsatz bist, geht das nicht. Wenn ich auf einem Acker fahre, der moddrig ist, habe ich den doppelten Dieselverbrauch. Und was ist, wenn ich Sonderschichten mitmache? Das geht auch nicht ohne Diesel. Die Prämie kriegt also der, der weniger arbeitet.
Und sie reden von Spriteinsparung, aber wieviel verschwenden sie! In einer Frostnacht jetzt haben sie für nichts und wieder nichts zehntausend Liter in die Luft gejagt. Da haben sie

Geräte für Diesel, die stecken sie an, da kommt Nebel raus, damit die Blüten nicht erfrieren. Es waren minus acht, neun Grad, und im Nebel dann war es nur ein Grad wärmer. Da hätten sie doch nur die ganzen Knackhaufen anzünden brauchen und hätten mehr erreicht. Wir wollten das der Betriebsleitung klar machen, aber keiner von ihnen war da. Den anderen Leuten war das zu konkret, die konnten dazu nichts sagen.

Was uns auch immer aufregt, ist, daß sie nicht an die Umwelt denken. Wenn wir Gift spritzen, gegen Insekten, Schorf und was es so gibt, geht das nur nach Leistung, also wieviel du gespritzt hast. Du mußt am Tag deine zweitausend Liter spritzen, also immer voll auf die Düse!, sonst schaffst du das nicht. Obwohl für den Fleck vielleicht ein Viertel von dem Gift reichen würde. Und das Gift geht in den Boden, ins Grundwasser, und dann schluckst das selber. Wenn's regnet, siehst du das Gift richtig langlaufen. Darüber macht sich in unserer Betriebsleitung keiner Gedanken. Hauptsache, die Menge ist weg! Ich finde, sie sollten die Hälfte von den Leuten, die im Büro sitzen und am Tag drei Stunden Kaffee trinken, mit raus auf den Acker schicken, dann kämen wir mit der Arbeit besser zurande. Das sind bei uns so Probleme.

Was mache ich in meiner Freizeit? Ich bin im Motorbootsport, habe die Prüfung gemacht, wir haben ein Boot gekriegt und können einfach losfahren, brauchen nicht mal zu sagen, wohin. Aber sonst ist hier nicht viel los. Die Leute in Werder sind nur darauf aus, viel Geld zu haben. Immer nur im Garten rackern und noch mehr Geld! Die leben gar nicht.

Wir müßten öfters mal 'ne Fete machen. Braucht doch nicht immer Disco zu sein, einfach ein gemütliches Beisammensein. Daß man abends nicht so dasitzt und die Wände anstarrt, und dann geht man ins Bett.

In dem Dorf, wo ich herkomm, Nockel, war auch nichts los. Ich habe immer darauf gewartet, daß es dort, wo ich mal hinkomme, ein bißchen verrückter zugeht. Potsdam ist in der

Nähe, aber wenn du dort nicht genau die Ecken kennst und Kumpels hast, die dich mitnehmen, kommst du nirgends rein. Hier habe ich Kumpels, aber die wissen selber nicht, wo sie hingehen sollen. Ich höre sehr gern Musik. Johann Strauß finde ich zum Beispiel prima. Auch, was so im Radio kommt, Jazz und Blasmusik. Rock mag ich nicht besonders, obwohl, zur Disco will man nicht gerade Walzer tanzen.
Ab und zu lese ich gern. Märchen. Oder was Utopisches. Wenn ich mich hinlege und vor mich hinträume, hab ich oft auch solche Vorstellungen, zum Beispiel mal auf den Mond zu fliegen. Ich stelle mir vor, daß man eine Rakete baut, wo viele reinkommen, und daß man wie im Berufsverkehr an einem Tag hochfliegt und am andern zurück. Oben haben wir ein großes Haus hingebaut, in dem kann man Urlaub machen. Dann zieht man mal den Raumanzug an und geht raus. Schade, daß wir das nicht mehr erleben.
Ich habe sieben Geschwister. Der Älteste hat Elektriker gelernt, der Zweitälteste ist bei meinen Eltern im Kuhstall, einer in der Schmiede, ein anderer wird Maurer, die Kleineren gehen noch zur Schule. Das Schönste in meinem Leben war bis jetzt, als meine kleine Schwester ankam. Wir waren zu Hause sechs Jungs, und ich, ich hatte mir immer 'ne Schwester gewünscht. Die eine ist gleich gestorben, aber dann haben sie noch eine zustande gebracht. Da bin ich auf die Straße gerannt, habe meine Freundin vom Fahrrad geschmissen, da haben wir beide im Schnee gelegen und uns gefreut.
Ich bin ein Kinderfan. Ich weiß nicht, wie ich das mache, aber ich habe sofort Kontakt zu Kindern. Ich bin ja 'n ganz lustiger Typ, da springen sie auf mich an. Wenn ich mal Lust habe, gehe ich irgendwohin, Kinder beobachten. So ab vierzehn mag ich sie dann nicht mehr. Da sind sie schon so auf Herr und Dame, nicht mehr natürlich. Am liebsten habe ich sie im Kinderkrippen-, Kindergartenalter. Da kann man noch richtig sein, wie man ist. Habe ich auch an mir selber gemerkt. In der Schule dann und in der Lehre, da wird an einem rumge-

schnippelt, wenn du mal bist, wie du sein willst, hast du gleich was falsch gemacht. In unserem Internat hier ging's noch. Wir waren nur dreißig Mann. Hier oben auf der Jugendhöhe, wo die Massen sind, würde ich verrückt. Es geht ja schon so weit, daß die Lehrlinge sich einschließen, wenn ein Erzieher kommt.

Ich möchte auch mal Kinder haben, vier. Ohne sie könnte ich mir das Leben gar nicht vorstellen. Aber ich will nicht so eine Mutter werden wie meine. Die kann zwar kochen, aber ihre Erziehung paßt mir nicht. Sie macht so große Unterschiede zwischen ihren Kindern, wer rumschmusen kann, ist bei ihr groß, die anderen sind bloß Gäste.

Mein Vater ist anders, ruhig, und macht keine Unterschiede. Wenn's mal rumst, dann richtig, und es kriegt der seinen Teil, der wirklich die Schuld gehabt hat. Er ist auch mächtig freigebig. Man kann nicht viel mit ihm reden, aber seine ganze Art mag ich. Von uns vier ersten Kindern hatte jedes einen anderen Vater. Über die Armee hat meine Mutter dann meinen jetzigen kennengelernt. Da hat sie schnell zwei Kinder ins Heim geschafft, Ingo und mich. Meine Oma hat es meinem Vater erzählt, und am Hochzeitstag hat er die ganze Bande stehen lassen, ist ins Kinderheim, und mit uns beiden an der Hand hat er dann gesagt: Jetzt ist alles okay, jetzt können wir heiraten. Ich war drei Jahre alt, es war gerade noch rechtzeitig. Meiner Mutter hat es nie gepaßt, daß ich wie ein Junge war, Fußball gespielt habe und so. Aber die Jungs hatten mich akzeptiert.

In der zehnten Klasse bin ich in eine andere Schule gekommen. So 'ne Klasse hast du noch nicht erlebt! Die hatten mich gleich so, wie ich bin, angenommen, nicht versucht, an mir rumzumurksen. Schade, daß das nur ein halbes Jahr war. Aber wenn ich nach Hause fahre, sehe ich sie noch alle.

Der wichtigste Mensch für mich war bis jetzt mein Bruder. Früher waren wir wie Hund und Katz, und als er weg war,

erst zur Lehre, dann bei der Fahne, haben wir uns angefangen zu schreiben und haben alles besprochen, was man mit meiner Mutter nicht besprechen kann. Dann hat er geheiratet, da durfte ich immer hinkommen. Das war prima. Jetzt lebt er nicht mehr. Er fuhr im Trabant nach Cottbus, da kam von der Seite ein LKW ... nach vier Stunden war er tot. Es ist jetzt über ein Jahr her, aber es bleibt bestimmt mein schlimmstes Erlebnis. Meine Mutter hatte gerade ein Bein gebrochen, sie kam mit dem Gipsbein zur Beerdigung. Seitdem habe ich Angst vor dem Tod. Und überhaupt ... wenn ich so vor mich hinrede, sage ich oft: Früher oder später gehste sowieso ab, wozu noch solange ...? Leider habe ich hier keinen, mit dem ich darüber reden kann.
Ich wünsche mir ein Motorrad. Das kaufe ich mir bald. Und dann mal 'ne eigene Wohnung. Das ist hier auch ein Problem. Sie schreiben groß in die Annoncen, daß jeder, der ausgelernt hat, eine eigene Wohnung kriegt. Aber in Wirklichkeit stekken sie zwei Mann in ein Zimmer. Da kündigen viele. Warum schreiben sie nicht ehrlich, daß es mit Wohnungen schwer ist? Da wäre nicht so ein Groll unter uns.
Ich würde auch gern mal weit wegfahren. Nach Kalifornien zum Beispiel. Aber da kommt man nicht hin. Ich verstehe nicht, warum das bei uns so ist. Die meisten würden doch wiederkommen! Sie haben sich hier was geschaffen, das schmeißt man nicht einfach weg. Und wer drüben bleiben will, den können wir hier sowieso nicht gebrauchen, den schleifen wir bloß mit durch. So denken die meisten.
Ich bin jetzt bei uns FDJ-Sekretär, wir wollen eine Jugendbrigade Technik bilden, aber wir sind drei Stützpunkte, und jeder hat eine andere Schicht ... Eine Tanzgruppe haben wir jetzt im Betrieb. Der Lehrer ist Meistertänzer, aber wir müssen erst mal sehen, wie er sich das vorstellt. Wir wollen Folklore machen, irgendwas Verrücktes.
Jetzt haben sie mich angesprochen wegen Parteieintritt. Ich habe gesagt: das überleg ich mir genau! Unser Seppel zum

Beispiel, der ist doof wie Bohnenstroh, aber er ist eingetreten, weil seine Eltern in der Partei sind und er sich davon Vorteile erhofft. Ich habe Angst, das könnte anstecken, ich könnte auch so ein Mitläufer werden. Und da brauch ich nicht einzutreten, loofen kann ich auch so.

Was mir gut an unserem Staat gefällt? Daß jeder seine Arbeit hat. Aber mich stört, daß sie das beste Zeug, das bei uns hergestellt wird, nach drüben verkaufen.

Und mich stören noch andere Dinge. Als vorm Parteitag hier die Jugendhöhe übergeben wurde, mußten wir eher von der Arbeit weg, weil wir Zimmer vorzeigen sollten und so. Und als wir kamen, hatten drüben vor der BBS die Lehrlinge Sprüche geübt: DDR, SED! und was weiß ich. Das sollten sie dann, wenn der und der gesprochen hat, rufen. Sogar Klatschen haben sie geübt. Die Leute ringsum haben sich darüber amüsiert. Ich hab dann meinen Fez gemacht, immer, wenn vorne noch einer gesprochen hat, schon diese Sprüche dazwischengebrüllt, damit sie sie nicht vergessen ... Auch vor dem Festival in Berlin haben sie eingeübt, was sie zu sagen, zu singen, zu tanzen, wie sie sich anzuziehen hatten. Entweder kommt so was von den Menschen selber, oder gar nicht. Die Dummen dabei sind die Lehrlinge. Wenn man keinen findet, müssen die. Hauptsache, es schreit einer.

Was ich gut an mir finde, ist, daß ich Humor habe. Und, daß meine Kollegen auf mich hören, obwohl mein Wissen manchmal gar nicht so weit reicht. Sie kommen und fragen: Wie würdste das machen, Lydia? Und wenn Sonderschichten sind, sage ich manchmal zu einem: Bleib zu Hause bei deinen Kindern, ich mach deine Schicht mit! Da weiß ich, seine Kinder haben was davon. Aber mir gefällt nicht an mir, daß ich so viel saufe. Es macht mir eigentlich gar keinen Spaß, mir ist immer schlecht danach.

Zum erstenmal mit jemandem geschlafen habe ich mit vierzehn, aber das war mehr 'ne Vergewaltigung, auf dem Schul-

weg. Mit achtzehn hatte ich mal 'n richtigen Freund. Aber ich war hier, er zu Hause, da haben wir uns auseinandergelebt. Wenn ich mal in Nockel bin, sind wir die besten Kumpel.
Bei uns zu Hause hat man über sexuelle Dinge nicht gesprochen. Wenn ich was wissen wollte, haben meine Eltern gesagt: Frag deine Biologielehrerin! Aber wer macht das schon. Das Wissen kam dann mit der Zeit. Wenn du immer unter Männern bist, hörst du viel.
Wenn ich mich in jemanden verliebe, ist es meistens ein Älterer. Die jungen Kerle sind mir zu kindisch und unerfahren oder zu überkandidelt.
Hier in Werder ist es schwer, einen Freund zu finden. Das siehst du schon im Lehrlingswohnheim. Auf eine Etage Jungs kommen drei Etagen Mädchen, und die suchen alle ...
Aber ich habe Zeit, ich guck mir die Männer in Ruhe an.
Ein Freund für mich müßte vor allem sein wie ich, ein bißchen verrückt, aber aus sich selber heraus verrückt. Nicht nachgemacht wie mein erster war. Der lachte immer, wenn ich lachte, obwohl's für ihn oft gar nichts zu lachen gab. Humor muß wahr sein.
Mit meinen Arbeitskollegen kann ich über diese Dinge reden, wir sitzen beim Frühstück, sie sprechen über ihre, ich über meine. Wenn ich sage, daß meiner mal ungefähr wie ich sein soll, sagen sie: Du kannst nicht bloß von dir ausgehen, mußt es auch ein bißchen von ihm ... Oder: Lydia, du mußt auch mal weiterdenken. Du kannst nicht ewig auf dem Trecker sitzen, wenn du mal Kinder haben willst ... Die geben dir ganz ernsthafte Ratschläge, auch über Intimitäten.
Ich finde einige aus meiner Brigade so bombig, daß ich mir vorstellen könnte ... ja? Aber da kenne ich auch die Frauen und überlege mir dann: Kannste eigentlich nicht machen!
Gerade von verheirateten Männern halte ich viel. Die haben

Erfahrung und lassen dir deine Freiheit, dafür bin ich sehr. Und das Heimliche ist am schönsten. Ich finde, man soll alles ausnutzen. Wenn du mal tot bist, spricht keiner mehr über dich.

WOLFGANG, 47, DIPLOMGÄRTNER Biologie war immer mein Steckenpferd. Mein Vater ist Diplomlandwirt, er hatte einen Bekannten im Obstbau, über ihn kam ich dahin. Ich habe in den fünfziger Jahren in Prussendorf Gärtner gelernt, das war damals das Mekka des Obstbaus, drei Jahre als Gehilfe gearbeitet, nebenbei an der Abendschule mein Abitur gemacht und an der Humboldt-Universität Gartenbau studiert. Meine erste Einstellung dann war in der Nähe von Stendal in einer LPG als Leiter der Abteilung Obstproduktion.

In dieser Zeit hat mir mein Professor von der Universität geschrieben, ob ich bei ihm wissenschaftlich arbeiten will.

Es war für mich nicht einfach, das Angebot anzunehmen, wir hatten damals schon vier Kinder (jetzt sind es inzwischen sieben) und gerade eine Wohnung ausgebaut ... Ich habe dann fünf Jahre bei Professor B. in Marquardt gearbeitet und meine Dissertation geschrieben. Sie handelt von den Ausprägungen der Pflanze wie Blüte, Austrieb, Fruchtansatz, Fruchtreife unter verschiedenen klimatischen Bedingungen in der DDR.

1972, 73 war es schon in aller Munde, daß hier das Havelländische Obstanbaugebiet das Schwerpunktgebiet für den Obstbau werden soll, dafür wurde ein Projektierungsbetrieb gebildet. Ich habe hier angefangen, den Betrieb mit aufgebaut, weil man bei dieser Arbeit der Projektierung von

Obstanlagen ein sehr breites Wissen haben muß und praktische Erfahrungen, um seine Arbeit halbwegs gut zu machen. Ich werde also hier nicht zu einem Fachidioten, meinetwegen in Bodenkunde oder Bewässerung oder im Pflanzenschutz, ausgerichtet, ich muß diese Dinge gemeinsam anwenden.
Wir haben sofort große Obstanlagen projektiert. Das geht los mit dem Nachweis der Fläche. Die Betriebe hatten eine bestimmte Flächengröße, da heißt es: Fritze, fahr mal zum Schlag Sowieso! Der Traktorist weiß, das ist dort und dort, und man nahm an, der Schlag sei fünfunddreißig Hektar groß. Wenn wir ihn genau untersuchten, war er nur fünfundzwanzig oder achtundzwanzig Hektar. Aus der Entwicklung vom Einzelbetrieb über LPG zur Groß-LPG und der Bildung von KAP, dann wieder zur Spezial-LPG ... erfolgten so viele Flächenverschiebungen und -austausche, daß am Ende keiner mehr genau wußte, wie groß die Flächen eigentlich sind.
Wir müssen also erst einmal gute Karten haben, wo die Flächen genau ausgegrenzt werden können, und uns ansehen, ob sie obstbaulich geeignet sind. Flächen, die zur Vernässung neigen, oder in Frostlagen müssen wir ausklammern. Dann kommt die Absprache mit dem Meliorationskombinat, die müssen für die Flächen die Bewässerungsanlagen parallel zu unserer Arbeit projektieren. Wenn das klar ist, wird ermittelt, welche Materialien gebraucht werden, zum Beispiel Zaun, Gehölze, Düngemittel, Humus ... Dann treffen wir mit unseren Berechnungen eine runde ökonomische Aussage, für die Pflanzung, die ertragslose und die Ertragszeit, danach wird von den Betrieben gepflanzt.
In den Projekten ist auf Pflanzplänen, Schlagskizzen, Bodenkarten und anderen Lageplänen zeichnerisch alles genau dargestellt, danach können wir die Pflanzung kontrollieren.
Oftmals hat die Tücke einer Situation die Betriebe gezwungen, Änderungen zu machen, zum Beispiel, wenn von der Baumschule die und die Gehölze nicht zur Verfügung stan-

den und aus Polen, Jugoslawien, der UdSSR und der CSSR welche importiert werden mußten (am Anfang auch aus kapitalistischen Ländern, das hat viel Devisen gekostet), jetzt produzieren wir mindestens achtzig Prozent der Bäume selbst; dann haben wir schnell Anpassungen hergestellt und die Pflanzpläne geändert. Das war, aus der Not eine Tugend zu machen, oft eine hektische Arbeit. Hundertprozentig nach unserem Projekt gepflanzt sind ungefähr zwei Drittel der Flächen. Bei so einer Menge und so einem Tempo werden leicht Fehler gemacht, da fallen Späne.
Ich hatte von Anfang an Kritik an den Plänen geübt, ein so eng begrenztes Gebiet so schnell und konzentriert zu bepflanzen, dabei mit siebzig Prozent Äpfeln (auf einem Hektar stehen tausend bis tausendzweihundert Bäume, es sind insgesamt also rund acht Millionen Apfelbäume), da bekommt man doch später Schwierigkeiten bei der Reproduktion des Gebietes. Auf einer Apfelfläche kann ich nicht gleich wieder Äpfel anbauen. Ich müßte auf andere Flächen gehen, die gibt es in diesem Gebiet nicht mehr. Was ist also in achtzehn, zwanzig Jahren los? Richtig wäre, ein Drittel Junganlagen, ein Drittel Ertragsanlagen und ein Drittel freie Flächen, die ich für die Pflanzung vorbereite, zu haben. Aber es war ein von oben durchgestellter Beschluß, der Apfel sollte sofort für die Versorgung Berlins da sein. Er ist auf dem Weltmarkt sehr teuer geworden, wir müssen uns selber mit Äpfeln versorgen. Der Gedanke ist richtig, auch der, daß ich dafür eine starke Konzentration brauche und statt vieler kleiner Genossenschaften einige große Spezialbetriebe mit moderner Technik. Es ist doch besser, wenn ich zum Beispiel den ganzen Dünger hier im Gebiet nicht mehr in hundert kleinen Feldscheunen lagere, sondern in einem großen agrochemischen Zentrum mit Gleisanschluß, Kränen und allem Drum und Dran. Aber an vieles hätte man mit mehr Vernunft herangehen müssen. Ich meine, wenn ich so etwas vorhabe, müßte ich erstens den wirklichen Bedarf an Äpfeln feststellen, zweitens müßte ich

an die spätere Reproduktion des Gebietes denken und drittens an eine sinnvolle Auslastung der Arbeitskräfte. Bei der hohen Konzentration von Äpfeln ist die nicht gewährleistet. Da entsteht eine riesige Arbeitsspitze während der Ernte (die muß in vier Wochen rein) und im Winter beim Baumschnitt. Die anderen Arbeitsgänge sind mechanisiert, da brauche ich nicht viele Arbeitskräfte. Was die in der Zwischenzeit machen, ist noch die Frage.
Durch die industriemäßige Produktion entstehen auch arbeitspsychologische Probleme, die Monotonie auf den riesigen Schlägen ... Das geht zu lösen, in der LPG Damsdorf haben sie es als erste getan, die haben beizeiten erkannt, daß Kollektive, die nur eine Arbeit machen, zum Beispiel Schneiden, nicht das Ideale sind. Dort ist die Arbeit territorial organisiert, jede Brigade ist für eine Fläche verantwortlich, dadurch sehen die Menschen ganz konkret den Erfolg ihrer Arbeit. Die haben seltsamerweise keine Probleme, den Baumschnitt zu schaffen, und sogar Betrieben, wie der ZBE Satzkorn-Fahrland, die damit nicht zurechtkommen, Hilfe angeboten. Außerdem machen sie in Damsdorf viel für ihre jungen Menschen, haben Brigadestützpunkte gebaut, wo sie essen können, Tischtennis- oder Billardspielen, und sogar für die kulturelle Betreuung wird etwas getan. Das wirkt sich auf das Arbeitsergebnis aus. Sie haben auch fast keine Fluktuation. Dort ist einer eben nicht Nummer Sowieso, sondern der Facharbeiter Schulze, der gilt was. Natürlich muß er was leisten, und das macht er. Hier wird ihm schon als Jugendlichem Verantwortung gegeben, als Bereichsleiter, Brigadier oder Anlagenverantwortlicher. In solchen Funktionen ist in diesem Betrieb ein erstaunlich niedriges Durchschnittsalter. Die anderen Betriebe ziehen da nur allmählich nach.
Es ist aber auch der Umstand wichtig, daß in Damsdorf alle in der Nähe wohnen, und die aus den anderen Betrieben in Werder auf der Jugendhöhe. Da ist Anonymität. Leider wurde bisher hier nicht einmal eine Kultureinrichtung oder Sportan-

lage gebaut. Ich finde, man mißt den Bedürfnissen der Jugend nicht den richtigen Stellenwert zu. Auf der Jugendhöhe sind jetzt über tausend Jugendliche. Für die Lehrlinge gibt es Diskothek und ein paar Zirkel, die Jungfacharbeiter sind da schon ausgebootet.

Überhaupt wird in Werder die Bedeutung der Kultur unterschätzt. Man spürt es an der Passivität der Konsumenten und an Schwierigkeiten, die uns Stellen machen, die uns eigentlich unterstützen müßten, wie die Aufbauleitung unseres Kooperationsverbandes. Das fängt bei der Raumnutzung an. Als das Gebäude der Aufbauleitung noch der Genossenschaft gehörte, konnten wir hier immer unsere Veranstaltungen durchführen. Heute sagt man, wenn abends Leute durch das Haus tempern, könnten ja Unterlagen verschwinden, oder wer bezahlt die Reinigung der Räume? Ich sage, die Bürger, die zu einer ordentlichen Kulturveranstaltung kommen, benehmen sich auch ordentlich. Außerdem sind die Zimmer verschlossen, und falls wirklich mal etwas wegkommen sollte, stelle ich alles ein. Zur Zeit geht es gerade mal gut, wie lange?

Wir haben Bilderausstellungen, Kunstgespräche, Literaturabende, musikalische Veranstaltungen und Vorträge. In der Regel fertigen wir dafür selbst fünfundzwanzig Plakate an, entwerfen und drucken hundert bis hundertzwanzig Einladungskarten, tüten sie ein, beschriften sie und schicken sie an Bürger, wo wir denken, daß sie sich für Kultur interessieren müßten. Wenn dann fünfzig kommen, sind wir heilfroh. Aber es kam auch schon fast keiner. Zu jeder Veranstaltung gehe ich deshalb mit Herzklopfen. Immer wieder ist alles nur Versuch. Aber auch in Potsdam sind im Marchwitza-Haus bei guten Veranstaltungen oft nur zehn, fünfzehn Leute da.

Daß es mit Kultur so schwer ist, liegt hier an verschiedenen Dingen: Vor allem an der Tradition. Die Menschen hier sind seit Generationen gewöhnt, auf ihrem Grundstück zu rakkern, um Geld zu verdienen. Sie können hier im Jahr drei,

vier Kulturen nacheinander auf einer Fläche pflanzen, und wenn das nicht unkrautfrei ist, ist man nicht glücklich. Der Nachbar guckt ja über 'n Zaun und könnte sagen: Was ist das für 'n Schweinehund!
Außerdem gab es hier in der Vergangenheit fast kein Kulturangebot. Mal war im Rat der Stadt jemand, der sich für Kultur einsetzte, mal hat der Karnevalsklub seine Sache ganz gut gemacht, aber es gab keine Kontinuität. Der Bürger ist an Kultur nicht gewöhnt worden.
Auch die starke Zersiedelung von Werder wirkt sich negativ darauf aus. Die zehntausend Leute, oder wieviel wir hier haben, wohnen auf einem Terrain, wo sonst die zehnfache Menge wohnt. Die Stadt brauchte eine Straßenbahn, mehr Busse oder wenigstens Straßenbeleuchtung. Hier sind viele unbefestigte Wege, da kann ich es keinem übelnehmen, wenn er abends nicht noch einmal losgehen will. Dazu kommt das große Angebot im Fernsehen. Die Jugendlichen sind noch nicht lange da. Wenn ich sie zu einer Veranstaltung einlade, kommen sie auch. Aber oft bin ich dann sehr enttäuscht. Wir hatten jetzt eine Filmveranstaltung, »Panzerkreuzer Potemkin«, hatten Programme verschickt und gebeten, daß sich auch viele Lehrlinge beteiligen. Es kamen einige Bürger aus Werder und hundertfünfzig Jugendliche. Aber das ist kein Bla-bla-Film, er verlangt ein bißchen Einstellung zu der Sache, und ich habe folgendes erlebt: Ein Filmwissenschaftler gab eine recht ordentliche Einführung, erzählte von der Uraufführung 1926 in Deutschland mit Kassensturm und allem möglichen, eine Redakteurin, die dem Film eine positive Kritik gegeben hatte, erhielt einen anonymen Brief (er hat ihn vorgelesen), wo im Stürmerjargon der Nazizeit zum Beispiel »du rotes Schwein« stand, »deinen Namen haben wir notiert«, »der Laternenpfahl für dich ist schon ausgesucht«. So war der ganze Brief. Die Jugendlichen amüsierten sich echt darüber. Da geht mir ein bißchen der Hut hoch, oder wie sagt man! Als im Film die Bevölkerung von Odessa die Hafen-

treppe hinunterflüchtet, die Soldaten des Zaren einfach in die Menge schießen, ist ein alter Krüppel dabei, er hoppelt auch da hinunter, dann wird er erschossen ... da amüsieren die sich! Es hat mich gekränkt, und die paar Bürger aus Werder, die dabei waren, sagen sich: Zu 'ner Veranstaltung, wo die Jugendhöhe dabei ist, gehen wir nicht wieder. Da legt man seine Füße auf den Vordersitz ... das reicht uns!
Aber warum packt die Jugendlichen so ein Film nicht? Wie ist bei uns so etwas möglich? Das ist ein Problem, mit dem ich nicht fertig werde. Überhaupt, die Verrohung vieler Jugendlicher! Da müssen doch mit Sicherheit bei der Erziehung Fehler gemacht werden. Die Jugendlichen werden oft dazu gezwungen, sich schematisch zu äußern, nicht freimütig, so, wie sie denken. Sie setzen sich nicht ehrlich mit einer Sache auseinander, denn ihre Lehrer und Erzieher tun es oft selbst nicht. Wenn sie nun hören: ein sowjetischer Film!, fällt bei ihnen eine Jalousie, und dann: eine Darstellung der revolutionären Sache in Richtung Sozialismus ... da fällt noch eine. Und was in dem einen oder anderen vielleicht an Engagement stecken mag, wird davon überdeckt, daß es in der Masse Mode ist, sich negativ zu äußern. Außer, wenn ein Lehrer dabei ist. Dann verhält man sich klischeehaft, stellt keine Fragen, weil das ja Folgen haben könnte.
Ich lese sehr gern, vor allem geschichtliche Bücher, fotografiere und sammle Briefmarken. Aber durch das Haus und Grundstück, durch die Familie, den Beruf und die gesellschaftlichen Funktionen komme ich nicht so zu diesen Hobbies, wie ich gern möchte. Deshalb ist es mir nicht bang um die Rentnerzeit.
Ich bin im Betrieb Gewerkschaftsvertrauensmann und arbeite hier in Werder in der Schiedskommission mit. Was gibt es da? Beschimpfungen, Schlägereien, ein »schönes« Übergabeprotokoll von der Volkspolizei mit einem kleinen Diebstahl ist noch angenehm. Da können wir auf den Mann oder die Frau so einwirken, daß wir am Ende den Eindruck haben,

sie gehen mit einer anderen Einstellung hinaus, als sie hereingekommen sind. Auch bei Schulpflichtverletzungen durch die Eltern können wir was bewirken. Bei zivilrechtlichen Streitigkeiten dagegen ist es schwierig. Da sind zum Beispiel Leute, die beengt wohnen und sich nicht über den Mietvertrag einigen können, vom Nutzen der Waschküche angefangen, übers Teppichklopfen bis zum Müllausschütten. Da gibt's dann Beleidigungen. Wir können nur sagen, daß die Partner sich einigen sollen, und dies als Kommission bestätigen, bestenfalls können wir eine Rüge aussprechen oder sie zu einer Entschuldigung verpflichten. Wir können keine Beweise bringen. Wenn einer sagt: Ich hab zu dem nicht 'Schweinehund'! gesagt, und der andere behauptet: 'doch!' da muß er Zeugen bringen, und wenn der andere sagt: 'Die Zeugen sind gekauft!', können wir die Sache nur abschließen und die Leute zum Kreisgericht schicken.
Was ich mir wünsche, ist vor allem Frieden, und außerdem mehr persönliche Freiheit für jeden, Meinungs- und Reisefreiheit, die hängen ja zusammen. Und vieles müßte mehr durch Überzeugung statt mit Druck durchgesetzt werden.
Mit Druck und viel Ach und Weh waren die Genossenschaften gegründet worden. Die kleinbürgerliche Wirtschaft hätte das Volk nicht ernähren können, und die Gesellschaft konnte nicht auf die Einsicht der Letzten warten. Jetzt kam die erweiterte Produktion durch Konzentration und Spezialisierung. Es ist der logische Gang, aber es wird komplizierter und risikoreicher, und wenn ich die Leute nicht davon überzeugen kann, daß es trotzdem richtig ist, muß ich es wieder mit Druck machen. In einigen Genossenschaften hat der Vorstand dazu nitschewo! gesagt, wie in der GPG Neufahrland, und da wurden alle Obstflächen von der ZBE Satzkorn-Fahrland kooptiert.
Von der Seite der Produktion her geht es nicht anders, da erreicht man mehr durch Konzentration, aber immer mit Druck? Was ist mit dem Menschen? Das ist eine andere Frage. Aber der muß ja produzieren!

Für mich ganz persönlich wünsche ich, bis zur Rente in einem Kollektiv arbeiten zu können, das so gut ist wie das jetzige. Man kann sich bei uns aussprechen, einander offen die Meinung sagen. Jeder setzt sich ganz für unsere Arbeit ein, keiner denkt: Ich kassiere das Geld, ruhe mich auf Kosten der andern aus, rausschmeißen können sie mich ja nicht! Das ist für mich eine Befriedigung. Mit so einem Kollektiv können Sie andern ein Beispiel sein. Also seht: Alles loyale Leute, die gut arbeiten, und trotzdem kritische Leute! Warum ist es nicht überall so?
Das Schönste in meinem Leben bis jetzt war die Hochzeit. Die ersten Jahre danach waren hart, wir wohnten zu viert in einem Zimmer, trotzdem waren wir irgendwie sehr zufrieden.
Meine Frau stammt auch aus Halle, wir hatten uns bei gemeinsamen Freunden und dann bei der Tanzstunde kennengelernt, sie war fünfzehn, sechzehn, ich siebzehn. Aber da hatten wir uns noch nicht so verstanden, das kam erst später.
Sie ist von Beruf Lehrerin, Hauptfach Sport. Jetzt ist sie zu Hause. Ich finde, daß bei uns der Beruf der Hausfrau nicht genügend anerkannt wird. Wenn die Kinder in der Schule gefragt werden, was ihre Eltern beruflich machen, sagen sie, daß meine Frau Lehrerin sei. Wenn sie sagt: Das stimmt nicht, ich bin Hausfrau!, sagen sie: Das klingt nach nichts! Aber ihr Tag ist von früh bis abends voll ausgefüllt. Was bringen sieben Kinder für Probleme mit nach Hause! Das alles in der Hand zu halten, alle Arbeit im Haus zu machen, da ich nur der Verdiener bin, leben wir nicht gerade luxuriös, da muß Marmelade, Obst, Gemüse zum Beispiel selber eingekocht werden ... Andere arbeiten zu zweit, haben ein Kind und zwei Autos, um das Geld alle zu kriegen. Ich habe zum Glück kein Bedürfnis zu trinken oder zu rauchen, sonst würde es von vorne und hinten nicht reichen. Dann haben wir dreißig Kaninchen, die wir füttern, so geht es. Andere Kinder kriegen hier, wenn sie aus

der Schule kommen, ein Moped, unsre nicht. Sie müssen es sich selbst erarbeiten. Vielleicht ist ein bißchen Neid da, aber daß sie es als riesigen Nachteil ansehen, glaube ich nicht.
Ich rede mit meiner Frau viel über die Erziehung unserer Kinder. Sie sind im Alter zwischen acht und neunzehn, und bei so unterschiedlichen Charakteren ist es mitunter nicht einfach. Vor allem der Übergang vom Kind zum Erwachsenen ist ein schwieriger Prozeß: sowohl bei den vier Jungs, als auch bei den drei Mädchen. Oft setzt sich einer mit seiner Meinung nicht durch und reist dann auf Schwindelkurs. Da gibt's Diskussionen. Eins auf den Hintern wär billig.
Bei den ersten Kindern ist man bei der Erziehung noch ängstlich, dann wird man großzügiger und kann auf Probleme ganz anders eingehen. Man lernt auch, daß man ihnen für die persönliche Entfaltung des Charakters sehr viel Spielraum lassen muß.
Größere Probleme hatten wir bisher bei keinem Kind. Mal hat einer 'ne Vier auf dem Zeugnis, da muß man mit ihm üben. Manchmal verbünden sich auch Kinder und versuchen, die anderen auszuspielen, darauf muß man vorsichtig einwirken.
Worin wir uns beide einig sind: Unsere Kinder sollen vor allem kritisch sein, immer alles prüfen, was sie gesagt bekommen und was sie selbst sagen, sollen alles, was sie sehen und hören, innerlich bewegen und den Mut haben, wenn ihnen etwas unklar ist, es freimütig zu äußern. Ob wir damit Erfolg haben, weiß ich nicht. Die Kinder sind ja auch nicht doof, machen damit ihre Erfahrungen und oft machen sie aus Selbsterhaltungstrieb, Anpassungsdrang oder einfach Lust zum kollektiven Leben Zugeständnisse.
Thomas ist Facharbeiter für Elektronik und zur Zeit bei der Armee. Er hatte in Mathe, Physik immer eine Eins und Leistungen, daß er zur Oberschule hätte gehen oder eine Lehrstelle mit Abitur bekommen müssen. Vielleicht hat das deshalb nicht geklappt, weil er nicht an der Jugendweihe teilnahm. Wir hatten uns nicht gedrückt und in der Schule ganz

klar unsere Stellung zur Religion und unserer Konfession gesagt. Ich finde es nicht dramatisch. Thomas wird in Dresden auf der Abendschule sein Abitur machen und doch noch Elektronik studieren können. Er geht seinen Weg auch so und hat den Vorteil, noch eine gute praktische Ausbildung erhalten zu haben.
Ich habe damit meine Erfahrungen auch gemacht. Als ich an der Hochschule war, gab es dort einen Professor S., der überall hin seine Verbindungen hatte und dadurch großen Einfluß. Bei einem Kadergespräch sagte er, daß ich auf Grund meiner religiösen Einstellung als Mensch nichts bedeutete. Denn wäre ich zum Beispiel in der Lage, meinen Schwager (der wohnt in Köln) an der Grenze totzuschießen? So puff kam das, ohne Vorbereitung. Und als das Gespräch darauf kam, daß ich Vorsitzender der Revisionskommission der Gewerkschaft bin, grinste er hämisch und sagte: Das klingt so ähnlich wie Revisionist! Da mußte ihm sogar sein Parteisekretär Einhalt gebieten. Das sind Menschen, die viel zerstören können.
In meiner Arbeit hier werde ich dadurch, daß ich kein Parteimitglied bin, nicht behindert. Wenn man sieht, daß einer in seiner Sache einen klaren Standpunkt hat, sich nicht scheut, ihn zu äußern, wird er auch meistens akzeptiert. Ein Duckmäuser sein, sich nicht laut aussprechen, nur versuchen, ein Schlupfloch für sich zu finden, das wäre Irrsinn, da macht man sich doch selbst kaputt.
Woran ich glaube, ist Nichtgläubigen schwer zu erklären. Das Niveau Klein-Fritzchen, also: Juri Gagarin, der um die Erde fliegt und heruntertelegrafiert: hier oben find ich keinen Gott! ist für uns moderne Christen lächerlich. Darüber kann man nicht diskutieren! Wir glauben an Gott, seine Schöpfung und die Unsterblichkeit. Um das mit unserem irdischen Verstand bildlich zu greifen, fehlen uns die Dimensionen. Sicher ist es nicht so: wenn ich mal tot bin, geht's mit Raketenpost in den Himmel, wo ich ein warmes Plätzchen habe, oder ab in

die Hölle. Es gibt trotzdem viele Möglichkeiten, sich ein Weiterleben nach dem Tode vorzustellen, oder ein Himmelreich, das heißt, irgendwo einen Kosmos ohne Teufel oder Böses, wie unterschiedlich man es auch interpretiert.
Der Mensch ist die einzige Materie, die den freien Willen hat, etwas zum Guten oder zum Schlechten zu bringen. Das hebt ihn aus allem heraus. Er kann über seine weitere Existenz, ob Weiterleben oder Niedergang, bestimmen, als Einzelwesen oder als Gruppe.
Und da ist es so, Hunger und Not nehmen zu, die Kriege hören nicht auf, die Scheißrüstung wird immer verrückter. So was Idiotisches, wenn man sich das überlegt!
Und ich glaube daran, daß sich der Mensch, egal nach wieviel Weh und Ach, für das Gute entscheiden wird, weil er von Grund aus dafür angelegt ist. Ich denke, viele Menschen sind auf diese Art latent gläubig und wissen es nur nicht. Wenn einer durch hohe Belastung oder Krankheit sehr gefordert wird, bricht das oft durch, und er fängt sich an zu fragen: Wozu hast du eigentlich gelebt? Was ist der Sinn deines Lebens? usw. In der Mühe der täglichen Dinge sieht man diese Fragen nicht.
Im Moment, vordergründig gesehen, besteht der Sinn meines Lebens darin, meine Familie zu erhalten und alle zu guten Menschen zu erziehen. Daß wir uns so viele Kinder angeschafft haben, hat seinen Grund in unserer christlichen Haltung. Auftrag eines Christen ist es ja, an Gottes Schöpfungswerk teilzunehmen, sonst bin ich nur auf dem Papier Christ.
Ein anderer Auftrag ist … na, das schöne Bild, Salz in der Suppe zu sein, Licht in der Dunkelheit, das Gute nicht nur zu wollen, sondern durch eigenes Wirken zu zeigen.

IMKE, 17, LEHRLING Ich wohne auf dem Dorf, in Leest, mein Vater arbeitet in der ZBE Satzkorn-Fahrland. Da ich keine besonderen Neigungen hatte, sagte er: Lern hier, haste nicht weit zur Arbeit ... So habe ich hingeschrieben. Alle sagten: Mach Berufsausbildung mit Abitur, weil ich die zehnte Klasse mit eins abgeschlossen habe, aber ich will später nicht mal am Schreibtisch landen wie mein Vater. Der hatte immer gelernt, gelernt ... Er ist zwar oft draußen, aber ich weiß, wie's ihn ankotzt, wenn er mal paar Tage lang nur Listen ausfüllen muß. Er ist Technologe bei den Kirschen. Das will er nicht mehr machen, sie lassen ihn aber nicht weg, und er ist unheimlich gutmütig. Wenn sie sagen: kommt 'ne Ladung Bäume, die andern können nicht!, sagt mein Vadder schon: Ja. Meine Mutter rastet bald aus, wenn er am Wochenende wieder nicht zu Hause ist.
Aber der ist in Ordnung, hat ein unheimliches Wissen in allen Sachen. Er kann zum Beispiel sofort sagen, wie man ein Strohdach deckt ... Es fasziniert mich immer, wenn Leute viel wissen. Da denke ich: Unterhalten die sich mit mir nur aus Höflichkeit? Ich weiß ja nicht viel, und kann nichts Entsprechendes erwidern.
Meine Mutter ist Lehrerin. Die kann keine Ungerechtigkeit und Heuchelei vertragen, und Lehrer müssen eine ganze Menge schwindeln: Sie hatten das und das gemacht, damit die Schüler durch die Klassen kommen, obwohl sie gar nichts

gemacht haben. Die Direktorin sagt, sie müssen's schreiben. Da macht meine Mutter den Mund auf und handelt sich Ärger ein.
Sie war auch meine Klassenlehrerin. Ist zwar blöd, die eigne Tochter in der Klasse, aber es gab keinen anderen für uns. Sie macht es unheimlich gut, auch genau, und kommt an bei den Schülern. Obwohl sie fünfundvierzig ist und man mit Russisch nicht der Beliebteste ist.
Wir haben bis jetzt immer noch keinen Lehrmeister. Dadurch ist der Kontakt zum Betrieb schlecht. Wir wissen nicht, wann wir Urlaub kriegen, wann Heimfahrtswochenende ist und solche Sachen. Jetzt arbeiten wir in einer Brigade, bei Frau H.* Die schreit ja, wenn sie was sagt. Ich saß mal neben ihr, da hat mir das Ohr weh getan. Ihr Mann soll schwerhörig sein. Aber sie ist in den Betrieb gefahren und konnte unsere Sachen regeln. Alles nicht. Zum Beispiel haben wir einen total miserablen Wagen, mit 'ner Riesentür. Wir sind achtundzwanzig Mann. Wenn die alle in den Wagen wollen, und die Tür steht fünf Minuten offen, ist es kalt. Wir möchten gern so 'n orangenen Wagen haben. Die sind schön und isoliert von außen.
Die Frau H. ist gerecht, aber streng. Das habe ich schon zu spüren gekriegt. Es war Prämienausteilung, da guckt sie mich so von der Seite an. Da habe ich gesagt: Sie können nicht von Lehrlingen verlangen, daß sie jeden Tag so schwere körperliche Arbeit machen. Sägen! Die großen Bäume, die zwei Jahre nicht geschnitten worden sind. Vielen von uns tun die Hände weh, die erste hat schon Sehnenscheidenentzündung.
Die älteren Frauen haben mehr Kraft und Handfertigkeit. Wir sollen achtzig Prozent ihrer Norm schaffen. Aber wir müssen ja auch überlegen! Keiner sagt richtig, wie wir die Bäume schneiden sollen. Die Frauen sagen: Der Ast müßte weg! – Warum der? – Na ja, warum soll er nicht weg? – Sie

* Frau H. ist Luise, 51, Brigadier

können es nicht erklären. Geht nach eurer Vorstellung! sagen sie. Aber Vorstellungen bei Lehrlingen von einem Baum! Dann sieht er komisch aus, und sie meckern wieder.
Aber Frau H. sagt: Ihr habt den Beruf, da muß ich verlangen, daß ihr was macht! Obwohl sie uns versteht. Überhaupt ist die in Ordnung. Redet so offen wie meine Mutter. Die hat ihren eigenen Kopf mit ein bißchen Realitätsbewußtsein.
Viele können sie nicht leiden, weil sie eben streng ist. Aber soll sie zulassen, daß die Leute rumschlampen? Ich finde, wer sich unbeliebt macht, muß nicht ein schlechter Mensch sein.
Meistens arbeiten wir mit der Hand. Es gibt pneumatische Schnittgeräte, brauchste bloß drücken, und der Ast ist ab. Bloß schwer zu halten sind die, eine Schere wiegt zwei Kilo, und sie gehen immer kaputt. Den ganzen Winter nur Bäume schneiden ist dermaßen monoton! Wenn halb sechs der Wekker klingelt, denkste: Hach! Da freue ich mich schon beim Frühstück auf Feierabend.
Äpfelpflücken ist noch schlimmer. Da mußte überhaupt nischt überlegen. Ich wußte ja vorher, was ein Obstbauer hier macht, aber die meisten wußten's nicht.
Die Lehrer sagen: Ihr hättet euch vorher informieren müssen, seid selber schuld!, und die Erzieher: Ihr seid schließlich an der Luft!
Viele wollen nach der Lehre weg.
Und was werden wir? GÄRTNER DER OBSTPRODUKTION. Das ist doch nicht bloß schneiden, schneiden … Nach dem Lehrplan richten die sich nicht. Ich möcht' auch mal mit pflanzen oder beim Pflanzenschutz mitmachen. Da kommste nicht ran. Und immer nur Äpfel. Daß es auch Kirschen gibt, Pfirsiche und Pflaumen, daran denkt keiner mehr. Wenn zu Hause unser Nachbar sagen würde: Imke, unser Birnbaum sieht komisch aus, kannst du den nicht mal schneiden?, müßte ich sagen: Birnbaum? Ich bin Facharbeiter für industriemäßige Apfelproduktion. Ich kann nur einen Apfel-

baum schneiden, der entsprechend gewachsen ist und schon mal 'n Erziehungsschnitt gekriegt hat!
Später will ich was anderes werden, vielleicht Erzieher für Leute im Internat. Obwohl, mein Freund sagt, viele von denen haben die Nase voll. Bei uns im Internat herrschen ganz blöde Erziehungsnormen, da geht's immer nur: Wenn ihr das nicht macht, Brief an die Eltern, da wird Entsprechendes reingeschrieben! Und was nicht alles STRENG VERBOTEN ist. Zum Beispiel in die Kirche gehen. Ist doch jetzt 'ne Modefrage. Die FDJ ist selber daran schuld, bietet uns nichts außer bißchen Tanz. Die Kirche ist der einzige Ort, wo man seinen Geist bißchen anstrengen kann. Zum Beispiel: Was ist Kultur? Was hab ich mir denn vorgestellt darunter? Tanzen und höchstens mal 'ne Bilderausstellung. Da hört's schon auf. Nichts Aktives, wo ich meine Phantasie entwickeln kann.
Man müßte sich zum Beispiel für Konzerte interessieren, nicht nur Rock, für Sinfonien und so. Wenn man da bloß nicht erst nach Berlin fahren müßte!
Hier in Werder gibt's einen Filmclub, da läuft aber überhaupt nischt. Wir sind mal hingegangen, da kam dieser Knaller nicht, der den Film vorführt.
Aber die Kirche ... ich war in der Bibelstunde. Darf keiner wissen, bin ja FDJ-Sekretär ... Aber ich will mich weiterbilden, weeßte? Wer das nicht versteht, tut mir leid. Die denken dort einfach so vollkommen anders. Na ja, ist eigentlich verrückt, Glaube! Da darfste nicht fragen: Wieso? und Warum? Aber es ist was anderes und nicht mit soviel Zwang verbunden, soviel Organisiertheit und Unpersönlichkeit. Und *freundlich* ist's da ... ist das einzige Wort, was mir dafür einfällt. Als ich zum erstenmal dort war, dachte ich: Häh? und hab die angekiekt. Die reden mich einfach so an. Mensch, man kriegt fast ein schlechtes Gewissen, wenn die Leute mal zu einem freundlich sind. Ist das nicht schlimm?
Unser Erzieher, Herr H., sagt immer bloß: DAS IST EIN SOZIALISTISCHES INTERNAT. HIER WERDET IHR

ZU SOZIALISTISCHEN PERSÖNLICHKEITEN HERANGEZOGEN. Das ist uns total hohl. Und weiter weiß der nischt. Ich hab ihn mal in einer FDJ-Versammlung, wo's um Rüstung ging, gefragt: Aber wenn die SU Waffen nach Iran verkauft, verdient die daran nichts? Er konnte mir keine Antwort geben, erzählte nur nach, was er irgendwo mal gehört hat. Du spürst, er steht nicht dahinter.
Und unser Internat ist ein Ausstellungsstück für sämtliche Delegationen. Immer: Saubermachen! Staubwischen! – Warum denn schon wieder, ist doch erst Dienstag? – Es kommt eine Delegation!
Warum zeigt man nicht den Leuten, wie's wirklich ist? Da beschummelt sich jeder selbst. Das ist für mich so 'n Widerspruch bei uns. Wenn die Regierung in die Betriebe geht, was sieht sie? Nur das Beste. Und sie denken: Alles ist wunderbar! Aber was war mit der Mensa? Die sollte bis Januar fertig werden, war's aber erst im August. Da haben sie den Plan zurückgedreht, so, als sollte sie erst im nächsten Januar fertig werden. Schon hatten sie ihn vorfristig erfüllt! Darum möchte ich nach der Lehre erst mal zwei Jahre hier arbeiten. Damit ich weiß, wie die Wirklichkeit ist und den Kindern später als Erzieher keinen Stuß erzählen muß.
Mein Vater ist ein ganz ruhiger Typ. Und klug, hab' ich ja schon gesagt. Der kann's mir zum Beispiel erklären mit den Raketen nach Iran. Aber er würde nie irgendwelche Widersprüche bei uns zugeben, läßt sich sonstwas einfallen, um sie zu übertuschen. Meine Mutter sieht die Realität, haut auf den Putz und bringt ihn dadurch ganz schön ins Schwitzen. Den einen Abend komm ich um elf runter, sie waren schon halb zehn schlafen gegangen. Ich denke: die erzählen ja immer noch? Da hab' ich einen Film gesehen und bin halb zwölf wieder runter. Ich denke, ich hör nicht richtig und frage: Was erzählt ihr euch denn? Ich kann mir nicht vorstellen, wenn ich fünfundzwanzig Jahre verheiratet wäre, daß ich noch derart viel zu erzählen hätte! Da sagen sie: Na, sag mal, wenn wir

nichts mehr zu reden hätten, was wär denn das? ... Aber wirklich, die beiden führn 'ne einwandfreie Ehe. Und meistens geht es bei denen um Politik. Das artet nie in Streit aus, sind nur unheimliche Diskussionen, weil keiner nachgeben will. Die haben beide 'n ganz schönen Dickkopf. Das finde ich gut und will ich in meiner Ehe auch mal so haben.

Mein Mann, der soll erst mal richtig schön männlich aussehen. Ja, ist doof, vom Aussehen auszugehen, aber irgendwie lege ich doch Wert drauf. Dann soll er intelligent sein, ich muß mich mit ihm unterhalten können. Und wie noch? Er soll mir meine Freiheit lassen. Ich laß ihm seine auch. Man muß sich doch keinen Kopp machen, wenn der eine sagt: Hör, ich habe heute Lust, mal alleine fortzugehen. Mir ist's einfach mal so ... Aber vor fünfundzwanzig will ich nicht heiraten. Und Kinder will ich nicht so viele. Möchte ja viel unternehmen. Meine Eltern verreisen unheimlich gern. Zweimal war ich schon in Bulgarien, dann in Leningrad und dieses Jahr in Moskau und Jaroslawl. In Polen war ich, auf der Halbinsel Hel, auch in Ungarn. Aber ich finde, man müßte auch mal richtig die DDR kennenlernen. Und außerdem auch das kapitalistische Ausland. Wegen dem Vergleich. Unser Staat sagt: Ihr habt ja eure Arbeit, könnt zufrieden sein! Okay, ich weiß, daß es dort noch vielen Leuten dreckig geht, Arbeitslosigkeit und so. Aber das müßte man sich selber ansehen. Außerdem könnte man sich was abgucken, was die besser machen. Ich kann mir vorstellen, daß für die Jugendlichen dort mehr los ist. Wenn ich SFB höre: Also heute abend die und die Veranstaltung, zum Beispiel Konzert mit Alexis Corner, wir haben noch zehn Karten ... was, den kennste nicht? Der hat die ganze Bluesmusik auf die Beine gestellt ... da könnte ich ausflippen. Die haben noch Karten, und ich sitze hier!

Meine Eltern verdienen ganz gut, außerdem vermieten wir an Urlauber, und der Garten bringt was ... das Geld läppert sich zusammen. Ich finde es gut von meinen Eltern, daß sie es nicht auf der Sparkasse horten, sie geben's für Verreisen aus, für's Haus, das war ein Schweinestall, den haben sie sich ausgebaut. Jetzt hat uns mein Vater ein großes Stereoradio gekauft, mit Tonband. Das lohnt sich. Ich freue mich schon die ganze Woche, daß ich Sonnabend, Sonntag Musik hören kann. Ich nehme am liebsten welche auf von nicht so bekannten Leuten. Wenn zum Beispiel was von Pink Floyd kommt, denkst du: Ha, Pink Floyd, Pink Floyd!, obwohl der Titel vielleicht gar nicht besonders ist. Würde er von 'ner unbekannten Gruppe gespielt werden, würdste denken: Na, besonders war der nicht! Die Voreingenommenheit gegenüber Fremdem ... das ist nicht nur bei Musik so. Ich nehme einfach auf gut Glück was auf, und nachher überleg ich mir: War's gut? Kürzlich hab ich eine Gruppe aufgenommen, die so was wie Kammermusik gemacht hat, mit modernen Instrumenten, unheimlich gute Musik. Und einmal hatte ich was von Klassik-Rock, sagenhaft!

Wonach ich Musik bewerte? Nach der Phantasie, die drin ist. Am liebsten höre ich melancholische Lieder, da träumt man so schön. Ich hab mein Zimmer oben, kann übern Fluß gucken, nach Natwerder hinüber, da steht 'ne Kirche. Ist herrlich! Irgendwie träume ich, wie's wäre, wenn ich völlig frei wäre, mein eigenes Leben lebte ... Man tut's doch nicht. Dann würde ich nämlich der Martina B. sagen, wie blöd ich sie finde. Und würde sie niemals duzen. Die ist dermaßen von oben herab, erklärt immer alles zehnmal, damit wir, die kein Abi machen, es auch verstehen. Schrecklich. Aber kannste ihr nicht sagen. Die Höflichkeitsformen, die Vernunft ... haste dir mal überlegt, was heutzutage Vernunft heißt? Das ist 'ne spießige Einstellung von älteren Leuten, die denken, wenn einer immer fein grüßt, sich die Füße abtritt und die Musik nicht so laut macht, ist alles in Ordnung. Dann biste vernünftig! Mein Freund, der Gerd, hat Musik auch gern, aber 'n anderen Geschmack als ich. Obwohl ... die Dire Straits, Mac Ray und Reggae mag er auch, Blues

nicht so unbedingt. Meine Schwester ist ein Bluesfan, die versteht 'n Bluestitel.
Gerd habe ich im Bus zur Arbeit kennengelernt. Hach, hat er gesagt, die stumpfsinnige Arbeit wieder ... So haben wir rumgesponnen, mir war's an dem Tag auch danach. Die Leute dachten, wir sind nicht mehr richtig. Aber weeßte, da machste dir mit der Zeit nichts mehr draus. Oder nur aus denen, aus denen du dir selber etwas machst ... So haben wir uns öfters gesehen und kamen dann auf Lebensvorstellungen zu sprechen, wie's später weitergehen soll.
Er will mal von der Kirche aus ein Studium machen, Gemeindepädagoge oder so was. Und vorher macht er ein Jahr lang Filmvorführer, er freut sich dermaßen darauf, denkt, dann ist er endlich frei! Na, er muß sich jedenfalls nicht mehr von allzuvielen was sagen lassen. Dann hab ich gesagt: Warum gehen die meisten Leute nicht mal zur Arbeit oder nehmen das Fahrrad? Weil sie ihr Auto zeigen müssen. Das steckt in dem Deutschen drin. Andere Völker, zum Beispiel die Freunde, leben doch ziemlich ärmlich, die Ausländer denken: Mein Gott, die Ärmsten! Aber die machen sich nix draus. Gehn lieber abends dreimal in der Woche in die Kneipe und sind lustig, als daß sie sich 'n Fernseher anschaffen und zu Hause rumsitzen. Aber der Deutsche ... Er könnte auch nie in einem Neubaublock leben, hat Gerd dann gesagt. Wo du nicht mal deinen Nachbarn kennst. Nur weißt, er hat zwei Kinder oder drei? Genau weeßtes nich, warum auch ...Ist genauso wie bei uns im Internat, ob du deinen Nachbarn kennst oder nicht, ob du freundlich zu ihm bist oder ihn angiftest ... du lebst genauso bequem weiter.
Ich bilde mir ein, daß Gerd einigermaßen gut mit mir reden kann. Das vermißt man bei vielen Mädchen. Und ich bin auch jemand, der zuhören kann. Aber ... Gerd kann 'ne Stunde ununterbrochen erzählen. Wenn ich was sagen will, setzt er schon wieder an. Es kam auch schon vor, daß er fünf Minuten den Mund gehalten hat. Ist 'ne Leistung bei ihm.

Aber dann fragt er gleich: Hast du gemerkt, daß ich mich unheimlich bemüht habe? Dann mußt du natürlich sagen: Hab ich bemerkt. Sonst ist er sauer.
Vorher war der Carlo. Mit ihm bin ich anderthalb Jahre zusammen gewesen. Das war die schönste Zeit in meinem Leben. Wir haben immer so viel Mist gemacht. Mein Vater mußte wegen der Stare Raketen abschießen. Da haben wir uns ein paar genommen und sie auf der Autobahn abgeschossen, um die Fahrer zu erschrecken. Unmöglich waren wir, hatten uns gar nichts dabei gedacht. Plötzlich stand Polizei dort. Wir haben 'ne Rakete abgeschossen, da rannten welche auf uns zu, Carlo schrie: Mensch, Imke, komm ... Der Mann war nur noch zehn Meter entfernt. Aber gekriegt haben sie uns nicht. Das war aufregend. Auch gearbeitet haben wir zusammen, zum Beispiel Heu eingefahren ... Carlo war aus unserer Klasse ja der einzige, der in unserem Dorf wohnt. Ohne ihn wär's langweilig gewesen. So haben wir immer zusammengehangen und irre was angestellt. Aber schließlich sind wir miteinander nicht mehr klargekommen. Ich wollte mit ihm auch mal weggehen, in 'ne Ausstellung oder wohin, nicht immer nur zu Hause hängen, das war ihm schon zuviel.
An dem Tag, an dem wir auseinandergegangen sind ... ich dachte, ich wäre in einen Abgrund gesprungen. Schrecklich! Der nächste Tag auch. Und am übernächsten hatte ich plötzlich ein riesiges Freiheitsgefühl. Komisch, was? Erst dachte ich, die Welt bricht zusammen, und auf einmal habe ich mich so wohlgefühlt.
Dann waren wir noch zusammen in der SU, die Reise sollte nicht ins Wasser fallen. Da war er unheimlich nett, aber nach dem Urlaub sind wir wieder in Streit gefallen. Dann ging die Lehre los, wir haben uns auch an den Wochenenden nicht gesehen, aber dann ... na ja, er kam öfters wieder, unter dem Vorwand, sein Kassettenrekorder ist kaputt, ich sollte für ihn Musik aufnehmen. Da hatten wir uns viel zu erzählen und

sind nun irgendwie wieder zusammen. Nee, nicht bloß als Kumpels. Wir haben jetzt zum erstenmal miteinander geschlafen, obwohl ich schon Gerd hatte. Das habe ich dem nicht so genau gesagt, bloß, daß ich Carlo immer noch lieb habe. Gerd war über Weihnachten und Neujahr bei mir. Meine Eltern waren nicht da, ich hatte sie gefragt. Nun war er also da, und Carlo war sauer. Obwohl, ich empfinde für ihn was total anderes als für Gerd, das schließt sich doch nicht aus ... Aber nee, die Eifersucht! Ich kam mir ziemlich doof vor, hatte Carlo doch schließlich gesagt, daß ich 'n Freund habe. Und wir müssen beide erst mal Lebenserfahrung sammeln, auch, wie's mit anderen ist. Wenn Carlo von seinen Freundinnen erzählt, bin ich aber auch sauer, komisch. Ich will Carlo nicht verlieren, will aber auch nicht mehr mit ihm zusammen sein. Versteht vielleicht keiner richtig. Gerd denkt über soviel nach, Carlo ist irgendwie oberflächlich: nur Rolling-Stones und Mädchen und schöne Anziehsachen ...
Meine Mutter, stell dir vor, hat zum erstenmal mit meinem Vater geschlafen, als sie verheiratet waren. Überhaupt das erste Mal mit jemandem. Die hat dermaßen Angst gehabt ... Trotzdem sagt sie jetzt, das ganze Geschlechtsleben macht mindestens die Hälfte einer Beziehung aus, ob sich zwei verstehen oder nicht. Da fehlen mir noch die Erfahrungen. Als ich mit Carlo vor ein paar Wochen zum erstenmal geschlafen habe, am schönsten war bei der ganzen Sache, findste vielleicht bißchen komisch, daß ich so nahe bei ihm gelegen und er den Arm so um mich hatte. Ich hatte noch nie zuvor so 'n gutes Gefühl gehabt. Das andre, na okay ... aber wenn Carlo mich streichelt, das ist irgendwie wahnsinnig.
Meine Mutter, obwohl ich ungeheuer mit ihr reden kann, aber über solche Sachen, nee. Sie sagt immer, daß du mir ja keine Dummheiten machst! Neulich meinte sie: Na der Carlo, der kann doch nicht mehr als küssen ... Ich mußte schnell aus der Küche gehen.

Haach, der Carlo! Einmal ist der um zwei Uhr nachts zu mir gekommen und öfters die ganze Nacht dageblieben, ohne daß es einer gemerkt hat. Der Gerd müßte ein bißchen verrückter sein, unberechenbarer, verstehste? Der überlegt erst alles schrecklich genau, ehe er was tut. Ich bin da mehr spontan. Ich tu's einfach.
Ich bin in unserer Klasse FDJ-Sekretär. Da hatte mein Vater die Hand im Spiel: Also, hat er eines Abends zu mir gesagt, ist klar, du machst FDJ-Sekretär! Mensch, hab ich gesagt, kannste dir nicht vorstellen, daß ich froh bin, den Job erst mal los zu sein? Ich war in unserer alten Schule GOL-Sekretär ... Aber nun bin ich's doch, möchte manchen in der Klasse helfen und fühle mich dabei so ohnmächtig. Keinen kenne ich, der mir dabei ein bißchen helfen würde. Unser Klassenlehrer ist Herr Z. Ein netter Mensch, jung und sieht sehr gut aus, das ist vielleicht sein Fehler. Herrn H., unserem Erzieher, der nicht so nett ist, nehmen wir seine Fehler übel, dem Z. nicht. Der kümmert sich nicht um uns, hat keine Zeit, mal mit jemandem zu reden. Was doch gerade gehen müßte; der hat doch die Chance, bei uns anzukommen! Vor kurzem habe ich zu ihm gesagt: Herr Z., wir haben FDJ-Versammlung, es wäre gut, wenn Sie kommen würden. Da hat er gesagt, er hätte Besseres zu tun. Hat 'ne junge Frau, die hat gerade ein Kind gekriegt. Kann ich verstehen. Aber es war doch das einzige Mal, daß wir etwas von ihm verlangt haben, ja?
Wenn was zu verkünden ist, sag ich's meistens, wenn wir Praxis haben, in der Frühstückspause: Also, Leute, kommt her, heute diskutieren wir! Ich kann nicht zu viele Versammlungen leiden, drum mache ich so was zwischendurch. Es herrscht schon genug Zwang, da will ich sie so wenig wie möglich zwingen ...
Vor allem möchte ich erreichen, daß sie ein bißchen offener werden. Nicht denken: Wenn ich nicht darüber rede, geht's ooch ... Daß ihnen nicht mehr alles so egal ist, verstehste?

Wenigstens darüber solln sie sich Gedanken machen, worüber ich mir welche mache. Zum Beispiel, wie das ist mit den »erfüllten« Plänen. Oder wie wir Äpfel pflücken. Da wunderst du dich, daß davon noch paar Tafeläpfel übrigbleiben. Es herrscht 'ne ganz bestimmte Norm, und das Schlimme ist, nur was wir darüber schaffen, kriegen wir ausgezahlt. Da schmeißt man halt die Äpfel in den Eimer. Klar, Quantität ist wichtig, aber durch 'ne schlechte Qualität, hat da der Betrieb keine Nachteile?
Vor kurzem sollte ich einen Arbeitsplan und ein Kampfprogramm für unsere Klasse schreiben. Die anderen sagen: Laß mich damit in Ruhe! Ich habe mir ein Kampfprogramm von der 11b besorgt, zweites Lehrjahr. Da stand als erster Satz: Wir, die FDJ-ler der 11b ... und dann irgendwie: treten als aktive Kampfreserve der Partei auf. Ich kann mir nicht vorstellen, daß meine FDJ-ler so was von sich sagen: Ich bin die aktive Kampfreserve der Partei. Und wenn ich's mir nicht vorstellen kann, kann ich's nicht schreiben. Ist doch nicht mein Kampfprogramm ... Manchmal denke ich, die FDJ ist keine lebendige Organisation mehr. Frißt sich selber im Papierkrieg auf. Und unser FDJ-Stab hier, weeßte ... zum Beispiel im Schulungslager in Frauenwald ... Was soll ich von Leuten sagen, die tagtäglich, nicht nur abends, besoffen sind? Finde ich das in Ordnung?
Von unserer Brigadierin, Frau H., kann ich das sagen.
Unser Staat versucht mit materiellen Mitteln zu erreichen, daß die Menschen für den Sozialismus sind. Und da streben sie nur danach, möglichst viel zu haben. Das ist für mich ein Fehler an unserem Staat. Und weil er diese Fehler nicht zugibt, schafft er sich bei uns Minuspunkte.
Drüben leben möchte ich aber auch nicht. Nur mal gucken. Hier fühle ich mich sicherer. Es wird einem alles geboten, aber man wird dadurch auch so bequem, entwickelt keine Initiative mehr. Ich weiß zum Beispiel ganz genau, daß ich nach der Lehre 'n Arbeitsplatz kriege, muß mich also nicht anstren-

gen, besonders gut zu sein. Ich kriege ihn sowieso. Das ist zwar ganz gut, aber dadurch denken die Leute nicht mehr, und wenn, dann nur so gering. Zum Beispiel unsere Klasse. Ich hatte die mir anders vorgestellt, gedacht: 'ne Klasse der Berufsausbildung, einwandfrei, die wolln zusammenhalten ... Aber alles ist dermaßen zersplittert, nach vier Monaten schon. Die meisten sind so passiv. Ich kann nicht sagen, daß ich gerade viel mache, aber ich kann nicht leiden, daß sie schon so passiv denken. Sich über nichts 'n Kopf machen als darüber, wie besoffen sie bei der letzten Fete wieder waren, wie sie eigentlich ins Internat und in ihr Bett gekommen sind ... das ist das ganze Thema. Ich versuche immer, von was anderem anzufangen. Zum Beispiel ist ein Mädchen bei uns dichterisch veranlagt, hat unheimliche Phantasie. Und gut malen kann sie auch, so abstrakte Bilder. Aber die anderen verstehen sie nicht: Häh? Was hat 'n Würfel mit Denken zu tun? Diese Einstellung, ohne Denken leb ich genauso weiter, finde ich grundfalsch. Ich möchte nicht zum Leben eine so spießige Einstellung kriegen.
Wie schafft man das, daß man nicht so wird? Vielleicht kann mir Gerd dabei helfen. Mit den richtigen Menschen zusammen muß das doch zu machen sein. Mit Menschen, mit denen man reden kann, es wird ja soviel geschwiegen, ja? Und mit denen man auch rumspinnen kann, das ist auch wichtig. Sie müssen ein bißchen verrückt sein, sich aber auch benehmen können.
Ich beobachte deshalb sehr gerne die Leute. Und wenn die Art von jemandem mir gefällt, er bei mir vollkommen ankommt, versuche ich, von ihm was abzugucken.
In meiner Klasse ist einer, Uli. Der ist nicht verkrampft, unheimlich locker, hat so 'ne ironische Art. Er sagt alles, aber irgendwie auf Umwegen. Du kennst doch Otto, Otto von der Otto-Show? Siehste! Der sagt auch alles spaßig, mit unheimlich viel Ironie. So ähnlich ist Uli. Mit dem bin ich gern zusammen. Mit Leuten, die er nicht mag, gibt er sich nicht ab.

Dann bist du nicht abhängig von ihnen, mußt nicht dauernd denken: Ach, das kannste eigentlich nicht sagen oder tun! und so. So will ich gern sein und probier es. Manche halten mich deshalb für überheblich.
In meinem Zimmer ist eine, die redet nur über Jungs. Da war mal einer bei uns oben, mit dem ich stundenlang geredet habe. Da kam die und hat gesagt: Der hat doch schon 'ne Freundin, was willste von dem? Solche Menschen ... da könnte ich ausrasten. Da sag ich eben gar nichts, und wenn die mich anredet, sage ich: Ja, ja ... und laß sie stehen. Soll sie mich doch für überheblich halten!
Du mußt Leute haben, die neunzigprozentig zu dir stehen, und welche, die neunzigprozentig gegen dich sind, wenn du was aus dir machen willst.
Im Internat habe ich irgendwie nicht die Möglichkeit, meine Zeit zu nutzen. Mensch, was ich zu Hause alles mache! Aus Holz abstrakte Muster, die ich mir ausdenke, oder aus Reiskörnern ... Im Internat hast du bloß 'n ganz kleinen Schrank, kannst keine Sachen aufbewahren, die für dich wichtig sind, zum Basteln oder Bücher. Alles ist unpersönlich. Und immer nur mal eine Stunde Zeit, da lohnt sich's gar nicht, was anzufangen. Was machst du also? Quatscht mit sämtlichen Leuten, und es kommt nichts bei raus. Um diese Zeit tut es mir sehr leid. Zum Beispiel habe ich mich jetzt aufgeregt, wie selbstverständlich sie alles nehmen. Wir durften zum Nikolaus unsere Stiefel rausstellen, morgens staken 'n Apfel, 'ne Apfelsine und paar Pfefferkuchen drin. Für paar hundert Leute! Fand ich unheimlich gut. Aber dann ging's los: Die von der dritten Etage solln mehr gekriegt haben ... Mensch, Imke, und die im Altbau, hab ich gehört, hatten sogar Schokolade ... Haach, hab ich gesagt, könnt ihr denn nicht einmal zufrieden sein? Ist's denn nicht schön, daß überhaupt jemand dran gedacht hat? Ich habe einen Zettel unten hingehängt: Lieber Nikolaus, vielen Dank für die Überraschung!

Was ich gern haben möchte: eine rosa Wolke! Das versteht keiner. Manchmal erzählt mir jemand was und ich höre überhaupt nicht zu. – He, Imke, wo bist du denn? – Ich war gerade auf meiner rosa Wolke ... Ja, so eine will ich, da flieg ich dann oben rum und denke: die können mich mal! Und ich schreie: Heute nicht! Heut gehört der Tag mal mir! Und wenn ich mal weg will. Nach England, wegen der Musik. Warum machen wir hier nicht mal so 'n richtiges Konzert? Na okay ... aber schön wär's doch.
Trampen möchte ich auch gern, habe aber Angst davor. Woher weiß ich denn, wenn mich ein Fahrer sieht, daß der nicht denkt: da steht 'ne hübsche Frau am Straßenrand ... daß er deshalb anhält, um eben andere Menschen kennenzulernen?
Was noch von mir zu sagen ist? Ich bin ein bißchen eitel. Gloobste vielleicht nicht, aber ich habe manchmal das Bedürfnis, allen zu gefallen. Jedenfalls denen, die ich mag. Was Besonderes zu sein. Ob das eitel ist? Na, ich finde es einfach schön, wenn ich wie gestern zum Tanz komme, und Gabi schreit durch den ganzen Saal: Im – ke!, daß sich einer so freut, weil ich komme.

HEINZ, 21, GÄRTNER Ich bin in Werder geboren. Werder ist grade richtig, kein Dorf mehr, schon Stadt, trotzdem hast du Garten hinterm Haus und so wat, wo andere nur von träumen. Auch die Gegend hier, ich will nicht fort. Und wir haben alles, Bäcker, Fleischer, Schuster ... zwar nur für Werderaner, wenn *du* Schuhe hinbringst, schicken sie dich weg, meine nehmen sie.

Wir sind alteingesessen, seit Ende vierzehntes Jahrhundert, da gibt's so 'n Familienbuch oder wie sich das nennt. Die kamen aus Oberschlesien und hatten hier große Ländereien. Aber dann ist alles zerfallen, durch Erbschaftsteilung. Mein Opa hatte sein Land kurz vor Chemnitz, vier oder fünf Hektar, mit Erdbeeren, Bäumen und was weiß ich. Im Sommer hatten sie Saisonkräfte aus Berlin, außerdem zwei, drei Leute ständig, die hatten 'ne ausgebaute Bodenkammer und haben bei Opa mitgegessen. Die Ernte wurde mit Kähnen nach Berlin gefahren, das hat Oma gemacht. Sie haben tagsüber gepflückt, sind nachts losgefahren, früh haben sie in Berlin verkauft, wieder zurück, wieder gepflückt, wieder verladen ... Jeden Tag. Ruhe haben die nicht gekannt, jedenfalls nicht die Frauen.

Ich kenne alle hier, mich kennen auch fast alle. Wenn du 'n Werderaner nach Z. fragst, und der sagt, er kennt keinen, kannste glooben, daß es kein Werderaner ist. Z. gibt es hier wie Sand am Meer, das sind meistenteils Großcousins, Groß-

cousinen ... Die Werderaner machen ihr Eigenes. Manche verstehen das nicht. Wenn andre Blumen in ihrem Vorgarten pflanzen, pflanzen die eben Tomaten hin. Und sie haben ihren Zaun um alles. Im Garten hat niemand wat zu suchen. Die Höfe sind mit Mauern zugebaut, wir haben auch so einen. War hier früher so der Baustil, damit keiner reingucken konnte. Die Werderaner sind schlau, alte Obstmucker, sagt man. Jeder sieht zu, wie er zurecht kommt.
Zu meinem Beruf bin ich gekommen ... ich wollte was mit Technik machen. Ich kannte paar Treckerfahrer, die haben gesagt, wenn du hier lernst, kannst du als Treckerfahrer anfangen und dich später qualifizieren auf Lkw. So bin ich in die Firma gekommen, die hieß damals »Frühling«; eine Woche später war der Zusammenschluß von den kleinen Kolchosen zur »GPG Obstproduktion Werder«. Ich habe Obstbauer gelernt und danach eine Qualifizierung gemacht als Mechanisator. Ich fahre meistens einen ETM, das ist ein Traktor aus Belgrad, so 'n kleines Ding. An der Arbeit befriedigt mich nur, daß ich fahre. Ankotzen tut mich 'ne ganze Menge. Es gibt einen Unterschied zwischen Bereichstechnik und richtiger Technik. In die richtige wollte ich. Die haben nur einen Chef, und im Winter machen die was auf der Autobahn, Schilderwaschen, Streuen, Schneepflugfahren. Aber weil ich als Lehrling mal Scheiße gebaut hatte, bin ich Bereichstraktorist und muß mich von jedem Chef, der sich einbildet, daß er wat zu sagen hat, rumkommandieren lassen.
Was ich für Scheiße gebaut hab'? Wir hatten einen Bunker gebaut, zwischen lauter Gemüsekisten und Holzwolle, jedenfalls ist alles abgebrannt. Ich wurde im April 78 vom Kreisgericht verurteilt zu zwei Jahren Bewährung, Gerichtskosten zahlen und zehn Tage unbezahlte, gemeinnützige Arbeit. Da hab' ich 'n Pfiffi gemacht, ich mußte vor der Schule Straße fegen.
Zu der Sache hat seitdem keiner von den Chefs was gesagt. Aber es stört mich, daß es noch immer in meiner Kaderakte

steht. Das werden jetzt vier Jahre, die wolln das nicht rausnehmen. Aber wie will ich so in 'nem anderen Betrieb anfangen? Als wenn sie mich damit halten wollen. Ich gehe mich bald erkundigen, ob das von Rechts wegen nicht raus muß.
Vor kurzem hätte ich in der LPG Groß Kreuz anfangen können, aber da müßte ich Leute fahren, mit'm Trecker auf's Feld, und spritzen mit Kertitox, das sagt mir nicht zu, das Zeug stinkt, bei uns brauche ich so was nicht zu machen.
Ich fahre Äpfel, Kirschen, Blumenkohlpflanzen, im Winter muß ich Bäume schneiden mit dem Schnittgerät. Da sind meistens Männer, die Frauen machen's mit der Säge. Eine Schere vom Schnittgerät wiegt zwei, drei Kilo, und den ganzen Tag das Ding hochhalten ... Von Rechts wegen verstoßen wir gegen den Arbeitsschutz, wir müssen die Schere mit zwei Händen festhalten, aber wenn ich einen Zacken von drei Zentimeter Durchmesser abschneide, geht das Ding schon nicht mehr richtig. Also faßt man die Schere mit einer Hand an und drückt mit der anderen den Ast runter ... Die Chefs tun, als sehn sie's nicht, aber jedesmal beim Arbeitsschutz erzählen sie uns wieder, wie die Vorschrift ist. Dieses Jahr sind die Scheren geändert worden, da gehen sie nicht mehr so oft kaputt. Aber öfters doch, da passen wir auf, weil nicht genug Ersatzscheren da sind, daß die anderen nicht alle wegholen.
Irgendwie ist der Baumschnitt nicht richtig organisiert. Wir fangen alle in der Mitte an, wenn einer fertig ist, ist er ganz außen und muß weit laufen, um den anderen zu helfen. Außen anfangen und sich in der Mitte treffen wäre besser. Aber vielleicht geht das nicht, so 'n Acker ist ja nicht quadratisch.
Wenn ich noch mal vor der Lehre stünde, würde ich was mit Kraftverkehr machen oder Kraftfahrzeugschlosser. Ich baue gern, es ist schön, wenn der Trecker kaputt ist. Da kommt der Werkstattmeister und sagt: Det abbauen, det abbauen ... wenn du das öfters gemacht hast, weißt du, was los ist. Da kannst du selber alles abmontieren.
Meine Lehre ... nie wieder! Auch jetzt den Stiften bei uns

gefällt es nicht. Die sind immer irgendwo auf dem Acker, kommen nie mit welchem aus dem Betrieb zusammen ... Oft haben sie keinen guten Lehrmeister, dürfen im Wagen nicht roochen. Und wenn der Lehrmeister Lust hat, läßt er sie im Regen weitermachen. Im zweiten Lehrjahr im April werden sie dann ihren zukünftigen Brigaden zugeteilt. Da gefällt es ihnen besser. Trotzdem hauen viele ab. Von unserer Lehrlingsgruppe bin ich als einziger in der Firma geblieben. Die anderen sind in andere Kolchosen, drei haben in der Vermarktung angefangen. Einer, Lui, das war 'n Kunde, mit dem war überhaupt nischt los, der hat bloß den Lehrmeister verscheißert, sitzt im Knast. Aber der gehört eher in die Klapsmühle. Der soll Mist zusammengeklaut haben aus Bungalows, Kochtopfdeckel und so wat Hohles, wat keen Mensch gebrauchen kann. Der sieht nicht durch.
In unserer Jugendbrigade sind fünfzehn Mann, ich bin der Traktorist. Die Helga ist auch mit in unserer Brigade. Im April hatten die ausgelernt und Blumenkohl geschnitten. Ich war anderweitig beschäftigt, hatte aus den Erntewegen Knack rausgefahren und auf 'n Haufen gekratzt. Eines Tages war ich mit der zusammen, die mit Helga im Zimmer wohnt, aber bloß 'ne Woche. Die hat mir nicht zugesagt, bloß primitives Gequatsche. Da habe ich mitgekriegt, daß es Helga gibt. Ich bin jetzt fünf Monate mit ihr zusammen. Die ist immer sauber angezogen, das Zimmer ist sauber, worauf ich auch Wert lege, wenn ich mir eine suche, sie ist auch immer ehrlich zu mir gewesen, trinkt nicht, roocht nicht, ist hilfsbereit, die andern reden von ihr nicht schlecht. Na ja, vom Geschmack paßt sie mir auch ... habe ich also einen Volltreffer gemacht. Was ihr an mir gefällt, weiß ich nicht, irgendwas muß es ja sein. Heiraten wolln wir noch nicht, ich will vorher erst zur Armee. Die, mit denen ich gelernt habe, sind schon wieder hier, mich haben sie noch nicht geholt. Das paßt mir nicht, ich will endlich anfangen, mir mein Leben aufzubauen mit Wohnung, Kindern ...

Viele heiraten bloß wegen der Wohnung, ist doch so. Und dann eben, weil sie Kinder kriegen und die Eltern altmodisch sind. Die Omas sind ja noch verrückter. Ich gloob sowieso nicht, was die erzählen, daß die noch Jungfrauen waren bis zur Hochzeitsnacht und so.
Mit Kindern ... wie die Sache aussieht, hat es neulich schon gefunkt. Helga hat keinen Freund gehabt vorher, da wollte sie sich die Pille holen, aber weeßt ja, wie das ist mit den Arztterminen, und da war's schon zu spät. Aber ist nicht weiter schlimm, bis das da ist, bin ich einundzwanzig. Helga zwanzig.
Unsre Kinder sollen mal keine Muttersöhnchen werden, solche Pupels kann ich nicht leiden ... Die solln ruhig die Schnauze aufmachen, Lehrern oder sonstwem gegenüber. Bloß nicht solche Nickmänner werden, die gibt's schon genug auf der Welt. Zwar muß alles ein bißchen im Rahmen bleiben, irgendwo sind Grenzen, ob du vierzig bist oder zwölfe ... aber bis zu diesen Grenzen solln sie sich ihren eigenen Weg suchen.
Was Helga ankotzt, ist, daß sie hier zu zweit in einem Zimmer wohnen. Die andere ist das Gegenteil von ihr, nimmt keinen Besen in die Hand, lieber latscht sie drüber, wenn auf'm Flur einer 'ne leere Zigarettenschachtel wegschmeißt, juckt sie das nicht. Die denkt: Ledigenwohnheim! Ist ja bloß Staatseigentum. Da fehlt's bei den meisten noch.
Aber meistens ist die nicht da, da wohne ich mit bei Helga. Meine Eltern könnten besser sein. Die tun immer, als wenn sie superschlau sind oder wat. Noch anderer Klassenstil. Mein Vater ist im »Havelland« Betriebselektriker, meine Mutter Hausfrau. Die ist in der Partei, warum, weiß ich von Rechts wegen auch nich, nehme an, weil sie damals bei der Polizei gearbeitet hat. Ihre Ehe ist Durchschnitt, relativ gut noch, Anbrüllen oder Schlagen is nicht. Wochenende gehen sie in den Garten oder gucken fern. Weggehen tut mein Vater kaum, Mutter auch nicht, höchstens zur Parteiversammlung.

Ich weiß nicht, was die da bereden. Mein Vater trinkt seine Flasche Bier lieber zu Hause, besoffen hab' ich ihn schon ewig nicht gesehen. Das einzige: er meckert, wenn ihm in der Firma was nicht paßt. Dort klebt alles voll Dreck und Mist, und das interessiert keine Sau. Da haben sie vorige Woche kurz vor Feierabend Äppel gekriegt zum Pressen, die haben sie in die Schwemmen gekippt, im Freien, und es war eiskalt, am nächsten Morgen sind die Äppel dann festgefroren, sie kriegen sie nicht mehr heraus ... Da hat er verrückt gespielt. Aber seinen Chefs sagt er nichts, er ist froh, wenn er die nicht sieht. Wenn die Produktion stillsteht, kommen die oft nachts, holen Vater aus'm Bett, dann soll er die Lage retten. Und wat soll er machen?
Feierabend geht er am liebsten in den Garten, aber so verrückt wie bei andern ist es bei uns nicht. Sonntag nachmittag kannste immer kommen, da ist einer da. Bloß sonnabends sind sie draußen. Haben Folienzelte und machen ein paar tausend Tomaten im Jahr, das gibt fuffzehntausend Mark glatt. Wir haben auch Kirschen, mein Geschmack ist das nicht, lieber stelle ich mir zwei Gewächshäuser hin und nehm paar tausend Mark mehr ein, aber sie sagen zu Hause: Nu stehn se, da wolln wir sie nicht vergammeln lassen.
Ich will auch einen Garten haben. Immer in so einem Wohnsilo auf'm Balkon sitzen und aus'm Fenster kieken, da würd ich eingehn. Oder wahnsinnig werden. Überhaupt auf der Jugendhöhe ... wenn du abends aus der Kneipe kommst und bist besoffen, da findste nicht mehr deine Haustür. Sieht ja ein Haus aus wie's andere. Die Wohnungen haben Fernheizung und warmes Wasser, trotzdem ist's irgendwie unbehaglich, da fehlt, daß man raus kann. Und wie willst du hier Tiere halten? Höchstens paar Fische oder'n Wellensittich ...
Wenn ich ein Stück Garten habe, brauche ich ja nicht immer was zu machen. Da kann ich mich mal auf die Bank setzen und Kaffee trinken. Und was du nebenbei da an Taschengeld machst, darfst du nicht vergessen ... Ich kriege ein Stück

Land von meinen Eltern. Wenn du von der Eisenbahnstraße hochgehst zur Friedrichshöhe, von der Treppe rechts ... Da komm ich auch von der anderen Seite ran und kann mit dem Trecker die Bäume ausreißen, alles ein bißchen moderner aufbauen. Wasser ist auch da, vielleicht kann ich mir später ein Haus hinsetzen und einen Hund halten ... Ich will versuchen, mir das Leben so gemütlich wie möglich zu machen. Der Mensch behauptet zwar, das intelligenteste Lebewesen auf der Welt zu sein, aber er ist eher der größte Idiot. Kein Sperling macht sich 'n Kopp über heute und morgen, der kennt keinen Streß, keine Hektik. Wir sind gegenüber den anderen Lebewesen eher zurück, kannste sagen.
An unserer Kolchose ist noch das Gute, daß wir im Winter verkürzt arbeiten. Wir fahren früh viertel acht los, um vier sind wir wieder auf dem Hof. Im Sommer ist es eher hell, da fangen wir früher an, um vier oder halb fünf.
Im Winter verdiene ich jetzt auf die Hand siebenhundert Mark. Das reicht. Mit den Normen kommen wir zurecht, wenn nicht, wird Rabatz gemacht, dann werden sie runtergesetzt. Dein Geld kriegst du, ob Äppel sind oder nicht, wie dieses Jahr bei der schlechten Ernte. In unserer Kolchose geht keiner unter siebenhundert Mark nach Hause. Auch die Frauen nicht.
Unser Brigadier, ehrlich gesagt, ich kann den Kumpel nicht leiden. Ist erst von der Fachschule gekommen und bildet sich ein, er wär 'ne Nummer schlauer. Als ob nur er kommandieren kann. Und mit den Stunden, die er schreibt, ist er knausrig. Mich hat er schon drei-, viermal übers Ohr gehauen. Paß auf, sage ich, wenn noch einmal Stunden fehlen, schlepp ich dich vor die Gewerkschaft! Einmal hat es geregnet, die Äppel waren naß, da sind die anderen von halb neun bis halb elf drin geblieben. Solche Regenstunden werden nur mit Null fuffzehn bezahlt. Und mir, obwohl ich die vollen Großkisten rausgefahren habe, mich stört ja auf'm Trecker der Regen nicht, hat er auch nur Regenstunden aufgeschrieben. Kurz

darauf kam unser Bereichsleiter raus, dem habe ich Bescheid gesagt. Und ich kriegte was dazugeschrieben. Seitdem klappt's bei mir. Der ist, als hätte er Angst vor den Chefs. Um sich mit denen gutzustellen, verkracht er sich lieber mit uns.
Vorher hatten wir Kalle als Brigadier, der jetzt Bereichsleiter ist, der hatte gewußt, wie's lang läuft. Da konntest du zum Frühstück deine Flasche Bier trinken. Einmal hatte die ganze Brigade gesoffen, von früh an, dann waren die meisten arbeitsunfähig. Nebenan waren Treckerfahrer, die sollten Seeschlamm streuen und haben mitgegluckert. Jemand hat dann den Bereichsleiter rausgeschickt. Was sollte der nun sagen? Er hat gesagt, wir solln ein bißchen tun, als ob wir arbeiten. Im Prinzip haben wir nichts gemacht, den Tag aber bezahlt gekriegt. Wäre der Neue schon da gewesen, hätt' es Tamtam gegeben.
Mich qualifizieren? Wozu. Ich hab' mehr Geld als die und stehe weniger aus. Die kriegen von oben und unten Feuer und wissen oft nicht, was sie machen sollen.
Wenn unser Vorsitzender, der Doktor, nicht auf den Hauptversammlungen wäre, wüßte fast niemand, wer das ist. Ich kenn den nicht, und der kennt mich nicht. Voriges Jahr, als ich den Mechanisatorenlehrgang gemacht hatte, haben wir Urkunden überreicht gekriegt und Nelken. Wir standen vorne, die Kaderleiterin und noch paar Chefs mußten gratulieren, der Doktor hat die Urkunden überreicht. Da hat er erst alle gefragt, wie sie überhaupt heißen, mich ooch. Na ja, bei tausendvierhundert Mann oder wieviel wir sind, da kann man nicht jeden kennen. Aber hat der nicht Zeit, mal auf'n Acker zu kommen?
Was ich auch nicht verstehe, voriges Jahr war die große Ernte, da mußten wir die Äppel auf den Acker fahren, da sind sie vergammelt. Haben die falsch geplant oder was? Der zentrale Havelobstdirektor müßte doch an so was denken und nicht die ganze Verarbeitungsstrecke vergessen. Die neue Mus-

bude, die jetzt fertig werden soll, hätten sie schon vor zwei Jahren gebraucht. So seh ick det.
Ein Kollektiv ist unsere Brigade überhaupt nicht. Wenn einer mal nicht da ist, wird über ihn hergezogen. Und ist der nicht da, über den. So geht es hin und her, tagtäglich. Nur Streit und Zank, über irgendwelchen Mist. Zum Beispiel, wenn der eine sagt: das Bild ist gelb, sagt der andere: ist blau. Dann streiten sie sich drüber. Wenn du die Weiber manchmal hörst, flippst du aus. »Du blöde Kuh« und in der Art, das ist noch geschmeichelt. Ich weeß ooch nich, woher das kommt. Ich halt mich da raus. In der Mitte sitz ich nie, ich sitze immer außen, Helga sitzt neben mir. Die interessiert das auch nicht. Wenn man sich einmischt, drehn sie den Spieß bloß um ... Wenn mal gute Laune ist, reden wir übers Fernsehen oder spielen Karten, Skat oder Knack oder Mau-mau, was es so gibt.
Ich verreise gern. Früher war ich, von Vaters Betrieb aus, im Ferienlager, dann habe ich mit Jugendtourist Urlaub gemacht. Das war gut gewesen, mal wat anderes. Es war in Rumänien, am Schwarzen Meer, gerade zur Hochsaison. Aber wenn ich wo Urlaub mache, will ich auch als Urlauber geachtet sein. Als wir dort die Straße langgelaufen sind, in Levis und T-Shirts, haben sie gesehen, daß wir Deutsche sind und kamen wegen Tauschen und so wat. Wenn du dann sagst: DDR, gucken sie dich blöde an, der eine hat »Russki-Deutscher« zu uns gesagt. Das ist irgendwie deprimierend. Da zählte nur harte Währung. Und wenn wir uns angeguckt haben, wo wir wohnten, und hundert Meter weiter die Hotels von Neckermann, das war'n Unterschied wie Himmel und Hölle. Das war das einzige, was mich dort geärgert hat. Wenn ich am Strand liege, ist's egal, ob ich's bin oder einer aus'm Westen, da interessiert das keinen.
Wenn die Grenze offen wäre, ich würde nicht nach drüben gehn. Zwar, in der Welt sehen sie Westdeutschland 'ne Stufe höher. Vielleicht liegt das daran: weil die Betriebe dort privat

sind, gibt es keine Schludereien. Der Betriebsleiter weiß: is meins! Da ist ihm nicht egal, wie's aussieht. Wenn die Musbude hier in Werder im Westen wär, würde einer von der Zeitung kommen, paar Fotos machen, und keiner würde mehr 'ne Flasche Ketchup kaufen oder Appelwein. Da ist der Konkurrenzkampf, da können sie sich so was nicht leisten. Die wissen auch ganz genau, wie sie kalkulieren, da ist nicht 'ne Schraube umsonst. Aber ich nehme an, deshalb übertreiben sie's bißchen mit Ordnung und Ökonomie. Die könnten uns was davon abgeben. Aber drüben arbeiten? Nee. Hier weeß ick, nächstes Jahr arbeite ich immer noch in der Firma, drüben weeß ick's nich. Und hier kann ich meinem Chef sagen, was mir nicht paßt. Und überhaupt ... wenn sie zum Beispiel einen Rechner kaufen wollen, fragen sie uns vorher auf der Hauptversammlung, und es wird abgestimmt. Oder wenn einer von den Chefs mehr Gehalt kriegen soll, da wird die Höhe vorher angesagt, da solln wir drüber diskutieren, jeder kann sagen: ja oder nein. Mit dem Plan ist's auch so, wir kriegen alles erst vorgelegt, drüben würde da keiner zu uns wat sagen.
In unserem Betrieb die FDJ? Am Dienstag haben wir Fasching. Am zehnten soll Kegeln sein, ist das erstemal in den fünf Jahren, seit ich im Betrieb bin. Einmal hatten wir eine Feier, waren alle in der »Melodie« und haben die Brigadekasse ein bißchen kürzer gemacht, gegessen, getrunken, getanzt, ist aber lange her. Ich finde, man braucht doch nicht zusammen in eine Kneipe zu gehen, warum nicht mal ins Theater oder Kabarett? Du brauchst doch bis Potsdam nicht gerade ein betriebseigenes Fahrzeug, kannst mit'm Bus oder Zug rüberfahren. Ich weiß auch nicht, warum wir nichts machen. Vielleicht sind die Interessen zu verschieden, die meisten machen ja in ihrer Freizeit gar nischt. Oder es fehlt an einem, der mal was organisiert?
Zum FDJ-Studienjahr geht keiner hin, sie sagen: muß einkaufen oder zum Friseur oder, das Kind ist krank ... Ich war mal

da, das hat mir überhaupt nicht zugesagt. Da haben sie bloß ihr Buch, das schlagen sie auf, und dann geht's los: der böse Westen, der gute Sozialismus, stundenlang ... Das hatten sie mir schon jahrelang in der Schule erzählt. Und wie die Situation in der Welt ist, weeß ick ooch alleene, durch Fernsehen und die Zeitung.
Ich lese die »Märkische Volksstimme« und die »Tribüne«. Auf der ersten Seite les ich bloß die Überschriften, wenn zum Beispiel steht, daß sich Erich Honecker mit Louis Corvalan getroffen hat, sonst les ich die Witze und was es in der Welt so gibt, vor allem, was unser Gebiet hier betrifft. Hinten in der »Tribüne« les ich alles über Gerichtsverhandlungen und dazu die Lesereinsendungen, wo's um Probleme im Betrieb geht oder so. Das interessiert mich.
Was von der FDJ ganz gut gewesen war: die Winterschulung in Frauenwald. Ick weeß ooch nich, warum ich da hingekommen bin. Vielleicht von der Arbeit her. Die anderen fehlen oft, und dann machen sie nicht viel. Verschlafen tu ich ooch mal, aber dann fahr ich mit dem Moped oder Motorrad raus, ich versteh mich auch gut mit den Fahrern, wenn ich am Straßenrand steh, halten die an und fahren mich raus, die Neuen kennen sie nicht. Wenn die mal verschlafen, ist Feierabend ...
In meiner Freizeit bastele ich gern, am Moped oder Motorrad, ich hab noch zwei Ersatzmotoren zu Hause, die will ich dieses Jahr zusammenbauen. Ab und zu gehe ich ins Kino, mal in die Kneipe. Nicht als Säufer, ich setz mich an'n Tisch, da quatsch ich und bin gleich in Kontakt. Zuerst geh ich vorsichtig ran, man weiß ja nicht, wen man vor sich hat, irgend welche politischen Parolen darfste nich rauskloppen. Ich rede über Allgemeines, über Technik oder den Film, der gestern geloofen ist, oder über die Kneipe, ob das Bier zu kalt ist oder so. Irgendwas findest du immer, dann merkst du ja, wie der andere reagiert. Wenn ich denke, der Kunde gefällt mir nicht, kann ich auch gar nischt sagen. Meistens gehe ich al-

lein, auch mal zum Tanz auf die Friedrichshöhe. Helga geht überhaupt nicht weg, sie trinkt auch nur Cola. Sie kommt aus Kundorf, ist so'n Kuhnest. Da haben sie nur einen Nachbarn, wenn du das nächste Haus sehen willst, mußte 'n Fernglas nehmen.

Ich finde, es müßte für die Leute in Werder nach Feierabend mehr Beschäftigung geben, Klubräume, Hobbyräume für ungezwungene Geselligkeit. Wenn du dir die Sportklubs ansiehst, da ist montags Training, dienstags Training ... es müßten doch auch paar Kähne sein bei den Ruderern, die du so mal ausleihen kannst. Ich bin im Klub für Motorsportboote, da gibt's Boote, die der Jugend gegeben worden sind. Ich kann hingehen und sagen: Nächste Woche will ich Angeln fahren, da brauch ich das Boot! Bloß, da sind auch viele Lehrlinge, die tanken nicht wieder, und der nächste hat dann keinen Sprit drin.

Was ich noch ganz gerne mache: Lesen. Mein letztes Buch hieß »Orinoko«. Das war noch aus der Sklaverei, wie sie da ausgebrochen sind, Indianer und Neger, die haben sich geeinigt und dann so'n olles Schiff geklaut. Damit wollten sie zu einem Indianer, der so'n Berg hatte. Da haben die Engländer sie gejagt, die haben sie abgehangen, weil sie mit ihrem kleinen Schiff dichter ans Ufer konnten als die mit ihrem großen Kahn, aber als sie auf den Berg kamen, war da keiner mehr, die hatten sie schon alle umgebracht oder auch zur Sklaverei geholt. Da ist das Volk weitergezogen, einen haben sie dagelassen, weil er 'n Klumpfuß hatte, der hat aber nun gewußt, wo sie hingegangen sind. Da haben sie ihn wieder gesucht und ihm so'n Paar Schuhe gebaut, weil er'n langes und'n kurzes Bein hatte ... jedenfalls haben sie dann den Häuptling und den Zauberer, oder wie die hießen, abgesäbelt, und der eine von ihnen hat nun den Häuptling gemacht und der mit dem Klumpfuß den Zauberer ... dann war auch bald Schluß. So was les ich gern, würde auch selber gern mal zwei, drei Monate auf eine Robinson-Crusoe-Insel ...

Im Fernsehen kiek ich am liebsten Abenteurerfilme, Piratenfilme oder was aus dem Krieg, mit Humphrey Bogart ... so was ist meine Richtung. Ich sehe fast nur Westen. Ich finde, die bringen hier alles so übertrieben und nur Planerfüllung und so'n Humbug. Als wenn sie die Leute für blöde erklären wolln. Alles ist so zugespitzt, oder wie soll ich dazu sagen. Angst vor einem neuen Weltkrieg hab ich nicht. Ich mache mir darüber oft Gedanken. Wenn mein Opa so erzählt, im ersten Weltkrieg: er war Meldereiter bei 'n Husaren, hat noch mit 'm Säbel gekämpft, die Front war nur da und da, und die Großen, die den Krieg angezettelt hatten, saßen in ihren Sesseln. Im zweiten Weltkrieg hat die Zivilbevölkerung schon ganz schön viel abgekriegt, aber die Großen sind noch verschont geblieben. Außer, als der Krieg verloren war, aber selber haben die die Front nicht gesehen. Jetzt überlegt sich doch der, der einen Krieg anfangen will, vorher: Ich hab' die Atombomben, der hat sie ooch, wenn's zum Krieg kommt, falln die Dinger ... Endlich ist es mal so, daß die, die einen Krieg wolln, auch ihr Fett abkriegen würden, daß sie selber mit über die Klinge springen. Es gibt zwar solche Bunker, aber ich glaube, daß die auch nicht verschont bleiben würden. Wenn 's noch mal bumst, ist das 'ne Weltzerstörung, die nicht wieder gutzumachen ist, und die Großen sind genauso davon betroffen ... Deshalb ist für mich ein dritter Weltkrieg unwahrscheinlich. So sehe ick die Sache.

HORST, 34, BETRIEBSZEITUNGSREDAKTEUR Mein Vater ist in den letzten Kriegstagen bei Berlin gefallen, meine Mutter bei der Geburt meines Zwillingsbruders gestorben. Vollwaise sein ist ein blödes Gefühl, du bist faktisch ein Rentner, stehst als Neunzehnjähriger in der Reihe und holst deine Rente ab ...

Ich habe zuerst bei meiner Großmutter gelebt, sie stammte aus einer Kleinbourgeoisfamilie, die in der Inflation und unter Hitler viel verloren hat, unterm ollen Kaiser hatte sie ihr Abitur gemacht und war eine kluge und sehr nette Frau. Nach meiner Einschulung kam ich ins Kinderheim und fuhr nur noch am Wochenende zu ihr. Im Heim wirst du sofort daran gewöhnt, kein Einzelgänger zu bleiben, du mußt einer aus der Masse sein. Und dich da zu beweisen, ist schwer. Viele haben es durch Prügeln geschafft, so 'ne Heimtruppe ist wie ein Löwenrudel. Es gab damals ja wenig zu essen, und es fing damit an, daß du für jedes Stück Brot Ellbogen haben mußtest. Ich war klein und dürre, heute wiege ich zweihunderteinundzwanzig Pfund, da glaubt das keiner mehr, aber doch, mein Bauch, der jetzt nach außen geht, ging nach innen, und ich habe es bis heute in den Fingerspitzen, mich mit Küchenfrauen gutzustellen.

Du lernst dich also anpassen. Wer dort mit dem Kopf durch die Wand will, geht unter. Und alle Individualität wird dir erst einmal abgeschnitten.

Ich hatte als Kind gern Musik gemacht. Großmutter konnte Klavier spielen, sie machten Hausmusik, und was lag näher, als den Bengel, wo er schon so dünne Finger hatte ... der mußte Geigenspielen lernen. Wenn die andern also Äppelklauen waren, bin ich in meinen Trainingshosen, das waren damals die eleganten, zur Geigestunde gegangen. Dadurch war ich erst Außenseiter, das war schlimm, aber dann hat es sich für meinen Stand im Kollektiv ausgezahlt. Ich habe schon mit vierzehn in einer Band mitgespielt, ich hatte eine hohe Stimme und war ein strahlender Sänger, Rock 'n' Roll war damals Mode, und ich hatte etwas in der Hand dagegen, daß ich nicht mit den Fäusten umgehen konnte. Ich habe mir ihre Achtung »ermusiziert« und über diesen Umweg ein Stück Individualität gerettet.

Dann kam ich ins EOS-Internat in Ludwigsfelde, dort waren vor allem Diplomatenkinder. Die Eltern tobten irgendwo fürn Sozialismus in der Weltgeschichte rum, und die Kinder fühlten sich mordsmäßig alleingelassen. Sie hatten aber den Vorteil, wenn Lehrertag oder so was war, kamen sie mit 'nem teuren Blumenstrauß an oder Westkaffee, oder, wenn eine Mutter ihr Kind abholte, da fuhr ein Tatra vor. Alle Lehrer machten einen Bückling, vor mir machte keiner einen. Auch da mußtest du kämpfen. Als es um Studienplätze ging, brauchte ich gar nicht zu diskutieren, wär sinnlos gewesen.

Aber ich wollte auch nicht mehr studieren, obwohl ich sehr gern lerne. Ich könnte der ewige Student sein, wenn ich das Geld dazu oder unsere Gesellschaft solche Möglichkeiten hätte. Aber Großmutter starb kurz vorm Abi, das war in meinem Leben eine große Zäsur. Ich war plötzlich ganz alleine und merkte, es gibt so was: Tod. Da hat man Bammel und denkt nach. Schon in der fünften Klasse habe ich den Tod meines Opas sehr bewußt erlebt. Ich hatte ihn als erster tot gefunden. Das war schlimm, vor allem, weil ich gerade aus einer völlig anderen Situation kam, vom Spielen. Großmutter hatte in einer Konservenbude gearbeitet, damit sie mir mal was zubuttern konnte und war also nicht zu Hause. Und bei ihrem Tod war es genauso. Ich kam vom Musikmachen zum Tanz in Babelsberg, war bissel angeduselt ... da lag sie, kein Puls mehr. Da kannst du nicht heulen, da bist du geschockt, rennst los wie im Traum und machst alles automatisch ... Ach, man will so nicht sterben. Aber was heißt: Wie sterben?

Ich hatte dann eine Phase, wo ich darüber unheimlich nachgedacht habe. Ich war in dieser Zeit ein strammer Kirchengänger und hatte dafür Mordsärger an der EOS. Erst später ging der Glaube weg. Obwohl eigentlich schon Großmutter viel dafür getan hatte. Die war nicht ohne Glauben, aber nicht an diesen leiblichen Gott und den Zirkus. Ich hatte aber geglaubt, daß ich daran glaube, und mit Großmutter empört diskutiert. Da hatte sie mir 's schon halb ausgetrieben. Na, und da sucht man nach neuen Wegen. Ich hab' mal einen alten Kommunisten gefragt, wie er Kommunist wurde, und er sagte: Weißt du, ich hatte Hunger, der macht erst mal wütend und dann nachdenklich. Und da fängste an zu suchen.

Und bei mir war das auch Hunger, ein geistiger, weil ich mich mit nichts weiter beschäftigt hatte außer Musikmachen und Oberschule, und was lernste da!

In der FDJ war ich bis dahin nur mitgerannt, hatte aus Überzeugung noch Konfirmation gemacht und nebenbei, aus Neugier, Jugendweihe.

Heute berührt mich die Kirche nicht mehr.

Nach der Oberschule hab' ich Fernmeldemonteur gelernt und in der FDJ begeistert Kulturarbeit gemacht. Ich hätte eigentlich Kulturfunktionär oder so was werden müssen. Ich ging Lehrern und Internatsleitern immer auf den Geist, daß sie Instrumente kaufen sollen, damit ich eine Truppe aufbauen konnte. Ein Schlagzeug hatten wir aus sonst was zusammengebaut. Das hat Spaß gemacht. Aber ich muckte auch viel in Kulturhäusern, und da hab' ich gesehen, wie angeschissen Klubhausleiter sind. Wie in der Schule der Pionier-

leiter. Ist doch eigentlich der wichtigste politische Funktionär mit, der erste, den die Kinder sehen, er formt Bilder. Gegen Lehrer haben sie erst mal 'ne Antipathie, das ist so, ob wir wollen oder nicht. Genau wie im Soldat-Offizier-Verhältnis, wenn wir auch brüderlich-kämpferisch dazu sagen oder wie. Ich hab' schon Genossen gesehen, die kaputtgegangen sind, weil sie den Kohl geglaubt und dann bei der Armee einen Schock erlitten haben.
Also der Klubhausleiter ist der in den Arsch gekniffene. Wenn er mal 'ne eigene Idee richtig verwirlichen will wie der Heinz T., den ich kannte, sitzt irgendwo einer, der auf seinen Sessel oder was weiß ich scharf ist. Der T. hatte viel Lob gekriegt, und das hat Leitern, die weniger Ideen hatten, aber höhere Qualifizierungen, nicht gepaßt. Sie haben ihn weggedrängt. Jetzt ist er seit zehn Jahren im Sanatorium, fristet dort sein kulturpolitisches Dasein. Das Leben ist hart.
Ich war also im Fernmeldeamt, von da an lief bei mir fast alles automatisch. In dummer Art hatte ich auf einer FDJ-Wahlversammlung das Maul aufgemacht. Sie hatten den Plan abgerechnet und 'n neuen aufgestellt. Da hab' ich gesagt: Ich bin zwar neu hier, aber eine Weile bin ich doch schon da, und was ihr alles gemacht haben wollt, davon hab' ich nicht viel gesehen. Und die neuen Sachen, die wir uns hier vornehmen, was soll das: »Wir sind alles Internationalisten, darum werden wir weiter Solidarität üben ...« Das sind Feststellungen, keine Verpflichtungen. Das ist bloß ideologisches Wortgeprassel. Nun ging's los: Da hinten der, so 'n Querulant, der soll die Schnauze halten! Das ist immer diese Blödheit, wenn sie keine Argumente haben. Zum Glück war der Parteisekretär mit dabei, ein anständiger Kerl. Er machte Pause und nahm mich beiseite: Paß mal uff, dann mach du doch det, Kultur. So wurde ich über Nacht Kulturfunktionär und zwei Jahre später FDJ-Sekretär der Grundorganisation. Ich habe allerhand losgemacht, Stimmung in unseren Laden und Artikel in die Betriebs- und die Bezirkzeitung. Klappern gehört zum Ge-

schäft. Du kannst sonst was machen, wenn es keiner zu erfahren kriegt, wirst du nie was. Ist auch 'ne Weisheit aus dem Kinderheim. Du mußt betonen: Ich bin der und der, der das und das kann.

Das habe ich später, als ich als »Junge Welt«-Reporter rumgefahren bin, allen gesagt: Mensch, Leute, die ihr was macht, ruft mich an, ich mach ein Ding draus! Von den Großbetrieben welche schlagen oft nur Schaum, es ist nichts dahinter. Ich habe am liebsten die Mäuse interviewt, die Kleinen, und sie groß rausgebracht. Einer Bäckerei in Neuruppin hab' ich ein Thälmann-Ehrenbanner verschafft. Die waren so gut, ich hab' sie hochgejubelt, da mußten sie ihnen eins geben.

Aber das wollte ich eigentlich gar nicht werden.

Ein Berufswunsch von mir war Schauspieler. Ich hab' die Eignungsprüfung mitgemacht, sie haben mir gesagt: War ja sehr nett, sind Tendenzen da (ich konnte ganz gut was Komisches), aber es reicht nicht. Ein anderer Wunsch war, Lehrer oder Bibliothekar zu werden, weil ich mich im Kinderheim viel in Bücher verkrochen hatte. Dazu komm ich leider heute nicht mehr. Na ja, jedenfalls mußte ich zu 'nem Kadergespräch, ratz batz ging das, ich dachte, ich soll Mitarbeiter der FDJ-Bezirksleitung werden, aber man sagte: Du hast doch Zeitungsartikel geschrieben, Abi hast du auch, dazu FDJ-Erfahrung, prima, du gehst ab September zur Jugendhochschule (das war im Mai), du wirst Jugendjournalist! Ich sage: So 'n völlig anderer Lebensweg ... muß doch erst mal überlegen und mit meiner Frau ... Na ja, hieß es, überlegen kannste ja, aber wenn du nicht willst, kriegst du 'n Parteiauftrag.

So bin ich zur Jugendhochschule gekommen. War die Zeit, als Walter im Abklingen und Erich im Kommen war, alles war ein bißchen frischer, hast du auch im Journalismus gemerkt. Obwohl das, sozialistische Informationspolitik, immer noch eine fragliche Sache ist. Aber da streit ich nicht drüber, das bringt nichts ein.

Ich habe das Jahr dort mit guten Ergebnissen, aber moralisch und politisch nur recht und schlecht überstanden. Da lernste alles kennen, von vorn und hinten, die Kasten, Schichten, Spielregeln, das Verhalten untereinander im Apparat, danach überrascht dich nichts mehr. Aber die Erfahrung muß jeder machen. Es ist unangenehm. Ich hatte einen ausgeprägten Gerechtigkeitssinn, und dort sind ein paar Illusionen von mir abgesoffen. Zwei-, dreimal bin ich in Parteiversammlungen auf die Schnauze geflogen, weil ich gesagt hatte: Aber Menschenskinder, es geht hier um Ehrlichkeit! – Um Ehrlichkeit nicht, um Parteilichkeit – Aber, hab ich gesagt, das muß doch auch Ehrlichkeit sein! Na ja, das ist sie auch ... Das postulieren sie einfach, knallhart!

Ich bin zum Beispiel angeeckt, weil ich Freunde in Norwegen habe. Da machst du 's wie im Kinderheim: Einigeln! In Dekkung gehn! Du machst erst einen ganz Betrübten, sitzt schuldbewußt da. Nichts sagen: Wie sie auch kommen: Nimm Stellung dazu! Bis der Augenblick kommt, wo du einhaken kannst. In der Sache mit den Norwegern habe ich mich dann ein bißchen eingehender beschäftigt und meine Stellungnahme mit Zitaten von Lenin und Marx gespickt, begründet, daß es ein Herzensbedürfnis für jeden Kommunisten sein muß, usw. Hab' also auch einfach postuliert. Da hatten sie dann kein anderes Argument mehr als: Ja, aber die Sicherheit ... – Was soll 's, hab' ich gesagt, wenn ihr mir nicht vertraut, müßt ihr mich hier rausschmeißen ...

Das war wirklich zum Verrücktwerden dort. Da mußt du dir Verbündete suchen, auf die du dich verlassen kannst, sonst gehste kaputt. Was heißt kaputt! In unserem Land geht das keiner. Nur seelisch kann es dich fertigmachen, und das ist ernster.

Ich spreche selten so offen wie jetzt über diese Dinge, weil es sich nicht lohnt. Schimpfen und Jammern ist Käse. Letztendlich zählt nur, in deinem Aufgabenbereich so gut wie möglich klarzukommen.

Nach dem Jahr an der Jugendhochschule kam ich zur »Jungen

Welt«, nebenbei hab' ich in Leipzig Fernstudium gemacht. So ein Tageszeitungsbetrieb ist mit ungeheurer Hektik verbunden, eine Magengeschwürarbeit. Trotzdem hatten wir auch einmal Zeit, zu reden, es war für mich ein ganz zauberhaft lockerer Ton gewesen. Zum Beispiel hatten wir in Parteiversammlungen Diskussionen: Wann ist einer Kommunist? Kann man heute überhaupt noch ...? Jeder hat seine eigenen Gedanken dazu gesagt. Es war ganz anders, als jetzt hier in den Parteiversammlungen, wo nur aus dem ND vorgelesen und gesagt wird: Jetzt haben wir Nonplusultra ... Ich muß Leute haben, mit denen ich kommunizieren kann, in der Arbeit und auch abends. Dann ist mir alle Freizeit scheißegal. Und hier hab' ich die leider nicht. Hier weiß ich nicht, was der andere draus macht, wenn ich ihm was sage. TRAU, SCHAU, WEM! ist auch eine Kinderheimweisheit.

Als ich im Havelobst anfing, habe ich Gerd unter dem Siegel des Vertrauens eine Sache anvertraut, es ging um die gesellschaftliche Entwicklung hier im Gebiet. Er hat nichts Eiligeres zu tun gehabt, als es weiter zu erzählen, und Klaus R. sagte mir ein halbes Jahr später, daß sie in der Parteiversammlung daraufhin über meinen ideologischen Standpunkt beraten haben. Ich hatte davon nichts erfahren, wunderte mich nur über die Reaktionen einiger Genossen in der Parteiversammlung: Wie gucken die?

Aber ich war stolz, als ich hierhergekommen bin. Man verändert hier ja ein ganzes Gebiet, infrastrukturell, gesellschaftspolitisch, man ändert die Biographien. Ich fand es eine mordsrevolutionäre Aufgabe, hier zu arbeiten.

Der erste und zweite Sommer hier ... das war 'ne Bombe! Wie wir in der FDJ den Wettbewerb organisiert haben! Da waren wir, die Leitung, da war der Gerd*, und da waren die Erntekräfteorganisatoren, mehr nicht. Sie kamen dienstags

* Leiter des FDJ-Stabes

zusammen, ich horchte rein, und ausgezeichnet haben wir dann vor Ort. Sind auf den Acker gefahren, raus aus 'm Auto, alle zusammengetrommelt, Prämie und Wimpel gegeben, es war gemacht. War natürlich eine Art Kriegskommunismus, aber es war prima. Jetzt ist leider auch das zerwaltet, zerorganisiert. Die Auszeichnung für die besten Erntekräfte sind auf der Friedrichshöhe mit großem Trubel. Da machen sie zehn Takte Musik, dann fängt einer an, eine Rede zu halten, über Sozialismus, Solidarität ... ist ja gut, aber in dem Moment wirkt das fast staatsfeindlich.

Ich habe gestern mit Gerd mal kurz gequatscht. Er sagt, er habe jetzt wirklich 'ne Übersicht, wie die exakten Leistungen ... ich sage: Was hast du davon? Das sind Zahlen, ist grau für dich, wir müssen raus an den Mann, alles andere ist Unsinn. Er: Na ja, ist aber zeitlich nicht mehr zu machen ... Ich sage: Früher waren es genau so viele Erntehelfer, und da ging 's. Er ist mir jetzt zuviel auf Sitzungen. Aber trotzdem, er ist nicht so 'n Scheuklappenmensch, er ist wenigstens noch draußen und kümmert sich darum, daß die FDJ-Arbeit läuft. Er klammert sich nicht an die obersten Leitungen, macht nicht so viel Zentralratsrummel, Bezirksleitungsrummel, Kreisleitungsrummel ... Und der hat was kapiert von demokratischem Zentralismus, läßt alle reden, ihre Meinung sagen, aber eine Sache auch nicht totquatschen, der hat das richtige Verhältnis gefunden zwischen Diskutieren und Anweisen.

Aber die anderen in der Aufbauleitung? Ehe Fred hier anfing, hab' ich ihn gewarnt. Bin zu ihm hingegangen und hab' ihm von H. und G. eine Kurzcharakteristik gegeben. Fred hat geschimpft: Wie du über deine Genossen redest! Das will ich erst sehen. Und hör mal, wie stehst du zu deinem Parteisekretär ... Ich habe gesagt: Ich kenne die Leute jetzt lange genug, Mann! Mach keinen Quatsch. Ich komme klar, hab's gelernt im Leben. Aber du? Du wirst auf der Schnauze landen ... Und war 's nicht so?

Von G.'s Arbeit hatte ich, ehe ich hierherkam, eine ganz andere Vorstellung, Parteiarbeit rechne ich doch nicht an der Anzahl der Mitgliederversammlungen ab. Das ist die tägliche Kleinstarbeit, Gespräche mit den Leuten. GESPRÄCHE! Wenn da so'n kleiner Brigadier ist und seine Leute überzeugen will: Paßt mal uff, wir müssen Sonnabend/Sonntag durcharbeiten! da muß der Parteisekretär da sein, und einer, der nicht über die Köpfe hinwegquatscht wie G., weil er ihre Probleme nicht kennt. Er kennt nur die, die die Partei beschließt, andere will er nicht kennen. Aber reden kann der! Wenn Delegationen kommen, wie er da vorne steht, so kleen wie er ist, da staunst du. Der reißt ja Bäume aus! Und es dauert eine Weile, bis du plötzlich siehst, an tausend kleinen Dingen, daß er ein großer Lügner ist, ein Schaumschläger, daß er die Leute bescheißt. Der ist ein Rattenfänger.
Ich saß kürzlich mit seinem Schwiegersohn in Potsdam im Café Heider. Der sagt: »G. ist ein ganz kleener mickriger Spießer. ND lesen? Pah! Der guckt im Westen lieber Werbefernsehen an ...« Er kann ja meinetwegen alles gucken, HEUTE oder die TAGESSCHAU, versteh ich, das guck ich auch, um informiert zu sein. Aber nee, der interessiert sich nur für dieses widerliche westliche Werbefernsehen.
Mal angenommen, es würde sich jetzt hier alles um hundertachtzig Grad drehen, ich sage dir, der würde den Wind finden. Der ist so pervers intelligent, daß er sich anpassen könnte. Es ist gefährlich, so etwas von jemandem zu sagen, aber ich habe ihn jetzt lange genug studiert. Und das Schlimme ist, daß so ein Strolch Parteisekretär ist, daß sich die Partei so was leisten kann, bei so einer revolutionären Aufgabe hier im Gebiet. Wenn du dich wirklich als uriger Kommunist fühlst, nicht bloß sagst: Jetzt hab' ich das Abzeichen, jetzt bin ich einer!, dann geht das dir an die Nieren.
H. ist anders. Das sind zwei völlig verschiedene Funktionärstypen. Der war mal 'n ganz anständiger kleiner Bauer, stammt aus Ostpreußen. Er hatte erstaunlicherweise mal Ver-

trauen zu mir gehabt, und ich hab' dann gebohrt, mich interessiert ja, wie ist jemand so geworden? Ich hab' mir eine Masche aufgebaut zu fragen, daß man mir 's nicht übelnimmt. Dieser Mann also hat nun studiert, das fiel ihm sehr schwer, und wurde in den Apparat geschmissen. Und dort lernst du mit der Zeit bestimmte Verhaltensmechanismen: Festhalten am eigenen Stuhl, nach unten mordsmäßig treten, nach oben bücken ... guck dir H. an! Und du betrachtest die Dinge nur noch von oben. Aber seine Anpassungsgeschichten waren schwierig, und er ist vorsichtig, weil er ihnen nicht gewachsen ist. Wenn er angetrunken ist und nicht im Dienst, kannst du ihm sagen, daß er ein Scheißleiter ist, wörtlich, da fängt er bald an zu weinen und sagt: Ach, mach du das doch! Das ist es, was mir noch gefällt an ihm, es tut mir leid um den Jungen. Der ist einfach überfordert und hat nicht die Ehrlichkeit, sich zu sagen: Fritz, brems dich! Das ist deine Aufgabe. Dafür hast du Verantwortung abzulegen und weiter nichts! Aber das kann er nicht. Der wühlt. Macht alles, nimmt allen alle Aufgaben weg und hat dann nicht das Kreuz, sie durchzustehen.
Und was er überhaupt nicht kann, ist mit Menschen umgehen. Er kann nicht einem gegenübersitzen und sich Probleme anhören. Er zertrampelt alle wie ein Ochse. Die Sache mit Sonja zum Beispiel, unserer Sekretärin. Die hat mit ihren Kindern Schwierigkeiten, die sind dauernd krank. H. bestellt sie zu sich und sagt: Also, ich gucke hier gerade in die Akte ... von dem dreiviertel Jahr, seit Sie hier arbeiten, waren Sie die Hälfte krank. Suchen Sie sich 'ne andere Arbeitsstelle! Das war alles. Nicht: Was haben Sie denn für Sorgen? Nein, interessiert ihn nicht. Aber wenn ein Leiter nicht in erster Linie ein Mensch ist, soll er nach Hause gehen! Oder nach drüben und Manager machen, da darf er über Leichen gehen und hat natürlich eine höhere Arbeitsproduktivität. Wir haben bei Sonja Theater gemacht, eine Parteieingabe. Klar, die Frau nützt uns nichts. H. sieht das ganz einfach als Bauer. Und er hat den

Druck von oben, was soll er also machen, wenn er kein richtiger Leiter ist? Aber ein Mensch ist nicht bloß ein Nutzeffekt, man kann nicht einfach sagen: Hau'n Sie ab! wie'n Hund vor die Tür! Das hat für mich nichts mehr mit Sozialismus zu tun. Letztendlich wird die Geschichte H. schuldig sprechen. Jeder Leiter ist schuld, wenn seine Truppe nicht funktioniert. Während G. vielleicht nichtschuldig gesprochen wird. Er hat nirgends unterschrieben, trägt für nichts Verantwortung, außer für die Ideologie. Und die ist machbar, er macht sie selber. Da bleibt bloß, wenn du über solchen Leuten nicht verzweifeln willst, dir deine Zuflucht bei den Klassikern zu suchen. Und dann hab' ich noch so 'n paar alte Genossen hier, Kämpfer, die Spanien, KZ hinter sich haben und immer noch glühend mit ihrer Sache verbunden sind. Äußerlich kannst du sie vergessen, da sind sie bloß paar langweilige Veteranen.
Wenn du nicht 'ne ganz feste Grundüberzeugung hast, gehst du ein. Da wär ich hier schon weg. Würde sagen: Hier habt ihr mein Parteibuch, ich fang bei der Kirche an!
Aber weltgeschichtlich gesehen sind wir noch in den Kinderschuhen. Und die drücken, werden immer kleiner, Geld, uns neue zu kaufen, haben wir auch nicht. Herrgott nee, ich hab' halt die Überzeugung, das verkraften wir. Wir haben schon viel Schlimmeres verkraftet, in der SU siebenunddreißig, diese Säuberung mit Mord und Totschlag, was absolut Wahnsinn war. Dagegen scheinen die Sachen jetzt eigentlich nicht so schlimm. Aber sie wirken langwieriger. Zum Beispiel, daß hier eine leitende Erzieherin einen VW-Golf fährt und den Lehrlingen die Hölle heiß macht, daß sie die Bilder mit Westautos von den Wänden nehmen, weil das ideologisch nicht richtig wär. Diese Doppelmoral! Und das interessiert keinen Schwanz hier, am wenigsten G., den Parteisekretär.
Ich vertraue darauf, daß der Mensch bei uns so klug sein wird und widerstandsfähig, daß er aufbegehrt gegen solche Tendenzen. Aufbegehren gibt 's ja immer wieder in der Geschichte. Und es wird nicht ewig so sein wie jetzt. Ich habe

selber nach fünfundvierzig diesen aufsteigenden Ast gesehen und in wieviel Fällen den Sieg des Guten übers Böse, wenn du so willst. Das können die Leute doch nicht vergessen haben. Deshalb habe ich Vertrauen in die ganze Sache hier. Ich kann über Formen und Methoden streiten, da waren Dinge, die mich schon fürchterlich angekotzt haben. Früher war 's ja zugleich auch schlimmer. Da hat dir Freitag dein Staatsbürgerkundelehrer 'ne Fünf gegeben, weil du eine Frage gestellt hast, Montag war er abgehauen. Solche Lumpen gab 's und gibt 's noch. Aber es gibt auch andere. Was hab' ich in den vier Jahren hier in den Betrieben für Leute gefunden, Mordsleute! Den Ernst H. zum Beispiel, Technologe in der GPG Obstproduktion, der ist lieb und ehrlich, wie du dazu auch sagen willst. Und die haben hier einen Boden, der Geist der Lauterkeit hat hier einen, drüben nicht. Und dieser Druck von unten, aus dem Volk, nach oben, dieser schöne Scheißdruck, der muß was verändern, er wird diese Apparatschiks G. und H. früher oder später beiseitefeuern. Guck mal, welche offene Sprache das einfache Volk bei uns schon gefunden hat, wie das kritisiert, auch die Dinge in den Apparaten wie hier in der Aufbauleitung. Wenn der S. in Potsdam pupt, dann kriechen die erwachsenen Männer da wie die Würmer. Ich hab nichts gegen S., aber ich hab' was dagegen, daß alles, was ordentlich aufgebaut wurde, zusammenbricht, wenn ein Sekretär der Bezirksleitung hustet oder was weiß ich.
Das bremst die revolutionäre Entwicklung in diesem Gebiet. Die Leiter in den Betrieben sehen das, und sie sind den kleineren Genossen gegenüber rechenschaftspflichtig. Die genossenschaftliche Demokratie ist hier weit entwickelt. Der Vorsitzende einer GPG kann sich kein totalitäres Gehabe, oder wie das heißt, erlauben. Und diese Menschen sehen also, daß die Aufbauleitung nur ein aufgeblasener Apparat von Leuten ist, die an ihren Sesseln kleben und sich ohne Sachkenntnis in alles einmischen. Weil sie die praktischen Auswirkungen gar nicht kennen. Weil sie nur am grünen Tisch beschließen. Weil

sie blinde Handlanger des obersten Apparats sind, und nicht schöpferisch, sondern blind, Punkt für Punkt, umsetzen. Dieses Organ arbeitet aber eigentlich im Auftrag der Betriebe, ist ein Mittler zwischen ihnen und der obersten Partei. Dem Prinzip nach ist das richtig durchgestellt. Bloß, es müßte durchsetzt sein von charakterfesten Leuten, die wissenschaftlich auf dem Höchststand sind, praktische Erfahrungen haben und ein parteiliches Kreuz. Also nicht jeden blöden Befehl befolgen, wir sind nicht beim Militär! Hier muß über einen Befehl erst diskutiert werden, ehe man ihn ausführt. Aber hör dir die Diskussionen in der Parteileitung an! Da melden Leute wie Dr. L. von der Obstprojektierung Bedenken an gegen den Beschluß, daß dort und dort noch so und so viele Bäume gepflanzt werden sollen. Das sind Leute, die den aktuellsten wissenschaftlichen Verlauf im Schädel haben, sie machen sich Gedanken, und sie rasseln zusammen mit diesen Befehlen, die später sowieso widerrufen werden. Später. Jetzt werden sie erst mal durchgesetzt. Zehntausend Hektar! Ist doch Schwachsinn. Die können sich doch nicht einfach an ein Reißbrett mit dem Bezirk Potsdam stellen und sagen: So viel Zentimeter mal so viel Zentimeter ... also so viele Hektar Fläche werden mit Äpfeln ... Da müßten wir ja jede Müllkippe, jeden See mit bepflanzen. Die Betriebe können dagegen Bedenken anmelden, wie sie wollen, blind wird durchgesetzt. Die Aufbauleitung ist ein Organ ohne Kopf, die muß wegfliegen!
Bei der »Jungen Welt« hatte ich in einer Art revolutionärem Glaskasten gelebt, wobei wir sehr praxisverbunden waren. Aber wenn du in einen Betrieb rausgegangen bist, war 's immer in einen anderen, du hast die Probleme nur an der Oberfläche gesehen, und wir haben uns auf Verallgemeinerungsebenen gestritten. Deshalb war ich glücklich hierherzukommen. Zum erstenmal ist für mich als Journalist alles ganz konkret. Und manchmal in der eigenen Arbeit saukonkret. Du kannst deiner Phantasie keinen freien Lauf lassen, keinem Haltungen andichten, was bei der »Jungen Welt« ging. Da hatte dir einfach

ein Mensch gefallen, um ihn tiefer zu untersuchen, war keine Zeit, also hast du dazugedichtet, was du nicht wußtest. Du sahst ihn ja nicht wieder und wolltest das auch nicht. Dagegen war hier für mich alles Neuland, und ich empfinde es als wahnsinnig dufte. Wenn du von denen absiehst, die nach außen so tun, als wenn sie gewaltige Arbeit machen, aber ihre eigenen Genossen nur belügen und betrügen, ob bewußt oder unbewußt ...

Mit der Ehe ist es bei mir seltsam. Einerseits brauche ich meine Frau und Familie ungeheuer. Das ist einer meiner Zufluchtsorte aus dem Gehämmer jeden Tag, aus diesen Ungereimtheiten und Widersprüchen, in denen wir im Sozialismus stecken. Andererseits spitzt sich in mir alle paar Jahre so ein Unbefriedigtsein mit dem Familienleben zu, und dann breche ich aus, verliebe mich immer unsterblich in ein Mädchen. Wochenlang bin ich dann abends nicht zu Hause, komme erst nachts oder am nächsten Morgen, das lebe ich voll aus und merke es bis in die Fingerspitzen und bis sonst wohin. Da sag ich zu Hause: Ich hab 'ne Bekannte. Die Frau will 's gar nicht genauer wissen. Obwohl sie 's doch wissen will. Aber sie weiß auch, daß es ein bißchen an ihr liegt. Sie ist die Frau als Mutter und die Frau im Bett, andere Kommunikation ist schwierig. Sie kommt aus einer sehr kleinbürgerlichen Familie und ist kleinbürgerlich im moralischen und politischen Denken. Will sich auch gar nicht die Freiheit nehmen, die ich mir nehme. Vor allem seit wir die Kinder haben. Im ersten Jahr Ehe hatten wir ein sehr freies Leben geführt. Da kam es vor, daß wir 'ne Party gefeiert haben und sie mal mit dem und ich mal mit der ... Aber seit wir die Kinder haben, sagt sie: Sie könnte ihnen dann nicht mehr in die Oogen kieken. So ungefähr äußert sie das. Da kannst du mit ihr nicht streiten. Sie sagt einfach: Ich kann 's nicht. Basta. Klar, sie küßt sich mal mit jemandem, aber Anfassen ist schon nicht mehr drin. Kann sein, daß das mal wieder aufbricht. Weiß ich nicht, bin ja kein Psychologe.

Aber bei mir ist 's, wie gesagt, so, daß ich von Zeit zu Zeit aus dem Gefängnis raus muß. Und immer dann ist meine Frau so wahnsinnig verständnisvoll. Streitet überhaupt nicht mehr, ist ganz besonders lieb und zärtlich, und nachträglich ist 's immer so, daß die Freundin meine Ehe verbessert hat.
Während des Studiums hatte ich eine Finnin kennengelernt.
Laina, ein herrlicher Name, wa? Die ist jetzt Chefin des DDR-Kulturzentrums in Helsinki. Und vor zwei Jahren war sie plötzlich wieder da, hier im Havelobst. Ich hörte ihren Namen in der Aufbauleitung, dachte: Mensch, das kann doch nicht möglich sein. Und Gerd sagte: Fahr mal raus, du mußt 'n Foto machen für die Liga der Völkerfreundschaft! Da haben mir die Hosen geflattert. Ich habe selten so 'ne Angst gehabt. Und das wurde dann ein Drama. Die wollte heiraten. Und hierbleiben. Das war 'n Drama! Es ist ja auch so, daß ich die Situation immer so weit durchlebe, daß ich innerlich bereit bin, mich von meiner Familie zu trennen. Aber im Unterbewußtsein weiß ich, daß es Quatsch ist. Ich könnte schon nie ohne die Kinder leben. Wenn du Vollwaise warst, ist das besonders schlimm. Manchmal geht 's mir so, daß ich, wenn ich 'n Film über Waisen sehe, heule. Obwohl ich eigentlich ein roher Typ bin. Darum sollen meine Kinder ein ordentliches Elternhaus haben. Es geht nicht um den Scheiß-Ehestand, um diesen juristischen Quatsch. Und mit meiner Frau hab ich ja wirklich Mordsglück. Die hält meine Kapriolen aus. Von Zeit zu Zeit macht sie Geschrei, einen Abend lang, weil sie mit ihren ganzen Pflichten als Frau nicht klarkommt. Sie ist früher sehr verzogen worden, Vater hat alles besorgt, Vater hat sonst was gemacht. Erst mit mir zusammen mußte sie sich einen Schädel machen, ich hatte ja nichts. Und das bricht manchmal durch, das Wieder-alles-haben-Wollen. In dem Moment, wenn sie so aufgeregt ist, hilft vernünftiges Reden nichts. Sie setzt sich hin und trinkt allein 'ne Pulle aus, um mich zu provozieren. Das sind ihre Ausbrüche, da muß sie

sich austoben. Ich sage mir: Pst! und sitze ganz ruhig da, damit sie nicht einhaken kann, was sie sofort machen würde, wie ich sie kenne. Die Kinder verschwinden dann leise ins Kinderzimmer, und je mehr sie trinkt, desto mehr schimpft sie sich ab. Dann wird sie ruhiger, guckt nicht mehr so wild, da fang ich langsam an, mit ihr zu reden. Aber es ist schwierig, da zu helfen. Man weiß ja, welche Belastungen eine Frau hat, im Beruf und zu Hause, und wie will man da helfen? Im Haushalt kannstes, aber die seelischen Belastungen, wie willst du die abräumen?

Mädchen, sag ich, da hättste in ein Kloster gehen müssen oder wohin, es ist nun mal so. Ein Einsiedlerleben ist für uns nicht drin, ein Leben ohne Streß. Dafür sorgt die Scheißgesellschaft schon. Von der absoluten Freiheit träumst du? Im Westen hättest du die Möglichkeit, aber so frei, wie du denkst, wärst du dort nicht. Man muß sich das Leben eben so gestalten, daß man die Illusion hat, ein bißchen Freiheit zu haben ... Am nächsten Morgen ist alles weg. Sie sagt höchstens noch: Hach, hab' ich mich gestern wieder aufgeregt. Hat doch keinen Sinn!

Ein großes Problem für mich ist: Wie bereite ich die Kinder aufs Leben vor, wie bringe ich ihnen Reaktionsvermögen bei? Es gibt kein Rezept dafür. Ich habe Angst, wenn ich gar nichts mache, könnten sie mir so sehr auf die Schnauze fallen, daß was fürs Leben zurückbleibt. Meine Tochter ist so 'ne Type. Die sitzt nur da, träumt, malt und schreibt Geschichten wie blöde. Darauf bin ich richtig stolz, aber Mensch! die stolpert über jeden Keks! Das macht mir Sorgen. Die ist wie meine Frau. Die mußte beede spielen sehen! Die rennen auf unser großes Bett, und sie haben dabei so 'n Sprichwort: Komm, wir machen jetzt ein Kullerchen! Und dann kullern sie sich beide um die Wette hin und her. Ist irre! Ich sage: Mädchen, du bist fünfunddreißig, die Tochter ist vierzehn, seid ihr beede ...? Das ist interessant, diese Haltung: das Leben lieben mit allen Fasern! Das Schlechte schieben sie einfach weg.

Der Bengel ist rustikal. Er war nicht das gewollte Kind. Ich war beim Studium, die Frau alleine, da war er irgendwie das fünfte Rad am Wagen. Als er vier, fünf Jahre alt war, wollte ich 's wiedergutmachen, hab so 'ne Männerfreundschaft zu ihm hergestellt. Das hat ihn kräftiger gemacht. Aber ich merke, der sehnt sich nach Zärtlichkeit, versucht immer, zu meiner Frau zu kriechen ... Auch für ihn ist 's schwer, sich in der Welt zurechtzufinden.
Ich hatte es ja leichter, wurde einfach reingeschmissen. Vieles belastet dich da gar nicht erst.

KARL, 57, BETRIEBSLEITER Ich bin in Neufahrland geboren. Mein Vater ist hier Obstbauer gewesen. Ich habe Gärtner gelernt, erst in Marquardt, dann in Oftersleben bei Magdeburg, danach als Jungfacharbeiter in der Baumschule gearbeitet. Dann mußte ich in den Krieg.

Ich gehöre zu der Generation, die nicht von der guten, alten Zeit sprechen kann wie meine Eltern, also Gründerjahre, Kaiserzeit ... Ich bin in einem Zeitraum aufgewachsen: Wirtschaftskrise, Arbeitslosigkeit, die Situation bei den Kleinbauern war nicht viel anders, an allen Ecken und Enden hat es gekracht ... Und daneben die Entwicklung des Nationalsozialismus.

Ich bin in Potsdam zur Schule gegangen, war begeisterter Segelsportbastler, im Luftsportverband. Der wurde dann der HJ angegliedert, es ging mit Uniformen, Exerzieren los, da bin ich ausgestiegen, es war mir ein zu krasser Widerspruch zu dem, was ich wollte. Es war irgendwie aus dem Unterbewußtsein heraus, daß mich diese Dinge nicht so gefesselt haben wie andere Jugendliche. Während der Schulzeit war ich fast als einziger nicht in der Hitlerjugend. Mittwochs, wenn die ihre Übungen abhielten, mußten wir unter Leitung unseres Sportlehrers strafexerzieren. Der machte das so, daß es uns besser gefiel als das andere. Mein Lehrmeister dann war aktiver Nationalsozialist, mit goldnem Parteiabzeichen, Kreisbauernführer, er hatte dadurch

nicht viel Zeit für uns, so ging ich wieder durch die Lappen.
Der nächste Chef war kirchlich engagiert, hat mehr oder weniger mit den Wölfen geheult. Ich wurde wieder in Ruhe gelassen. Glückliche Zufälle. Dann hatte ich andere Interessen, die Mädchen ... Immer hielt mich etwas davon ab, in die HJ einzutreten. Ich kam zur Wehrmacht, nach kurzer Ausbildung ging 's in Richtung Osten. Dort kriegte ich das Grübeln.
Wir waren darauf vorbereitet worden, was für Menschen die Russen wären: zweiter, dritter Klasse, und was uns erwartete: durchgeschnittene Kehlen usw. Man hat als junger Soldat die Dinge ja ernstgenommen. Da blieb ich, ich war Kraftfahrer und das Fahrzeug hatte einen Defekt, mit einem Beifahrer und noch einem in einem ukrainischen Dorf zurück. Wir haben in der Schule geschlafen und trauten uns kein Auge zuzumachen. Es kam ein Lehrer, der ein gut verständliches Deutsch sprach, und bat uns, die Schule zu räumen, bot uns ein anderes Haus als Quartier, sie möchten wieder mit dem Unterricht beginnen. Und dieser Lehrer wußte in der deutschen Literaturgeschichte besser Bescheid als wir drei zusammen, er hat uns lange deutsche Gedichte vorgetragen, z. B. von Heine, von dem wir nicht 'nen blassen Schimmer hatten ... Er hat uns die Angst genommen. Als unsere Verpflegung immer knapper wurde, wir loszogen, um Enten zu schießen, sagten sie: Paßt mal auf, wir können das auch anders regeln, und wir wurden mitverpflegt. Ich hatte die Ruhr, der Sani hatte mir einen Beutel Haferflokken und Holzkohle zurückgelassen, ich sollte mich damit auskurieren. Nachdem man sich wunderte, daß ich nicht aß, hat man mich zu einem ukrainischen Bauern eingeladen, der einen fürchterlichen Selbstgebrannten hatte, dazu mußte ich Speck und einen großen Apfel ohne Schale essen, der Bauer hat gesagt: Er garantiert dafür ... Und wirklich, ich kriegte davon meinen Dünnpfiff los.
Das war für mich der Ansatzpunkt: Das ist doch ganz anders, als die erzählt haben. Die hätten uns hier doch längst kaltma-

chen können ... Aber über solche Dinge kann man sich erst nach eignem Erleben eine Meinung bilden. Und das hab' ich bis heute so gehalten: Ich bilde mein Urteil erst, wenn ich etwas selber gesehen habe. Das ist kein Mißtrauen, es ist Lebenserfahrung. Wenn ich daran denke, mit welchen Gefühlen ich zum erstenmal nach Ungarn gefahren bin. Was man hier erzählt hat: Die Ungarn! und so ... ich schäme mich auszusprechen, daß ich so einen Blödsinn geglaubt habe. Genauso die Polen. Soviel Herzlichkeit, Menschlichkeit! Es ist mir immer wieder so gegangen.
Nach kurzer britischer Gefangenschaft bin ich 1945 in die Partei eingetreten und habe mich in Neufahrland aktiv an der demokratischen Bodenreform, dem Aufbau der Selbstverwaltung usw. beteiligt. Vor dem Krieg war ich, wie gesagt, ziemlich unpolitisch, hatte mich aus den Dingen rausgehalten, was ja auch schon nicht einfach war. Nach dem Kriegserlebnis dachte ich: Wenn man als Unbeteiligter die Dinge so gehen läßt, muß man sich selbst einen Vorwurf machen, wenn etwas in Gang kommt, was man nicht gutheißt.
Ich hatte durch die Bodenreform eine Neubauernstelle von fünf Hektar bekommen, dann geheiratet und bis 1958 als Neubauer gewirtschaftet. Ich habe die Grenzen gesehen, die einer Einzelwirtschaft gesetzt waren, sah das Voranstreben in der Landwirtschaft und dachte: Da muß sich auch im Gartenbau was tun! Das HOG hier war vor der Weimarer Republik schon als ein Gebiet abgeschrieben worden, das im eignen Saft schmort, sich totlaufen müßte. Auch in der Nazizeit wußte man aus diesen vielen Kleinproduzenten mit ihrer Parzellenwirtschaft nichts zu machen. Aber nun reichte der Mechanisierungsgrad nicht mehr aus, die Technik, die es gab, zwang zu anderen Dimensionen. Es gab Tendenzen, die Technik auf diese Kleinproduktion einzustellen. Bei genauerem Hinsehen war das nicht der Weg. Ich bin auch heute noch der Meinung, daß wir die Bäume nach der Technik, die da ist, erziehen können, und nicht umgekehrt. Also nicht erst die

Anlagen pflanzen und dann die Technik dafür entwickeln. Das war gepaart mit dem, was ich in der Ukraine gesehen habe: für meine damaligen Begriffe unvorstellbar große Obstplantagen, und was ich aus der Literatur anderer Länder kennengelernt habe. Es hat in mir Initiativen ausgelöst zur Bildung unserer Genossenschaft in Neufahrland mit dem Ziel: große, geschlossene Obstplantagen, von fünf oder zehn oder dreißig Hektar. Das war, wenn man sieht, daß bis dahin nur Obstmischanlagen bestanden und die Pflanzung von einem Hektar Äpfel schon etwas Besonderes war, eine Dimension, die für damalige Begriffe nicht beherrschbar zu sein schien. Aber durch neue Anbauformen und die Technik zeigte sich bald, daß es ging.
Mit Hilfe von Experten, ich möchte da Dr. M. nennen, der in der ganzen DDR und halb Europa bekannt ist, aber hier im HOG leider, leider nicht genug gefordert wird, haben wir die sogenannte WERDERSCHE HECKE entwickelt. Es war eine Revolution im Obstbau. Sie stieß auf große Widerstände bei der staatlichen Leitung, da wir Flächen bepflanzten, die für die Landwirtschaft geeignet waren, Obstbau sollte nur an Straßen, Hängen, auf Kippen und Halden sein. Wir haben gesagt, wenn wir einen hohen Mechanisierungsgrad und eine hohe Arbeitsproduktivität erreichen wollen, dann nur auf Flächen, die wir auch entsprechend bearbeiten können. Der Einwand der Wissenschaft war, daß unsere WERDERSCHE HECKE nicht erprobt sei. Es war ein Spießrutenlauf gewesen, die einen sagten, das seien chinesische Methoden, die anderen: kapitalistische. So was dürfte hier nicht weiter praktiziert werden ... Erst, als wir im dritten, vierten Standjahr damit Erträge erzielten, die weit über die bisherigen hinausgingen, wurden wir anerkannt.
Wir hatten zweihundert bis dreihundert Bäume auf einen Hektar gepflanzt, dann achthundert, neue Reihenabstände, neue Erziehungsformen der Bäume, zum Beispiel die Kronengestaltung ... Wenn Obstbauern zusammensitzen, kann

man darüber den ganzen Tag diskutieren, auch über den Baumschnitt ... Heute sind maximal zweitausend Bäume auf einem Hektar, in der Regel tausend. Es hat sich gezeigt, auch in der CSSR und in Ungarn, daß es doch eine Grenze gibt.

Die anderen Genossenschaften pflanzten sehr verschieden. Ist ja auch so, wenn in einem Kreis die eine sehr gelobt wird, sind die andern sauer, sie sagten aus Opposition: Nee, das machen wir anders ... Aber es setzte sich durch, wurde die große Linie. Wir haben hier die Kooperation früh in Angriff genommen, konnten anderen Genossenschaften, die im Produktionsniveau zurücklagen, anbieten: Also hört, wir machen einen Zusammenschluß, mit der Garantie, daß ihr genausoviel verdient wie wir. Dadurch vergößerte sich der Betrieb. Wir haben mit achtundfünfzig Hektar begonnen, nach zehn Jahren waren es zweitausend. Wir hatten damals noch alles, sogar Schweine und Schafe, versuchten immer wieder, uns zu spezialisieren, das war aber noch nicht die geforderte Linie.

Wichtig ist: Als wir in der Genossenschaft damals schrittweise in die Hauptrichtung Obstbau gingen, war das organisch aus der Entwicklung des Territoriums heraus, nichts Aufgepfropftes. Aber bei dieser Entwicklung konnte das ganze HOG nicht außer Betracht bleiben. Es gab GPGs, die die erweiterte Reproduktion aus sich heraus nicht schafften. Das ist dann erst durch kooperative Zusammenarbeit der verschiedenen Betriebe untereinander möglich geworden. Wir haben einen Kooperationsverband gebildet, mit Aufgaben wie: einheitlicher Aufbau des Gebietes, gemeinsame Regelung der Absatzfrage ... Dabei wurde die Selbständigkeit der Betriebe nicht berührt. Damals gab es noch keine hauptamtliche Leitung, ein Sekretär wurde benannt, der es ehrenamtlich machte, für die Anfänge hat es gereicht. Nachher nicht mehr, das Entwicklungstempo war ja sehr rasant.

Ich war siebzehn Jahre Vorsitzender der Genossenschaft gewesen und kriegte nun, nach der Forderung des achten und

neunten Parteitages, große, geschlossene Obstanbaugebiete von achttausend bis zehntausend Hektar zu schaffen, den Auftrag, diesen Kooperationsverband zu bilden. Das hieß: gemeinsame Investitionen, gemeinsame Fonds usw. Die Aufgabe war sehr verlockend, aber das Endziel nicht durchsichtig. Es gab da eine Zeit, wo es hieß, das HOG müßte eine einziger großer Betrieb sein, aber danach wurde zum Glück auf die juristische Eigenständigkeit der Betriebe orientiert. Die darf nicht eingeschränkt werden.
Solche Dinge machten die Aufgabe interessant, aber auch problematisch. Dazu kamen fachliche Dinge, die nach meiner Meinung nicht richtig waren, zum Beispiel die Bewässerung um jeden Preis! Jede Anlage mit vollstationärer automatischer Beregnung ...
Ich hatte versucht, das abzubiegen. Ich habe gesagt, das war damals zu Minister Ewald: Ein Obstbau ist noch nicht vertrocknet, ein trocknes Jahr ist für den Obstbauern noch kein schlechtes gewesen. Es wurde von anderen daraus gemacht: Ich wäre gegen die Bewässerung im Obstbau ... So kam eins zum anderen. Ich wurde dann auch etwas starrköpfig, als ich merkte, daß die Vernunft sich nicht durchsetzt ... Vielleicht rührt meine Denkweise noch aus der einzelbäuerlichen Wirtschaft und der Zeit in der Genossenschaft her, aber für mich müssen Entwicklungsprozesse überschaubar und für die Menschen begreifbar sein. Außerdem müssen sie ökonomisch rundlaufen. Wir hatten ja schon Zeiten, wo man als Ökonomist verschrieen wurde, wenn man von Ökonomie sprach, weil man meinte, der Sozialismus sei nicht totzukriegen. Das hat sich geändert, aber in manchen Sachen ... da liegt nun das Kind schon im Brunnen. Überschaubar heißt auch: entsprechend der Fonds, die zur Verfügung stehen. Wir haben in der GPG nicht eine Obstanlage mit Kredit gepflanzt, und das HOG jetzt ... ich habe nichts gegen Kredite, aber die sind ja kein Geschenk, das ist ein Fondsvorschuß, den ich auf Heller und Pfennig und mit Zinsen zurückzahlen

muß. Und es konnte hier für manche nicht groß genug werden. Da haben die nach uns noch daran zu knabbern ... Die Beregnungsanlagen sind doch für fünfzig Jahre im Boden, müssen sich amortisieren, und was ist dieses Jahr gewesen? Es ist nachgewiesen, daß gewisse Sorten auf zuviel Wasser sauer reagieren ...

Nun, es gab Kabbeleien, die Widersprüche haben sich angehäuft, ich wurde für fünf Monate nach L. zur Parteischule delegiert, als ich wiederkam, hat man mir mein Sündenregister vorgehalten, und ich war nicht mehr Aufbauleiter.

Danach habe ich den Stab gebildet für den Aufbau der Obstkühllager und bekam zwei Jahre später den Auftrag, diese kooperative Einrichtung Apfellagerung zu schaffen.

Aus meiner heutigen Sicht bin ich froh darüber. Als Aufbauleiter war meine Arbeit nicht greifbar, es war mir, als klebte ich mit den Füßen am Boden. Jetzt habe ich eine Aufgabe, die ich erfüllen kann und die mich auch ausfüllt. So besehen bin ich wunschlos glücklich.

Wir sind ja keine unwichtige Produktionsstufe. Wenn es gelingt, unsere Lagerverluste um ein Prozent zu senken, sind das dreihundertsechzig Tonnen Äpfel mehr, die ich der Versorgung geben kann. Und ich habe mir hier ein ganz bombiges Kollektiv zusammengegaunert. Mit so einem können Sie alles machen.

Wir hatten mit den Lagerhäusern schon 1973 in der Genossenschaft begonnen, da war ein Kader, sehr impulsiv, sehr energisch, der sich als Fachschulabsolvent bei uns im Praktikum mit der Lagerung von Äpfeln beschäftigt hat. Im Fernstudium hat er auch seine Diplomarbeit zu dem Thema geschrieben. Wir haben ihn ein halbes Jahr freigestellt, um alle sozialistischen Länder zu bereisen, um Literatur zu studieren und uns schließlich den Lagerhaustyp vorzulegen, den wir aufbauen wollten. Das Ergebnis seiner Arbeit ... na, sehen Sie hier hinaus! Darin ist alles vereinigt, was er an guten Dingen in Polen, der CSSR, Ungarn, Bulgarien und Maldawien gesehen hat. Über viele Widerstände hinweg haben wir dann erwirkt, diesen Lagerhaustyp Fahrland als Projekt im HOG weiterzuverwenden, es wurde bestätigt, aber nicht für die DDR. Das Institut für Lagerung in Groß Lüsewitz baut sein anderes Lager weiter, das ist eine Prestigefrage. Aber wir sehen zufrieden, daß wir bei unseren Lagerhäusern hier alle ökonomischen Parameter wesentlich unterbieten, in den Produktionskosten usw.

Dieser junge Kollege ist jetzt in der ganzen DDR als Experte anerkannt. Wir hatten ihm eingehämmert: großzügig denken, allerdings nicht finanziell, da auf den Pfennig gucken, und trotzdem seinen Blick für Größe öffnen ...

Leider stimmen hier im HOG die Proportionen nicht. Wir werden am Ende jährlich hundertzwanzigtausend Tonnen Äpfel produzieren und nur für fünfzigtausend Tonnen Lagerkapazität haben. Keiner weiß: was passiert mit dem restlichen Obst?

Es ist Gottseidank so, daß wir als Betrieb ein ziemlich selbständiges und abgeschlossenes Gebilde sind, mit etwas Diplomatie kann ich ihn gut über die Runden bringen.

Früher wurden die Erfahrungen, die ich gemacht habe, immer verallgemeinert und als Beispiel hingestellt, jetzt kann ich, ohne nach außen groß wirken zu müssen, in unserem Kollektiv in Ruhe arbeiten. Das ist ein großer Vorteil. Es war in den Anfängen der genossenschaftlichen Entwicklung schon einmal so gewesen, bis dann einer rausgefunden hat: Aha, die sind ja gut! Das ist das Furchtbarste, was einem passieren kann. In den letzten Jahren in der Genossenschaft war ich nur noch ab und an mal Gast, war mit Funktionen eingedeckt, als Aufbauleiter dann war es noch schlimmer. Wenn ich Mitglied der Bezirksleitung bin, Bezirkstagsabgeordneter mit allen Kommissionen und pi pa po, was da dranhängt, Teilnahme an Kreistagssitzungen, Kreiskonferenzen, im Zentralen Rat bei Ewald damals, dann bei Kurich, mit zich Arbeitsgruppen, wenn die IGA war, bin ich manche Woche

vier-, fünfmal nach Erfurt gefahren: Vorbereitung der IGA, Auswertung der IGA, Vorbereitung der nächsten IGA, die AGRA ist auch nicht spurlos an mir vorübergegangen, Vorträge mußten gehalten werden ... aber ich hätte als Leiter des Betriebes doch auch noch Einfluß auf seinen Produktionsprozeß haben müssen. Zu meinem Hobby, der Jagd, kam ich auch nicht mehr, wenn einmal Zeit dafür war, hatte ich keine Lust. Jetzt ist das anders. Meine persönlichen Wünsche? Ich würde sehr gern eine eigene Jagdwaffe haben, um uneingeschränkt jagen zu können. Das ist vielleicht erfüllbar, ich habe mich noch nicht ernsthaft darum bemüht. Und sonst ... Wenn ich sehe, wie der eine oder der andere meines Alters, der gesundheitlich etwas hat, unbeachtet herumschleicht oder bemitleidet wird, wünsche ich mir, daß ich noch lange Gesundheit und Spannkraft habe.
Ich habe immer alle Möglichkeiten genutzt, um mit Fachleuten aus anderen sozialistischen Ländern Erfahrungen auszutauschen. Es ist kein Urlaub für mich, wenn ich nicht auch fachlich was mitkriege, in Bulgarien oder in Jerewan ... eigentlich abwegig, da wir ihre Verhältnisse nicht hierher übertragen können.
Aber es ist interessant, es gibt Berührungspunkte – wenn ich zum Beispiel in eine Sowchose gehe mit einer herrlichen Pfirsichanlage und mit dem Brigadier über Unterlagensorten, Schädlinge usw. rede ... da ist gemeinsame Sprache. Oder über Fragen der Lagerung. Ohne, daß ich sage: Wir sind die Größten, Besten, wie wir oft hingestellt werden: größtes Lagerhaus Europas und was weiß ich nicht alles ... Wir kochen auch bloß mit Wasser. Ich habe noch ein Hobby: habe einen Weingarten angepflanzt und versuche Keltertrauben zu kultivieren. Scheinbar mit Erfolg. Die Pflanzen habe ich von Freunden aus Bratislava, ich hoffe, in zwei, drei Jahren ganz brauchbaren Wein zu haben. Nicht aus ökonomischen Erwägungen, damit verdient man sich hier keine goldene Nase, das Problem interessiert mich schon mindestens fünfzehn Jahre.

Ich fahre jedes Jahr zur Weinlese nach Bulgarien, Ungarn oder in die CSSR, habe dort überall Freunde und gucke mir viel ab. Ich bin ein guter Weinkenner, schmecke auf Anhieb die Sorte heraus, wenn der Wein nicht verfälscht ist.
Ein Problem unserer kooperativen Einrichtung ist, daß wir verschiedene Formen der Entlohnung haben. Hier sind Mitglieder von Genossenschaften mit unterschiedlichen Delegierungsvereinbarungen und delegierte sowie neueingestellte Arbeiter und Angestellte. Aber ein Grundprinzip muß sein: Für gleiche Arbeit gleichen Lohn! Das ist eine komplizierte Sache, heißt: dem einen etwas mehr geben, ohne dem anderen was abzuschneiden. Die Arbeiter müssen ja Steuern bezahlen, und die Genossenschaftsmitglieder keine. Da versuchen wir den Ausgleich über die Jahresendprämie. Es kostet sehr viel Kraft. Man muß als Genossenschaftsbauer, der ich ja selbst noch bin, zu den anderen sprechen: Also, Freunde, übertreibt es nicht! Bei den Angestellten ist das noch nicht zu verwirklichen. Eine kooperative Einrichtung ist eine Übergangsform, am liebsten wären wir natürlich eine Genossenschaft.
Ich beobachte immer wieder, daß unsere Genossenschaftsmitglieder bewußter arbeiten, sie ziehen die anderen mit. Denn sie wissen WOFÜR sie produzieren, sind immer am Ergebnis ihrer Genossenschaft beteiligt, dadurch traditionsgemäß betriebsverbundener. Ich will das nicht verallgemeinern, erlaube mir kein Urteil über z.B. die Arbeiter in VEB Elektrokohle Berlin, ich kenne nur VEG Betriebe der Landwirtschaft.
Leider wird diese Bindung an die Genossenschaft durch ökonomische Regelungen immer mehr beseitigt. Ich weiß nicht, ob man eine ganze Volkswirtschaft so umpolen kann. Eine Ursache von Versorgungsschwierigkeiten bei uns sehe ich darin, daß vorhandene Initiativen einfach nicht mehr zum Tragen kommen dadurch, daß alles reglementiert wird, vorgeschrieben und geplant wird von Leuten, denen der Weg zur Basis viel zu weit geworden ist. Daß der Arbeiter mitbe-

stimmt? Welchen Einfluß hat der Arbeiter im Karl-Marx-Werk auf die Produktion, die er fertigt? Wenn es bloß auf die Konsumgüterproduktion wäre! Daß er nicht auf Drehkräne groß Einfluß nehmen kann, sehe ich sogar ein, aber auf eine bedarfsgerechtere Produktion?
Ich kann mich doch in der Volkswirtschaft einer entwickelten sozialistischen Gesellschaft nicht damit zufrieden geben, daß ich sage: Ja, wir haben Zahnbürsten hergestellt, haben den einen Betrieb zugemacht, und weil der andere noch nicht so weit ist, müssen wir Zahnbürsten aus kapitalistischen Ländern einführen. Und schließlich häng ich mir noch das Feigenblatt vor und sage: Die sind ja billiger, als wenn ich sie selbst produziere ... Und das Schlimmste ist: Jetzt wollen oft die Arbeiter nicht mehr mitdenken.
Andererseits fördern wir Initiativen, die ins Gegenteil umschlagen. Dieses verflixte Scharwerken, Feierabendarbeiten, Geldmachen um jeden Preis. Diese Leute bringen doch die ganze Wirtschaft durcheinander. Sie können in einen Projektierungsbetrieb gehen und eine Produktionsbilanz haben wollen, da sagen die: Geht nicht, wir können nicht. Und sagen sie dann: Könnt ihr nicht nach Feierabend ...? Auf einmal geht alles. In die eigene Tasche!
Und sehen Sie die individuelle Produktion hier! Ist ja beängstigend. Im Plenum erklären wir: Dreißig Prozent des ganzen Obstes und Gemüses sollen aus der individuellen Produktion kommen, wir müssen sie deshalb fördern ... Und da rennen die Leute von der Arbeit weg, weil sie zu Hause ihre Sachen machen müssen. Die Materialien für ihr Gewächshaus nehmen sie vom Betrieb. Diese Massen Tomaten auf den Sammelstellen, das kommt doch nicht aus Kleingärten! Die individuelle Produktion nimmt Formen an ... wie wollen wir das wieder in die Hand kriegen! Können doch nicht nochmal sozialistische Umgestaltung machen.
Ja, ich bin von der Logik her mit einigen Dingen bei uns nicht einverstanden. Genauso Intershop und Delikat. Obwohl wir

das Geld brauchen. Aber, Himmeldonnerwetter, das müßten wir doch auch anders kriegen! Ich habe das ganze Delikatprogramm hier eingelagert und sehe, was für Blödsinn wir importieren. Ein Arbeiter aus »Havelland« kann sich da nichts kaufen. Aber diese Gauner, die über Schwarzgeschäfte und was weiß ich nicht alles, immer nur die Hand aufhalten, bei denen werden dadurch neue Bedürfnisse geweckt und wieder neue ... so entsteht eine neue Schicht. Daß sich, wer Geld hat, Spargel kaufen kann, das Glas 17 Mark, ich weiß nicht wieviel Waggons davon wir hier liegen haben ... haben wir das nötig? Müssen wir Spargel aus Algerien über Hamburg kaufen? Das geht mir gegen den Kragen. Dieser verfluchte Trend ist in den Köpfen tief drin. Ich sehe es hier im Betrieb. Die Leute versuchen ständig, an die Dinge heranzukommen. Ich führe einen unerbitterlichen Kampf dagegen: Wenn euch der Leiter von Delikat französischen Sekt verkauft, die Flasche für drei Mark, dann ist der nicht nur für die vierzig Mann hier gedacht, sondern für alle. Was ist mit den Betriebsangehörigen in Plötzin, die nicht an der Quelle sitzen? Wann sind die dran? Dann habe ich mir den vom Delikat geholt und gesagt: He, alter Freund, du machst hier keine Politik! Wir haben Mühe, die Kollektive zusammenzuschweißen und du bringst Unordnung rein! Noch einmal, und ihr fliegt bei uns raus mit eurem ganzen Scheißdreck! Aber keiner denkt sich was dabei ... In unserem Betrieb nehmen wir die Dinge auf die Hörner. Wenn wir auch anecken bei einigen Betriebsangehörigen: andere machen's auch, warum nicht wir?
Solche Diskussionen müßten in die Zeitung, und da heißt es gleich wieder: Geht doch nicht, wie stehn wir da als DDR? Überhaupt müßten wir die Probleme unserer gesellschaftlichen Entwicklung kritischer sehen. Wenn ich Marx richtig verstehe, ist Kritik und Selbstkritik das revolutionäre Moment unserer gesellschaftlichen Entwicklung, und was ist davon übriggeblieben?
Da findet zum Beispiel ein Forum statt, Parteiaktivtagung,

Jugendforum oder irgendwas. Die Fragen, die dort gestellt werden, werden vier Wochen vorher formuliert. Dann werden sie sortiert und korrigiert, was bleibt am Schluß übrig? Davon, was die Menschen den Minister fragen wollen? Das sind aber die Fragen, die sie bewegen. Und die sind nicht gewünscht.

Wenn wir hier in unserer Grundorganisation eine Wahlberichtsversammlung machen, wo die einfachen Genossen sprechen, wie ihnen der Schnabel gewachsen ist, dann sitzt die Vertreterin der Kreisleitung daneben und schreibt. Bei der nächsten Gelegenheit bekommen wir zu hören: Was ist bei euch los? Ist ja furchtbar ... Wir könnten unsere Wahlberichtsversammlung auch mit vorbereiteten, vorgeschriebenen und korrigierten Diskussionsbeiträgen machen. Aber ohne Kritik und Selbstkritik geht es nicht weiter ... Ach, wenn ich an die junge Generation denke. Was macht die für eine Schule mit: Pionierorganisation, FDJ, Übernahme in den Funktionärsapparat ... dann laufen die Dinge doch schief! Solch reine Funktionärsentwicklung ohne Kontakt zu den Menschen ... Auf der Oberschule vertritt noch einer seine persönliche Meinung, das macht der doch nur dreimal, sonst kriegt er keinen Studienplatz. Was bleibt bei dieser natürlichen Auslese am Ende übrig? Bloß nicht anecken, kein falscher Zungenschlag ...

Ich bin jetzt dreißig Jahre verheiratet, wir haben vier Kinder. Ehe, ja. Aber ob es gleich Ehe sein muß? Damals, als wir heirateten, war das normal, aber heute denke ich, man könnte besser zusammenleben, wenn man nicht verheiratet wäre.

Meine Frau ist Vorsitzende der GPG Neufahrland. Sie war von Anfang an dort Hauptbuchhalter und hat, als ich Aufbauleiter wurde, meine Funktion übernommen. Sie hat zum Glück nicht tausend Funktionen am Hals und macht es ganz gut. Daß ich mich einmische, hat sie nicht gern. Ist auch richtig. Ich muß es diplomatisch machen. Wenn ich Dinge sehe, die mir nicht gefallen, nehme ich sie mit zur Jagd und sehe

ganz zufällig an der Stelle vorbei, oder sage ganz beiläufig: Was ist denn da los?
Wir hatten miteinander sehr kritische Momente in der Zeit, als ich Vorsitzender war und sie Hauptbuchhalter. Es ging ums Geld der Genossenschaft. Der Vorsitzende will es haben, der Hauptbuchhalter sitzt darauf. Da hat es viel Streit gegeben, der bis ins Schlafzimmer ging. Seit wir beruflich getrennt sind, ist unser Verhältnis besser.
Wir sind zwei sehr unterschiedliche Charaktere. Sie ist temperamentvoll, sehr impulsiv, gar nicht diplomatisch, ich bin ein ruhiger Typ. Habe meine Widersacher immer mit einer unerschütterlichen Ruhe außer Gefecht gesetzt. Ich war nicht immer so, man kann das lernen. Ich habe immer wieder festgestellt, daß man mit Ruhe, Sachlichkeit mehr erreicht, als wenn man losbraust. Wenn's mal notwendig ist, schlage ich auch mit der Faust auf den Tisch, dann gucken alle ganz entsetzt, weil es völlig unnormal bei mir ist.
Unsere drei Jungs haben Gärtner gelernt, der Älteste ist nicht mehr in der DDR. Die Tochter ist zur Zeit auf der Fachschule für Binnenfischerei.
Für die Jungs kam nichts anderes in Frage. Bloß Vorsitzender wollte keiner werden, wegen dem schlechten Beispiel des Vaters: Keine Zeit für die Familie, kein Feierabend, Tag und Nacht Telefon ... Sie sind komischerweise ein familiärer Typ, ja keine große Funktion! Meistens war's so bei ihnen: Name? ... Du bist der Sohn von dem und dem? Dann könntest du ja ... So hat es angefangen. Sie hatten wegen mir zu knabbern. Sie sind in der Partei, sind kritisch und ecken überall damit an. Das setzt sich wie so 'n roter Faden fort ... Der jüngste Sohn war im ersten Schuljahr, er hatte sich wohl seiner Haut gewehrt, die Lehrerin befahl, er muß zwanzigmal abschreiben: Wenn mich jemand schlägt, schlag ich nicht wieder! Das hat er säuberlich gemacht, und darunter hat er geschrieben: Meine wahre Meinung ist: Wenn mich jemand schlägt, schlag ich wieder! Es gab ein Riesentheater. Und der Junge ist

heut noch so. Die Tochter auch: völlig objektiv in ihrer Urteilskraft und sehr selbständig.
Sie hatte Binnenfischer gelernt und ist gleich in der ersten Betriebsversammlung unliebsam aufgefallen, weil sie gesagt hat: in der Station, wo sie arbeitet, saufen und klauen die Männer. Dann hat sie an der Betriebswandzeitung einen großen Artikel veröffentlicht, der beim Direktor für Binnenfischerei schlecht ankam. Daraufhin wurde sie nicht zur Fachschule delegiert.
Da hat sie einfach selbst an die Fachschule geschrieben, sich beworben und hat seltsamerweise auch einen Studienplatz gekriegt. Ohne Delegierung. Als sie dann doch eine bringen sollte, ist sie unbesehen in eine andere Fischereigenossenschaft eingetreten, da hat sie die Delegierung bekommen. Ich habe nichts dazugetan. Aber wenn sie Probleme hat, kommt sie und will viel diskutieren. Mal hat sie welche mit ihrem Freund, mal mit ihren Freundinnen, mal hat sie politische Fragen.
Lesen? In Zeitungen nur das Notwendigste. Ein schönes Buch aber lese ich gern, Feuchtwanger zum Beispiel, seiner gesellschaftskritischen Darstellungen wegen, oder Gegenwartsliteratur wie »Ole Bienkopp«, wenn sie offen geschrieben ist.
Ich habe mehrere Freunde, zum Beispiel Dr. M. in Marquardt. Wir kennen uns sehr lange, haben auf fachlichem Gebiet gleiche Ansichten und ähneln uns als Männer. Wir hokken nicht ständig aufeinander, aber wenn wir uns sehen, kommt für uns beide etwas Gutes heraus. Ich bin auch eng mit einem Kunstmaler befreundet. Wir können uns lange interessant unterhalten, haben schon manche Nächte verquatscht. Jetzt, wo ich mich beruflich in etwas abgegrenzteren Problemen engagiere, habe ich erst wieder Zeit für sie und auch neue Freunde gefunden, wo es interessante Gespräche gibt. Übereinstimmung ist für mich da nicht in allem notwendig, aber ich weiß, ich kann mich auf sie verlassen. Viele wirk-

liche Freunde habe ich auch in Polen, Ungarn, in der CSSR.
Die schönste Zeit in meinem Leben ... zum Beispiel die Fachschulzeit. Aber so genau kann ich das nicht begrenzen. Schön ist eine Zeit immer, wenn man sieht, es geht vorwärts, wenn man Aufgaben lösen kann. Die treten immer wieder auf. Schlechte Zeiten im Leben sind für mich, wenn irgendwas sich festgefahren hat, einem die Füße am Boden kleben. Aus neuerer Zeit fällt mir da nichts ein, obwohl wir täglich Probleme haben. Wir haben ja jährlich im Betrieb zehn bis elf Millionen Investitionen. Sie wissen, welche Fragen da kommen, Vorlaufzeiten von drei, vier, fünf Jahren für einzelne Ausrüstungsgegenstände, wo es dann oft erst einmal nicht weitergeht.
An meinen Mitarbeitern schätze ich Verantwortungsbewußtsein für ihre Aufgaben, und daß sie diese im Zusammenhang mit der Aufgabe des ganzen Betriebes sehen. Ich kann nicht leiden, wenn einer meint, er habe seine Arbeit getan, und rechts und links gingen ihn die Dinge nichts an. Und ich verlange von ihnen eine Einstellung zu den Kollektiven, wie ich sie habe: unduldsam zu sein auf dem Gebiet des Gesundheits- und Brandschutzes, da laß ich absolut nichts durchgehen, aber sonst: ruhig, besonnen sein und vor allem tolerant!
Uns wurden hier zur Arbeit Menschen eingewiesen, die schon viel mitgemacht, mit der Justiz Berührung hatten. Ihnen gegenüber habe ich unsagbare Geduld und wehre mich dagegen, daß mit ihnen nach der Betriebsordnung verfahren wird, also: Wer so und so viele Stunden gebummelt hat, kriegt einen strengen Verweis, das nächstemal wird er rausgeschmissen. Ich stehe oft gegen die BGL, die mir in diesen Fällen sehr nach den Buchstaben des Gesetzes geht. Man muß differenzieren. Von wem ich's verlangen kann, verlange ich zum Beispiel absolute Pünktlichkeit, aber von Alkoholikern? Wir haben von ihnen etwa ein Dutzend, viele Junge, Männer und Frauen. Dann kam noch Arbeitsbummelei dazu, asozia-

les Verhalten ... aber ich komme mit ihnen ganz gut zurecht.
Auch für Jugendliche habe ich andere Maßstäbe. Die übrigen Mitarbeiter verstehen das oft nicht, aber ich vergesse nicht, wie meine Kinder in dem Alter waren. Und ich selbst war auch nicht gerade ein Musterknabe.
Ein Punkt, wo ich allergisch bin, ist Machtmißbrauch. Ich verurteile ihn in der Gesellschaft und vor allem im eigenen Betrieb. Ich sage immer: Zieht einem eine Uniform an, hängt ihm eine Pistole an den Bauch, sofort wird er Macht ausüben und dabei nur schwer unterscheiden können, was er machen darf und was nicht. Und er wird sich bestimmte Privilegien herausnehmen wollen. Dagegen schreite ich ein, bei der Festigung eines so bunt zusammengewürfelten Kollektives wie unserem ist das eines der wichtigsten Leitungsprinzipien.
Leute, die ihre Macht mißbrauchen, lernen Sie im Leben immer wieder kennen. Aber ich denke da: Er wird eines Tages die Quittung dafür erhalten. Manchmal dauert es nur sehr lange.
Vorm Altwerden, Tod habe ich keine Angst. Jedes Alter hat seine Reize. Wenn einer sagt: ich möchte nochmal siebzehn sein, sage ich: ich nicht. Ich fühle mich in meinem Alter und in meiner Aufgabe wohl. Wenn ich morgens nicht mehr drei Kilometer Waldlauf machen kann, gut, das muß ich akzeptieren, aber manchmal marschiere ich am Wochenende früh um sieben los und komme erst um drei, halb vier nach Hause. Ich habe jedoch Angst vorm Zualtwerden. Ich stellte es mir grauenhaft vor, einmal nicht mehr alles selbst machen zu können, vielleicht nicht mehr zu wissen, was ich tue. Das will ich nicht erleben.
Manchmal denke ich, ich hätte, als ich jung war, etwas anderes werden sollen. Aber wenn ich mein Leben betrachte, ist es doch eigentlich das, was ich mir einmal vorgestellt habe: Im Obstbau Pionierleistungen bringen ... da einen Namen zu haben. Ist doch eine schöne Sache, ja?

Jetzt haben wir hier große Flächen, produzieren Äpfel industriemäßig. Das bringt für die Volkswirtschaft einen Batzen.
Aber man sollte dabei auch die Probleme sehen: Wenn der Arbeiter kein Land sieht und er beim Baumschnitt zum Beispiel weiß, zwanzig bis dreißig Prozent der Bäume schaffen wir sowieso nicht ... Man stellt Überlegungen an, wie man den Gärtner an ein bestimmtes Aufgabengebiet fester bindet, damit er das Ergebnis seiner Arbeit konkret vor Augen hat, aber das nimmt man noch nicht ernst genug. Und gerade beim Schnitt: Die Leute hängen am Konturenschnittgerät, müssen sechs oder sieben Schnitte machen, wenn sie einen achten machen, kommen sie nicht mehr mit. Und die Bäume sehen sie oft nie wieder. Aber das ist doch eine individuelle Angelegenheit, jede Sorte, jeder Baum ... Man müßte so viel Zeit haben, den Baum zu betrachten, wie ihn zu schneiden. Es ist einmal so gewesen, die Erfolge waren nicht vom Tisch zu wischen.
In Moldawien ist alles so organisiert, daß jeder das Ergebnis seiner Arbeit sieht. Da sind Arbeitsgruppen, jede hat wohl zweiundsechzig oder vierundsechzig Hektar, die sind überschaubar, und die Menschen sind für alles verantwortlich bis zur Ernte. Und was ist hier in einigen Betrieben? Die Menschen werden kreuz und quer durch die Gegend gefahren. Ich hoffe sehr, daß sich das auch bei uns durchsetzt. Und wenn sie in Moldawien sechstausend Hektar bepflanzen als optimale Größe, müssen es bei uns zehntausend Hektar sein. Weil wir die Größeren wären und die Besseren, ja?
Ich verreise gern. Wenn Sie zum Beispiel aus Jerewan kommen ... dieser Rummel, ist ja fast schon Orient. Was sich da abspielt! Ich habe manchmal laut gelacht. Da sind zum Beispiel siebzehnstöckige Wohnhäuser, und jeder macht mit seiner Wohnung, was er will. Wo wir wohnten, das Haus gegenüber, ich dachte: Was ist denn das? Jede Etage hatte ganz

andere Fenstereinteilung, kleine, große ... und oben sogar Balkone! Da hatten sie alle ihre Balkone zugebaut, jeder anders, mit dem, was er gerade kriegte. Und der Clou war, einer, der ihn zugebaut hatte, dem fehlte er nun, und der hat Rohre unten durch die Betonplatten gesteckt, was draufgelegt, einen Drahtzaun herum ... hat sich selbst am Balkon einen Balkon angebaut, mitten in Jerewan, ungefähr in der fünfzehnten Etage. Und auf Dinge, auf die bei uns zum Beispiel in einem Hochhaus viel Wert gelegt wird, legen die gar keinen. Das geht alles. Trotzdem habe ich, wenn ich von einer Reise zurückkomme, das Gefühl, hier gefällt es mir doch am besten, hier bin ich zu Hause.

Was mich belastet, ist, daß ich nicht reisen darf, wohin ich will. Vor vier Jahren habe ich eine Frau kennengelernt, die aus Kenia stammt. Als sie einmal gesundheitliche Schwierigkeiten hatte und keinen geeigneten Arzt fand, habe ich ihr geholfen, ins Krankenhaus Buch zu kommen. Jedenfalls kam dann ihr Vater aus Kenia und bemühte sich um unsere Freundschaft. Weil er auch Jäger ist, hat er mich offiziell, mit Stempel der Botschaft, nach Nairobi eingeladen. Ich habe dazu alles mögliche versucht, aber nichts erreicht. Das ist etwas, was einen bedrücken kann. Ich sehe ja ein, daß wir aus ökonomischen und politischen Überlegungen da Schranken setzen, ich bin auch für die erhöhte Umtauschquote für die Bürger der BRD, wenn sie in die DDR kommen wollen, aber am Ende müßte es heißen: jetzt können unsere Bürger durch die Mittel, die zusätzlich hereinkommen, auch mal in andere Länder reisen ... Na gut, schwarze Schafe gibt es überall, aber man müßte sich doch an allen fünf Fingern abzählen können, daß zum Beispiel ich mit meinen neunundfünfzig Jahren und meiner gesicherten Existenz hier, daß ich da nicht denken könnte ... Ist das Mißtrauen denn größer als das Vertrauen?

ILSE, 56, GPG-VORSITZENDE Es war Krieg, wir wohnten in Babelsberg. Jeden Tag die Angriffe ... da war mir egal, ob ich sterbe oder nicht. Ich dachte, bei mir als jungem Mädchen ist das nicht so schlimm wie bei jemandem, der für seine Familie verantwortlich ist. Wie mein Onkel. Er war Kunstmaler und hatte zwei Kinder, ein drittes war unterwegs. Er hat oft mit mir gesprochen wie mit einer Erwachsenen, über Sexualität und alles. Er fiel, und ich dachte, warum soll ich leben und nicht er?
Nach dem Luftangriff auf Potsdam ging ich mit Vater meine Großeltern besuchen. Am Bahnhof stand ein Munitionszug, die Granaten explodierten, alles brannte, Bombentrichter überall, und rechts die Fabrik, die Flammen schlugen rüber, ich hatte Angst, die Haare und Sachen fingen Feuer, ich blieb stehen, mein Vater ging weiter. Da kam ein junges Ehepaar, der Mann hat mir seinen Mantel über den Kopf geworfen, so gingen wir durch die Straße.
Am nächsten Tag mußte ich zur Gauleitung, da war ich Sachbearbeiterin, als ich hochkam, sah ich meine Kollegen: einen halben Meter groß und verkohlt. Da hat 's bei mir ausgehakt. Ich sage das, damit man das Gefühl versteht, das man nach dem Krieg hatte: Ganz gleich, ob ich viel habe oder wenig, ob eine Lampe oder nur 'ne Glühbirne am Draht, Hauptsache ich lebe und versuche, das Beste daraus zu machen ... Dieses Gefühl verflacht dann. Man geht doch ziemlich verschwen-

derisch mit sich und seiner Zeit um, zum Beispiel, wenn man sich mit seinem Mann über irgendwelche Kleinigkeiten streitet. Hinterher denke ich oft: Wozu hast du dich erregt?
Natürlich bin ich froh, daß meine Kinder so was nicht mitmachen mußten, aber ich kann meine Erfahrungen auch nicht auf sie übertragen. Wenn ich erzähle, ist es für sie wie Märchen.
Jetzt ist Wohlstand. Es ist angenehm, Kühlschrank zu haben, Waschmaschine, da schmeiß ich die Sachen bloß rein ... aber vieles davon braucht man gar nicht. Es gibt doch Dinge im Leben, die nicht am Wohlstand zu messen sind.
Ich verstehe nicht, daß sich viele hier so sehr mit ihrer Wirtschaft beschäftigen, daß sie für das Persönliche gar keine Zeit mehr haben. Was das Leben ist? Darüber haben die noch nicht nachgedacht. Ich war eine Zeitlang Schöffe beim Kreisgericht. Nach dem Krieg war in Neufahrland ein Neurichter, so wie es Neulehrer gab, der hat mich als Schöffe geworben. Ich war im Familienrecht. Wenn man bei so 'ner Scheidungssache sitzt, merkt man sofort, wenn jemand lügt. Was die sich vormachen!, habe ich gedacht. Die müssen doch mal ineinander verliebt gewesen sein. Nee, dachte ich, es gibt keine Ehrlichkeit mehr, nicht mal in der Familie. Und wenn mein Mann gesagt hat, er will da und da hin fahren, hab ich ihm dann kein Wort geglaubt. Da hat er gesagt: Wie bist du denn geworden? Wir hatten dort auch viele Fälle von Leuten, die schaffen und schaffen und vergessen sich selbst darüber. Dann haben sie ihr Auto, ihre Datsche, ihr Konto ... und plötzlich stehen sie vor einer Leere ...
Ich hatte 1947 geheiratet. Mein Mann war nicht meine erste Liebe, die war auseinandergegangen, aber von dem ersten hatte ich über meinen Mann viel gehört, die beiden waren in einer Kompanie. Ich hatte also eine sehr hohe Meinung von ihm, ohne daß ich ihn kannte. Ich sollte ihm Grüße ausrichten, und da fand ich einen sehr schüchternen jungen Mann, sehr anständig ... Er hatte hier eine Neubauernstelle und hat

mich dann mit dem Traktor mit Sack und Pack geholt. Nach dem Stadtleben war das für mich eine Umstellung. Kühemelken hatte ich als Kind bei meinen Verwandten gelernt, mein Mann konnte das nicht. Aber ich konnte nicht Schweinefüttern. Bei meinem Mann haben sie gefressen, bei mir nicht. Da habe ich die erste Zeit immer geweint. Wir hatten wenig Geld, ich hatte immer Angst, wenn Strom oder Gas kassiert wurde oder die Kohlen kamen. Wußte auch nicht, wie ich mein erstes Kind windeln sollte. Es gab ja nichts. Da habe ich alte Bettwäsche von meiner Tante genommen. So haben wir bis achtundfünfzig gearbeitet. Hat eigentlich Spaß gemacht, bloß ich war eben sehr gebunden. Wenn man morgens in den Kuhstall muß, dann auf den Acker, ich saß auf dem Traktor, mein Mann ist hinterhergelaufen und hat die Geräte bedient, auch die Kinder hatte ich mit draußen, da war ich abends zu erschöpft, um ein Buch zu lesen oder Radio zu hören. Deshalb war ich auch für die Genossenschaft. Da ist die Arbeit auf alle verteilt, es bleibt mehr Zeit für die eigene persönliche Freiheit. Ich habe in der Genossenschaft die Buchhaltung gemacht, so gut ich's konnte. Dann habe ich meinen Ingenieur gemacht, als ich damit fertig war, wurde ich Vorsitzende.
Was mache ich gern? Lesen, Fernsehen und Gespräche mit netten Leuten. Wir haben ein Schiff am Fahrländer See, da ziehen wir im Mai immer hin, neben dem Schiff wohnen gute Freunde. Sie ist Keramikerin, er Maler. Das sind interessante Menschen! Die Diskussion geht zum Beispiel, wie man eigentlich leben sollte, und was man machen könnte, auch mit den Mitteln, die wir haben. Also, daß man nicht in solchen Blöcken wohnen muß, wo die Alten vereinsamen und die Jugendlichen aggressiv werden, auch aus Einsamkeit ... Das ist für mich mehr, als wenn ich zu einem Tanzabend gehe mit Musik und Trinkerei.
In unserer Genossenschaft habe ich solche Gespräche auf Grund meiner Stellung selten. Wenn man das zum erstenmal merkt, tut es weh. Aber ich versuche, die Distanz zu den an-

deren abzubauen. Ich bin ein Mensch, der lieber zehnmal Du als einmal Sie sagt. Ich bemühe mich, immer zu wissen, was ist bei ihnen zu Hause los, was war im Urlaub? usw. Gestern habe ich mich sehr gefreut. Da ist ein Kollege, der jetzt mit in Moskau war, ein sehr schweigsamer Kollege. Als ich nach Hause gehe, seh ich, wie er auf mich zukommt, und er sagt: Er möchte sich nochmal für die Reise bedanken. Da hab ich ihn ein bißchen gefragt: Wie wars? ... Wenn ich merke, dieser Mensch hat sich gefreut, das sind Sachen, wo ich mich selber freuen kann. Wir haben auch viel Kontakt zu den Alten in der Genossenschaft, gehen zu den Geburtstagen, siebzigsten, fünfundsiebzigsten, zu jedem fünften. Eine Karte wird zu jedem Geburtstag geschrieben. Das ist mitunter eine Belastung, in diesem Jahr hatten fast alle Sonnabend und Sonntag Geburtstag, zu Hause hab ich ja auch was zu tun. Aber das sind Mitglieder, die ich kenne, solange die Genossenschaft besteht, und man bespricht noch heute Dinge, die sich vor zwanzig Jahren abgespielt haben, auch ganz Persönliches, Kinder und was weiß ich nicht alles. Ich bekomme sogar oft Küsse und habe das Gefühl, daß sie mich mögen. Vielleicht kann man das als Frau auch besser als ein Mann: sich über alles Menschliche unterhalten.
Ich bin hier im Gebiet die einzige Vorsitzende. Die Männer möchten Frauen keine Verantwortung übertragen. Sie sind einfach mehr von sich selber überzeugt als von uns. In unserem Betrieb ist der Parteisekretär eine Frau, der Buchhalter und ich. Da heißt es dann: Weiberwirtschaft.
Junge Frauen fallen öfters aus, weil sie Kinder kriegen, die dann oft krank sind. Man kann mit Frauen erst richtig was anfangen, wenn sie über fünfunddreißig sind. Bis dahin ist einem die Familie wichtiger als der Beruf. Bei mir war das auch so.
Mein Mann war schon immer ein Renommierer. Seine Liebe war am größten, wenn ich beruflich oder sonst Erfolg hatte, im Mittelpunkt stand. Bloß ... er möchte nichts dafür tun. Er

unterstützt mich sehr, wenn ich Probleme habe, spricht alles mit mir durch und gibt mir eine bestimmte Ruhe und Sicherheit, aber im Haushalt hilft er mir nicht. Als er hier selber Vorsitzender war, hat er öfter Ansätze gemacht, die Frauen zu fördern und hat auch zu Hause mal gekocht und abgewaschen, aber jetzt ist da nichts mehr. Er kann keinen Kaffee oder Tee trinken, braucht immer eine Brause oder Bier, und wenn ich mal vergesse, welches zu holen, kann er mir den ganzen Abend versauen. Er hat doch einen Laden im Betrieb, und so ein Kasten Bier oder Brause ist schwer, kann er sich nicht einen mitbringen?

Jeder Mensch hat seine Vor- und Nachteile, wir Frauen auch, da braucht man Toleranz füreinander. Sie kommt aber meistens erst später, vorher will man mit dem Kopf durch die Wand. Ich bin jetzt in dem Alter, wo ich sagen kann: Warum sollst du dich erhitzen wegen solcher Kleinigkeiten? Da machst du's eben, und fertig ist der Lack.

Ich habe vier Kinder, die Jüngste ist noch zu Hause, sie studiert an der Fachschule für Binnenfischerei.

Meine eigene Kindheit war kein Paradies. Schöne Erinnerungen habe ich an die Großeltern väterlicherseits, ich bin zu ihnen auch hingezogen, als ich kein Verständnis mehr zu Hause fand. Mein Vater war sehr streng. Wir waren drei Geschwister und noch ein Pflegebruder, ich war die Älteste und mußte viel machen. Der Pflegebruder wurde sehr verzogen, er kriegte von der Mutter Schokolade, ich keine. Ich war aber auch ein Kind. So hatte ich mir Schokoladeessen ganz abgewöhnt, aus Trotz.

Die ersten Kindheitsjahre sind sehr wichtig, ich habe sie bei meinen Kindern besonders ernstgenommen. Auf meine Enkelkinder habe ich da jetzt leider keinen Einfluß. Ein befreundetes Ehepaar hat einen kleinen Jungen. Dieses Kind wird sehr liebevoll behandelt, und es ist unbefangen und fröhlich. Mein Enkelkind dagegen ... der Kleine war keß, da hat ihn mein Sohn geschlagen. Das vertragen Kinder nicht. Er ist scheu geworden, braucht viel Zeit, ehe er zu einem Vertrauen gewinnt. Ich hatte ihn mal über Nacht zu Hause, da hatte er eingepullert. Am Morgen stand er da und zitterte vor Angst. Ich hab gesagt: Ist doch nichts weiter bei! Hab ihn aus- und wieder angezogen, da hat er sich langsam beruhigt. Er muß in der Kinderkrippe mit dem Einpullern schlechte Erlebnisse gehabt haben. Und als ich tatsächlich ein paar Dinge hörte, hab ich mich mit der Leiterin auseinandergesetzt: Meinem Enkelkind geht's so und den anderen Kindern auch ... Ich habe darüber auch mit einem Arzt gesprochen, er sagte: Kinder sollen ruhig einpullern, solange, wie sie wollen, es sei wichtig für ihre Persönlichkeitsentwicklung. Aber das sind Ansichten, die man hier sonst nicht vertritt. Da muß man eben von dem und dem Zeitpunkt an absolut sauber sein. Meine Bekannte hatte ihrem Kleinen mit drei Jahren nachts extra eine Windel gemacht, damit er sich richtig, in aller Ruhe, auspullern konnte. Und er ist eine richtige kleine Persönlichkeit geworden ... Als meine Kinder dann fünfzehn, sechzehn waren, habe ich von ihnen Vorwürfe bekommen, daß ich nicht wie andere Mütter sei, die ihnen Frühstück machen und mehr Zeit für sie haben. Wir waren ja beruflich beide stark beschäftigt, und das Familienleben beschränkte sich auf den Sonntag, da haben wir ein ausgiebiges Frühstück gemacht, drei, vier Stunden lang, und die Kinder konnten mit ihren Problemen kommen, erst waren's kleinere, später größere.

Heute sagen sie: Mutti, du hast's richtig gemacht, du hast dich in nichts eingemischt. Bei den anderen sind jetzt die Kontakte zu den Eltern abgerissen, bei uns ist noch ein Vertrauensverhältnis da. Man darf Kindern nichts diktieren, man muß mit ihnen alles besprechen, ihnen alle Hintergründe, alles Für und Wider sagen und sie dann selber entscheiden lassen, ja? Trotzdem sind sie verschieden, keiner ist wie der andere geworden.

Meine Devise war immer: Die Leute können über mich reden, was sie wollen, bestehen muß ich vor meinem Gewissen, vor mir selber will ich sauber sein. Das habe ich meinen Söhnen gesagt, und ich sag 's jetzt meiner Tochter: Du mußt dir selber Gedanken machen: Warum? Wieso? Weshalb? und nicht ängstlich alles tun, was man von dir verlangt. Wenn sie nur danach marschieren würde, wie sie die Richtung kriegt, würde sie mir nicht gefallen.

Aber mit dieser Devise kommt man oft im Leben zu Schwierigkeiten. Vor ein paar Jahren kam hier die Anordnung, wie Kooperation gemacht werden soll. Ich war gegen die starke Spezialisierung der Betriebe. Mein Mann und ich haben öffentlich gesagt, was sich daraus ergeben wird. Wir haben versucht, es abzubiegen und sind dabei mit dem Kopf gegen die Wand gerannt.

Heute sehen wir, daß es richtig war, was wir gesagt hatten, das tut weh.

Einige Betriebe hier sind einfach zu groß und unübersichtlich. Da weiß der eine nichts vom anderen, sieht nur: der arbeitet schlechter! und denkt: da kann ich auch schlechter arbeiten. Die Menschen haben keine Bindung mehr, kein gemeinsames Interesse, keine Verantwortung. Ich sehe es hier im Betrieb nebenan. Zum Beispiel beim Pflanzenschutz. Die fahren vorne rein in die Obstanlage und hinten rein, in der Mitte spritzen sie nicht. Hauptsache, ich habe meine Stunden runter und kriege mein Geld! In unserer Genossenschaft weiß jeder: Nur was wir erarbeiten, kann verteilt werden. In den ersten Jahren war das Interesse am gemeinsamen Vorwärtskommen besonders stark. Wir haben zweihundert Genossenschaftsbauern, über hundert mußten wir mit dem Obstbau und den dazugehörigen Grund- und Umlaufmitteln in die ZBE Satzkorn-Fahrland delegieren.

Unser Betrieb ist gut überschaubar. Ich war erst sehr traurig, als wir den Obstbau plötzlich losgeworden sind. Die Genossenschaft war ja als Obstbaubetrieb im In- und Ausland bekannt gewesen. Wir bauen jetzt nur noch Gemüse an, machen

ein bißchen Ackerbau und haben Kühe, ohne Dung wächst ja nichts. Wir würden noch ungefähr hundert Hektar dazu brauchen. Weil wir viele Flächen abgeben mußten, haben wir keine richtige Fruchtfolge mehr, darunter leidet der Boden.
Unser Betrieb sollte damals aufgelöst werden, aber wir setzten uns durch. Gemüse wird ja auch gebraucht. Trotzdem werden wir im Kooperativverband wie Außenseiter angesehen, zu nichts eingeladen, nur das Geld müssen wir zahlen wie alle. Ich glaube, wenn so ein Verband gut funktionieren soll, müßten die Betriebe selbständiger sein. Die haben doch fast keinen Einfluß mehr auf ihre Anbauflächen. Alles wird von oben bestimmt. Und auf keinen Fall dürfte man einen Betrieb geringschätzen aus persönlicher Abneigung gegen den Leiter. Ich arbeite doch nicht für mich. Die Bevölkerung will essen, und wir bauen zum Beispiel für den ganzen Kreis die Möhren an, sichern die Herstellung der Babynahrung. Die ersten Jahre kriegte unser Betrieb nicht mal Maschinen, da hat sich jetzt einiges gebessert.
Ich verstehe auch nicht, warum die Arbeiter alle in Werder wohnen und jeden Tag hin- und herfahren sollen. Wenn ich morgens erst ein bis zwei Stunden unterwegs wäre und abends noch einmal ... In Damsdorf funktioniert es noch am besten, da wohnen die Leute dort, wo sie arbeiten.
Und die Monokultur Äpfel! Die Frauen halten es doch nicht monatelang mit Bäumeschneiden durch. Sie kriegen Sehnenscheidenentzündung und fallen aus. Und gucken auch gar nicht mehr hin, was sie schneiden. Da kommt eben hier 'n Ast ab und da ...
Weil wir verschiedene Gemüsesorten anbauen, ist bei uns die Arbeit nicht eintönig. Erst pflanzen wir, dann kommt die Erdbeerernte usw. Und im Sommer, wenn wir Erntehelfer haben, sind unsre Mitglieder Arbeitsgruppenleiter. Für manche ist das sehr wichtig, man merkt, wie sie aufblühen. Aber nicht jeder hat mehr Freude an der Arbeit, wenn er Verantwortung bekommt. Deshalb ist das nicht die Lösung des Pro-

blems. Die wäre ein höherer Mechanisierungsgrad. In der reinen Landwirtschaft gibt's da einen großen Fortschritt, die Kartoffelernte zum Beispiel ist jetzt voll mechanisiert. Der Gartenbau ist immer bissel hintendran, die Maschinen sind auch sehr teuer, ist ja mehr Einzel- als Massenanfertigung. Aber wir versuchen, vieles selbst zu verbessern, unsere Neuerer tüfteln an allen möglichen Problemen.
Wenn ich sehe, wie schwer die Frauen in der Kälte oder in der Sonnenglut arbeiten, da haben es die Männer auf dem Traktor leichter. Ich suche mir deshalb Kulturen, wo ich die Arbeit mechanisieren kann, um die Frauen zu entlasten. Da bieten sich die Möhren an, hier haben wir Vollerntemaschinen, die Frauen sitzen dann am Band und putzen Möhren, sind also wenigstens vom Wetter unabhängig. Das zweite ist der Rosenkohl, da haben wir für die Ernte einen alten Mähdrescher umgebaut, die Frauen sitzen in der Halle an der Entrosungsmaschine und müssen nicht mehr bei Schnee und Eis pflükken. Beim Blumenkohl und bei den Gurken ist das Problem teilweise gelöst, aber noch nicht beim Porree und bei Sellerie. Da ist die Arbeit noch sehr schwer. Wenn ich mir vorstelle, ich müßte das alles auch noch machen, ob ich die Geduld und Ausdauer dafür hätte? Die Jüngeren wollen es nicht mehr machen, und ich weiß nicht, was werden soll, wenn die Älteren weg sind.
Ich glaube, in der Landwirtschaft überwiegen die Jugendlichen, die anders sind als man jetzt im allgemeinen von der Jugend sagt.
Die »Positiven« suchen sich andere Berufe.
Wir bekommen junge Leute, die aus verschiedenen Gründen an anderen Orten gescheitert sind. Manche, die schon als asozial eingestuft waren, kriegen sich wieder in den Griff, aber es gibt auch welche, da kann man nichts mehr tun. Ein junger Traktorist bei uns wohnt in Großglienicke in einer Bodenkammer, seine Eltern sind gestorben, wir wollten ihn herholen, aber er hat Angst, aus seinem Freundeskreis herauszu-

kommen. Er ist zum Trinker und Schläger geworden. Ob das nur an der Arbeit liegt?
Jeder Mensch hat ja bestimmte Vorstellungen von seinem Beruf, er will Arbeit, die ihm Freude macht. Und vieles hier im Obst- und Gemüsebau ist so, daß man nicht sagen kann, so wünscht man sich seine Arbeit. Ich habe hier keine Lehrlinge, aber ich kann mir vorstellen, daß es für sie sehr schwer ist. Auch, sich nach der Lehre in die Kollektive einzufügen. Unsere älteren Kollegen legen allen Neuen gegenüber zu hohe Maßstäbe an. Sie sind voreingenommen, alles, was der tut, wird erst mal kritisiert. Ich bin da oft sehr böse. Man kann von einem jungen Menschen nicht schon das gleiche verlangen wie von Älteren. Als ich jung war, war ich auch mal leichtsinniger und was weiß ich nicht alles, auf jeden Fall nicht so, daß ich jede Stunde opferte für die Arbeit. Als junger Mensch will man mal tanzen gehen und dies und das, und man kommt eben mal unausgeschlafen zur Arbeit. Von den Älteren wird es ihnen dann sehr schwergemacht, ob auf dem Acker oder in der Leitung. Wenn ein junger Kader bei uns anfängt, muß ich ihn derart schützen, daß manche denken, er ist mein persönlicher Freund, und dann noch mehr böse werden. Aber ich nehme mir da meinen Mann als Vorbild, der auch viel mit jungen Kadern arbeitet.
Mein zweitältester Sohn ist hier Brigadier. Es gibt Spannungen zwischen ihm und den anderen Mitgliedern, weil wir Mutter und Sohn sind. Dabei unterstütze ich ihn weniger als andere. Ich hoffe, daß er das versteht. Wenn er Probleme hat, kann er die ja mit Vater klären.
Vor mir war hier fünfzehn Jahre lang mein Mann Vorsitzender. Ich war Hauptbuchhalter und sah alles enger, irgendwie verknöcherter, vielleicht ist das eine Berufskrankheit. Ich war der größte Widersacher meines Mannes, das hat sich auch auf die persönliche Sphäre zwischen uns ausgewirkt. Ich hatte immer gedacht, wenn du Vorsitzender wärst, würdest du alles ganz anders machen, hier muß man strenger sein, und das

muß man so machen. Als es dann soweit war, kriegte ich plötzlich Angst, weil ich Ökonom und kein Praktiker bin, ich kann einem Traktoristen zum Beispiel nicht sagen, wie er pflügen soll und solche Sachen. Ich dachte, es geht schief, und habe alle in der Genossenschaft gebeten, mir zu helfen. Ich habe auch nicht so eine schnelle Auffassungsgabe wie mein Mann, und im Zusammenleben mit ihm habe ich viel Durchsetzungsvermögen verloren. Er hat mir oft, was ich mir mühsam erarbeitet hatte, weggenommen. Zum Beispiel ein Diskussionsbeitrag zur Jahresabschlußversammlung. Wenn ich ihn fertig hatte, hab ich ihn meinem Mann gezeigt: Guck mal, hab ich's gut gemacht? Und wenn ich dann reden wollte, hatte er oft schon Dreiviertel davon gesagt. Da war ich oft sehr böse. Deshalb ist es richtig, daß er sagt, er mischt sich in die Genossenschaft nicht mehr ein. So mußte ich alles selbst lernen. Und jeder hat auch einen anderen Stil zu leiten. Ich hatte meine Strenge plötzlich abgelegt, ganz andere Gesichtspunkte in meiner Arbeit bekommen und meinen Mann auf einmal verstanden. Man kann nichts über's Knie brechen, einfach durchsetzen, was man sich vorgenommen hat. Jeder Mensch, merkt man bald, muß anders behandelt werden, der eine zieht schnell mit, der andere langsamer, wenn man da etwas erzwingen will, erzeugt man Widerstände. Ich bin ein ganz anderer Mensch geworden, großzügiger im Umgang mit anderen. Manchmal versuchen Mitarbeiter das auszunutzen, mich in die Pfanne zu hauen. Trotzdem versuche ich, weiter alles erst gemeinsam zu beraten, statt diktatorisch anzuordnen. Ich sage niemandem mehr gern ein strenges Wort. Viele Männer im Betrieb werfen mir vor, ich wäre zu weich. Das nehme ich mir jedesmal zu Herzen, überlege lange, komme aber jedesmal zur Überzeugung, daß ich nicht zu weich bin.

Zum Beispiel, es hat jemand einen Fehler gemacht, was kaputtgefahren oder so. Da hat der Vorstand entschieden, er muß den Schaden bezahlen. Wenn man die Sache aber untersucht, merkt man, da haben noch andere Faktoren hineingespielt, und an den Mann ist schließlich nicht mehr heranzukommen. Manche meinen, ich müßte mit vielen mehr Schlitten fahren. Aber je älter ich werde, desto weniger kann ich das.

Ich habe vielleicht zu großes Vertrauen zu den Menschen, aber mein Mann hat das auch. Zugleich kann er härter sein. Ihm macht es nichts aus, in bestimmten Situationen einen mal anzubrüllen. Ich habe einmal in meinem Leben gebrüllt und mich hinterher noch lange dafür geschämt. Ich halte es für ein Zeichen von Schwäche. Angebrüllt hatte ich einen Genossen von der Bezirksleitung. Es ging um die Umgestaltung hier im Gebiet. Er sagte, was er sich unter Kommunismus vorstellt, wäre richtig: Ab sofort keine Genossenschaftsbauern mehr, nur noch eine einzige gesellschaftliche Klasse, und schon wäre Kommunismus. Ich hatte eine andere Meinung dazu, er hat mich nicht ausreden lassen, ist mir immerfort ins Wort gefallen, da habe ich gebrüllt. Hinterher habe ich mich geärgert. Ich hätte sachlich bleiben sollen. Wenn einer eine vorgefaßte Meinung hat, hat's keinen Zweck zu streiten. Bei meinen Mitarbeitern brülle ich nie.

Im Augenblick bin ich irgendwie sehr müde. Wir haben nur noch Flächen im Betrieb, die für den Obstbau nicht geeignet sind. Aber die sind größtenteils auch nicht für andere Kulturen geeignet. Wir liegen direkt am Truppenübungsplatz und haben mit Manöverschäden zu tun, haben Flächen auf Niederungsböden, bei schlechtem Wetter saufen die Kulturen ab, und wir haben Kleinstflächen, 0,25 Hektar und noch kleiner, die man mit Großmaschinen nicht bearbeiten kann. Wir haben zwar bewiesen, daß wir damit leben können, es sogar rentabel ist im Gegensatz zu manchen der reinen Obstbaubetriebe hier, aber es ist ein Streß für mich. Uns wird aufdiktiert, Kulturen anzubauen, für die wir gar keine geeigneten Flächen haben. Wo sollen wir zum Beispiel die vierzig Hektar Erdbeeren, mit denen wir beauflagt worden sind, hinpflan-

zen? Auf Niederungsböden? Das ist ins Auge gegangen ...Für solche Dinge wird dann auf öffentlichen Versammlungen getan, als läge es an meinen Leitungsmethoden.
Mein Mann versucht, mir Mut zu machen, ich soll durchhalten. Er würde sich an meiner Stelle wahrscheinlich bei der staatlichen Leitung wehren, er hat ein dickeres Fell als ich. Auch die anderen Betriebsleiter haben das, aber mir geht das an die Nerven. Ich müßte mal Urlaub machen. Ich weine sonst überhaupt nicht, im Betrieb auf keinen Fall. Als Leiter muß man ja nach außen ausgeglichen wirken. Aber Sicherheit vorspielen, egal wie meine Stimmung ist, das können Männer auch besser als wir.
Es bedrückt mich auch, ich gehe bald in Rente und habe noch keinen Nachfolger. Unsere guten jungen Kader sind in die ZBE delegiert worden. Nun habe ich zwei gefragt, wo ich denke, die könnten das, aber sie sind gebunden an staatliche Institutionen. Mein Nachfolger wird ja einmal dieselben Schwierigkeiten haben wie ich, müßte also ein starker Mann sein und Bescheid wissen in solchen Problemen. Die wirtschaftliche Situation ist ja insgesamt schwieriger geworden, alles geschieht mit mehr Druck, das spürt man an tausend Dingen. Für einen Leiter wird es dadurch immer komplizierter. Mein Nachfolger müßte clever sein. Aber zugleich einer, der an die Menschen denkt. Kein Ja-Sager, der das dann im Betrieb nicht verantworten kann. Zugleich müßte er ein bißchen Phantasie haben. Wer keine hat, sage ich, sollte kein Leiter sein. Nur Menschen mit Phantasie bringen die Gesellschaft weiter. Mit denen ohne eigene Gedanken und Vorstellungen: wie könnte es denn sein?, kommen wir nicht weiter.
Ob mir was fehlen wird, wenn ich Rentner bin? Das kann man erst sagen, wenn's soweit ist. Einmal hatte ich einen Schreck gekriegt. Ich war lange krank, und der Arzt hat gesagt, ich soll aufhören zu arbeiten. Das müßte doch ein schönes Leben sein!, dachte ich erst, doch dann war's wie ein klei-

ner Nervenschock. Bloß ... man lebt ja nur einmal, und einiges will ich auch noch für mich ganz persönlich schaffen, ehe ich abkratze. Verreisen. Und dann: ich wollte Grafikerin werden, hatte in Berlin dafür eine Schule besucht, wegen der Bombenangriffe bin ich dann nicht mehr hingefahren, war zu gefährlich. Ich wollte auch nie heiraten, wollte frei leben und arbeiten.

In der ersten Zeit hatte ich noch viel gemalt, dann bin ich nicht mehr dazu gekommen. Ob's mir gelingt, da wieder anzufangen?

Ich habe jetzt Keramiken gemacht, sind ein paar nette Stücke darunter, ich freu mich immer, wenn ich sie angucke. Es fehlt mir bloß ein Ofen, wo ich sie brennen kann. Vielleicht bring ich's noch so weit, daß mir mein Mann einen Ofen hinstellt. Ist schwierig mit dem Material. Ich will ja die Sachen auch ein bißchen bemalen, glasieren usw. Deshalb habe ich eigentlich keine Angst vor dem Rentenalter. Und mein Mann hat einen Weinberg angelegt. Wenn man Wein ausschenkt, hat man auch immer Besucher, mit denen man sich unterhalten kann. Und dann ein bißchen Gartenbau und ein bißchen was anderes ...

Über das Alter mache ich mir keine Illusionen. Obwohl die Kinder sagen, wenn du mal alt und krank bist, bringen wir dich nicht weg, kann ich mir vorstellen, daß das so in ihr persönliches Leben eingreifen würde, daß sie dann anders darüber denken. Und ich würde es nie fertigbringen, mich ihnen aufzudrängen.

Mein Mann ist in solchen Dingen auch sehr stolz, würde auch nie zum Arzt gehen, wenn er was hätte. Er hat einen Bandscheibenschaden und Mühe, sich morgens die Strümpfe anzuziehen. Wenn ich sage: Komm, ich helf dir ... nein, das darf ich nicht. Diese Kraft, wo hat er die her? Meine Tochter ist genauso.

Daß es mit dem Grafikerberuf und meinen Wunschträumen aus der Jugend nichts geworden ist, weh tut es mir nicht gerade. Hab doch auch so einiges gemacht und bestehe vor meinem Gewissen. Und auch in den zwei letzten Jahren in der Genossenschaft will ich noch einiges schaffen. Ob es anerkannt wird? Dank darf man sowieso für nichts erwarten. Das ist eine Sache, die man mit sich selbst ausmachen muß. Ich habe vier Kinder geboren und sie zu selbständigen Menschen erzogen, das ist auch was. Bei dreien wollte ich schon schlappmachen, nun bin ich froh, daß ich auch noch ein Mädchen habe. Obwohl ... vielleicht waren es auch zu viele Kinder. Sie haben für einen als Mutter ja erst mal den Vorrang. Da bleibt für den Mann nicht viel. Und unsere Tochter war sehr kompliziert. Sie mochte nur ihre Mutter. Schon als Baby. Wenn mein Mann sich über sie gebeugt hat, fing sie an zu schreien. Später, wenn wir mal zusammenstanden und uns küßten, hat sie sich dazwischengedrängt. Sie bewachte mich. So ging es bis zu ihrem dreizehnten, vierzehnten Jahr. Jetzt hat sie sich auch ihrem Vater zugewandt. Aber dadurch ist etwas Zärtlichkeit, die man sich als Frau ja wünscht, mit den Jahren verlorengegangen. Ich kann mich auf meinen Mann unbedingt verlassen, er ist ein guter Kamerad, aber er ist auch sehr herb, ich vermisse eben Zärtlichkeit. Ich möchte manchmal einfach nur Frau sein. Ich denke, ich bin zu sehr Mann. Was ich persönlich überhaupt nicht verkrafte, ist, daß mein ältester Sohn nicht mehr in der DDR lebt. Mein Schwiegervater war gestorben, meine Schwiegermutter war sehr allein. Ich dachte, es ist vielleicht leichter, wenn ich ein Kind weniger habe, und habe ihr den Sohn, er kam gerade aus der Lehre, gegeben. Ich hatte nicht mehr viel Einfluß auf ihn, und Schwiegermutter stammte eben noch aus Kaisers Zeiten. Das ist für mich einer der Gründe, warum er weggegangen ist. Er war bei den Grenztruppen, hatte einmal ein Radio mit auf Wache genommen und dafür eine sehr harte Strafe gekriegt. Er wohnte so, daß er dem Offizier ins Fenster gucken konnte und kriegte mit: der sieht nur Westen! Spricht also anders, als er in Wirklichkeit denkt. Wir hatten ihn daraufhin noch einmal besucht und mit ihm geredet, dachten, nun ist's wieder in Ordnung ... aber plötzlich brachten sie uns seine Sachen. Das war für mich wie im Krieg, als wäre er gefallen, und sie bringen mir die Urne. Daß wir uns nicht mehr sehen können! Das ist eine Wunde, die nicht verheilt. Denn die Mutter bleibt man, ob das Kind das gemacht hat oder das. Er sucht jetzt noch ständig Kontakt zu uns, ruft an, es muß also was geblieben sein aus den ersten Jahren?

Jetzt bin ich viel allein. Mein Mann ist ein begeisterter Jäger geworden, früher hatte er nicht die Zeit dazu. Erst war ich darüber traurig, jetzt habe ich mich daran gewöhnt und brauche es richtig. Wenn er mal später losgeht als sonst, werd ich unruhig: Gehst du heute nicht jagen?

Ich brauche das jetzt immer mehr, mal richtig allein sein und mich entspannen. Wenn am Wochenende meine Tochter ihren Freund mitbringt, macht mich das nervös.

Sehr wichtig ist für mich, Freunde zu haben, wo ich mich aussprechen kann. Wenn man alles in sich hineinfrißt, wird man doch mit seinen Konflikten nicht fertig. Wir kümmern uns zu wenig um die Seele des Menschen. Wir kümmern uns um alles mögliche, sogar um sein körperliches Wohlbefinden, aber was der Pfarrer früher gemacht hat, so was fehlt heute. Für die Seele ist keiner mehr zuständig. Wenn man sich in der Familie noch aussprechen kann, ist's ein großes Glück. Aber wer keine hat oder nicht den richtigen Partner dazu?

Ich dachte erst, daß ich mit Dingen, mit denen ich nicht fertig werde, ziemlich alleine bin. Aber durch die schweren Erfahrungen, die mein Mann und ich gemacht haben, haben wir Menschen kennengelernt, denen es in irgendeiner Weise schon genauso ging, in allen Berufszweigen. Und das hat mir etwas Mut gemacht, man kann mit ihnen darüber sprechen. Und man kann dann auch seine wahren Freunde von den falschen unterscheiden. Deshalb halte ich diese Erfahrungen jetzt für gut.

Mein Mann war zuerst, als er plötzlich nicht mehr Aufbaulei-

ter war, völlig aus der Bahn geworfen. Er war immer sehr »positiv eingestellt«, wie man sagt, hat dabei auch oft Dinge durchgesetzt, von denen er persönlich nicht überzeugt war. Ich dachte, man muß sich doch treu bleiben bis zum Schluß! Und plötzlich hatte ich zwar einen zerschlagenen Mann, aber auch allmählich einen menschlicheren. Der ist mir lieber.
Vorbilder? Als Vorsitzender ist das mein Mann, wenn ich auch öfters nicht mit ihm einverstanden war. Mein politisches Vorbild ist Hans R. Das ist ein alter Kommunist, war hier erster Sekretär der Kreisleitung. Der hatte Herzensgüte, konnte zuhören, hatte Mut zur Verantwortung und wollte keinem Menschen etwas Böses. Jetzt ist er leider Rentner, und wir sehen uns selten. Ich dachte, wenn erst die meisten so sind wie er, wird es zu einem idealen Leben kommen. Deshalb bin ich auch in die Partei eingetreten.
Hans R. konnte man auch mal eine verkehrte Frage stellen. Heute kenne ich keinen Funktionär mehr, den ich was fragen könnte, was vielleicht nicht richtig ist, was ich aber nicht verstehe und was mir einer so erklären muß, daß ich sagen kann: Ja. Ich wage keine Fragen mehr zu stellen.
Es müßte Genossen geben, die einem etwas richtig erklären können und da, wo sie zugeben, daß etwas verkehrt ist, versuchen, etwas zu ändern. Darin würde ich für uns eine große Chance sehen.
Die schönste Zeit in meinem Leben waren die ersten Genossenschaftsjahre. Wir Jungen gingen mit soviel Überzeugung ran, daß dann die Alten auch mitgemacht haben. Das zusammen, unser Vorwärtsdrängen und ihre Erfahrungen (obwohl sie politisch oft andere Ansichten hatten, aber in der Arbeit sind sie voll mitgegangen) ergab eine gute Kommunikation. Na ja, es ging vorwärts, wir wurden anerkannt, oft zu sehr, da schämt man sich vor anderen, die sich genauso abstrampeln, aber eben noch nicht soweit sind, wir wurden immer höher herausgestellt, bis dann der Kooperationsverband kam, wo wir unsere Bedenken offen auf den Tisch gelegt hatten. Da

war sofort Schluß mit der Anerkennung. Ich wollte aber auch nicht Vorsitzende eines Repräsentativbetriebes sein und bin nach außen hin absichtlich kurzgetreten. Ich habe meine Sachen im stillen durchgezogen und bin nicht mehr wesentlich angeeckt. Wenn ich wußte, daß ich dort und dort meine Widersacher treffe, bin ich gar nicht erst hingegangen, habe die Zeit abgewartet, und nun ist die Genossenschaft wieder stabil. Das ist auch ein Erfolg gewesen. Oder ein Mißerfolg?

WERNER, 53, AUFBAULEITER Ich bin im ehemaligen Ostpreußen geboren. Mit fünfzehn Jahren habe ich bewußt die Etappe miterlebt, wo die sowjetischen Truppen zum Generalangriff übergegangen sind und uns vom Faschismus befreit haben. Wir hatten am 15. Februar 1945 mit Pferd und Wagen unseren Geburtsort verlassen. Mein Vater war dagegen, weil er davon überzeugt war, daß die Befreiung überall, auch in den anderen Teilen Deutschlands , geschehen wird, aber in der zweiten Frontlinie zu wohnen, ist kein angenehmes Gefühl. Es war tiefer Winter, plötzlich gab es kein Bett mehr, alles, was wir besaßen, war auf dem Pferdewagen. Wir sind dann über das Frische Haff gelaufen, da bekam ich die ersten Toten zu sehen, durch Bombensplitter, und es gab Einbrüche überall, wir mußten oft bis zu den Knien im Wasser laufen. Am achten März erreichten wir einen Ort in Vorpommern, wo wir in einem kleinen Einfamilienhaus Quartier bezogen. Wir hatten uns noch nicht ganz der Nachtruhe zugewendet, als es klopfte und die ersten sowjetischen Soldaten auftauchten. Sie haben deutsche Wehrmachtsangehörige gesucht. So erlebte ich die Befreiung. Aber erst einmal hatte sich uns alles so dargestellt, daß von nun an der Kampf ums nackte Dasein beginnen wird. Wir haben den Entschluß gefaßt, wieder in den Heimatort zurückzukehren. Mein Vater hatte dort eine Stellmacherei, meine Mutter eine kleine Landwirtschaft, mit der wir alle Naturalien für uns produzieren konnten. Wir

machten los. Nach vierzig Kilometern kamen wir an eine große Straßenkreuzung, wo früher Neustadt war, da standen sowjetische Soldaten und haben uns nicht durchfahren lassen, weil die Kriegshandlungen dort noch im Gange waren. Wir haben den Beschluß gefaßt, doch wieder in den Ort in Vorpommern zurückzukehren, haben das getan und dann dort auf einem ehemaligen Rittergut zu arbeiten angefangen.
Bald darauf wurde dieses Gebiet der polnischen Verwaltung übergeben, zwei Jahre später wurden wir evakuiert. Nach vierzehn Tagen Quarantäne in Görlitz bekamen wir, meine Mutter und wir Geschwister, in der Nähe von Dresden eine neue Heimat. Meinen Vater hatte ich im Zusammenhang mit Nachkriegshandlungen verloren. Jetzt war ich schon siebzehn, habe in einem Bauernbetrieb für Essen und zwanzig Mark im Monat gearbeitet und wurde immer nachdenklicher, wie ich mir mein Leben systematisch auf die Zukunft hin aufbauen sollte. 1948 habe ich in einem Gemüsebaubetrieb im Elbtal meine Lehre als Gärtner begonnen, ich habe die Facharbeiterprüfung mit Zwei bestanden. Nach diesem Erfolg haben sich bei mir gravierend Lebensvorstellungen vom persönlichen Vorwärtskommen entwickelt, jeder Abschnitt, der dann folgte, wurde von mir langfristig geplant und systematisch gestaltet.
Der Lehrmeister starb dann, die Witwe war mit vier Kindern allein, und ich habe mich sozusagen als Chef des Betriebes gefühlt. Das habe ich drei Jahre lang gemacht, mein Name wurde zum erstenmal in einem weiteren Umkreis bekannt. Aber dann hat die Betriebsinhaberin wieder geheiratet.
Ich habe mir daraufhin eine neue Stelle in der näheren Umgebung Berlins gesucht und meine Facharbeiterzeit dort fortgesetzt. Aber die Gedanken zu einer höheren beruflichen Laufbahn reiften in mir immer stärker, und ein Freund hat mich angeregt, zu einer Fachschule zu gehen. Ich habe eine Bewerbung für die Fachschule in Werder geschrieben, dann dort die Aufnahmeprüfung bestanden, aber weil es schon so spät war,

wurde ich in die Fachschule nach Ribnitz-Damgarten eingewiesen.
Ich bin also los, hatte mit meinen Freunden bis früh um vier Abschied gefeiert, und nicht nur bei einem Glas Wasser, die Fahrt war eine ganz schöne Strapaze gewesen, der Zug voll mit Urlaubern und ich mit vier Gepäckstücken! Aber ich bin in Ribnitz-Damgarten angekommen, wir wurden am ersten Studientag offiziell vom Direktor begrüßt, nun begann für mich ein langfristig geplanter Lebensabschnitt zur weiteren Qualifizierung. Obwohl, mit achtzig Mark Stipendium im Monat war das nicht leicht, und ich hatte nur eine Acht-Klassen-Schule besucht, die anderen hatten zehn Klassen oder Abitur gemacht, da ist mir das erste Halbjahr sehr schwergefallen. Sechs Studenten sind in dieser Zeit ausgeschieden, auch ich hatte teilweise an mir gezweifelt, aber ich hatte viel Ehrgeiz, und der führte immer dazu, daß es weiterging. Da erlebte ich eine gravierende Begebenheit. Ich hatte ungeheuren Respekt vor Direktoren und solchen Persönlichkeiten. Die sind im Leben hochgestellt, da müssen sie ja Alleswisser sein, ich sah mich als kleine Figur so danebenstehen, und als ich aus dem Weihnachtsurlaub zurückkam, ging ich in die Betriebsgaststätte dieser Schule, da saß der Direktor mit seiner Frau. Ich begrüßte sie mit einem herzlichen guten Abend, da sagte der Direktor: Nun, Kollege P., kommen Sie doch einmal her und setzen Sie sich! Ich setzte mich an den Tisch. Und der Direktor hat gesagt, er habe sich anhand meiner Kaderakte eingehend mit meinem Lebenslauf beschäftigt, ich sollte doch bei meinem Ehrgeiz bleiben, meine Leistungen hätten sich schon gebessert. Ein Direktor, der so einfache Worte des täglichen Lebens zu einem Studenten findet! Das hat mir mächtigen Auftrieb gegeben, bis Ende des ersten Halbjahres hatte ich mich bis in das erste Drittel der Studenten hochgearbeitet. Ich habe auch viele Anerkennungen bekommen, besonders für meinen Ehrgeiz und festen Willen.
Als das erste Studienjahr zu Ende ging, wurden wir zu Ernte-

arbeiten eingesetzt. Ich kam mit einem anderen Studenten zusammen in eine MTS, wir sollten auf Selbstbindern den zweiten Mann stellen, aber ich habe gesagt: Ich habe Fahrerlaubnis und kann selber Traktor fahren! Mein Kumpel könnte den Binder bedienen. Der MTS-Direktor war erst nicht damit einverstanden, aber weil ihm ein Traktorist fehlte, bekamen wir nach zwei Tagen doch einen Traktor und haben für alle Bauern dieser Ortschaft fachgerecht das Getreide gemäht. In der Lokalzeitung »Die Ostsee« wurde von uns beiden ein großes Bild veröffentlicht, auf der Titelseite, darüber hat sich unser Direktor von der Fachschule sehr gefreut, er fand seine Vorstellungen von meiner Person bestätigt. Das führte dazu, daß sich meine Schüchternheit vor hochgestellten Persönlichkeiten ein bißchen abbaute, von nun an habe ich mir selber immer mehr zugetraut. Auch vom MTS-Direktor und der dortigen SED-Kreisleitung bekamen wir eine Anerkennungsprämie. Sie hatten unsere Arbeit auch als sehr gut eingeschätzt. Ein Problem war für mich: wir hatten auf dem Feld sehr gut zu essen gekriegt, aber durch den Dieselgeruch hatte ich nicht den notwendigen Appetit. Ich hätte sehr gern mehr gegessen. Aber die Bauern luden uns am Ende zu einem Erntefest ein, haben dabei ihre Anerkennung für uns noch einmal unterstrichen, und wir kamen zwei Stunden lang nicht von der Theke weg.
Ich habe mich dann für die Hauptrichtung Obstbau entschieden und deshalb das zweite und dritte Studienjahr hier in Werder gemacht. Hier habe ich mich gesellschaftlich gut betätigt, die ganze GST-Arbeit gemacht, die zwei Jahre vergingen recht schnell, in der Gaststätte »Bergemann« in Glindow haben wir das Abschlußfest gefeiert. Nun war ich Ingenieur. Ich bekam eine Funktion bei der Vereinigung der Gegenseitigen Bauernhilfe, mein Gehalt betrug zwar nur 450 Mark im Monat, also 350 ausgezahlt, und das mit sechsundzwanzig Jahren!, aber ich habe gefühlt, daß sich jetzt langsam meine gesicherte Existenz entwickelte.

In Berlin hatte ich eine Freundin gehabt, aber durch den Ernst meiner Jugendjahre gab es in mir dazu sachliche Abwägungen, ich kam zu der Feststellung, daß diese Freundin den gereiften Vorstellungen meines zukünftigen Lebens nicht entsprach. Deshalb habe ich in gemeinsamer Übereinkunft die Sache zu Ende gebracht. Aber so was muß ja auch gefühlsmäßig überstanden werden, und da war es gut, daß ich am Ende des letzten Studienjahres hier eine Köchin kennengelernt habe. Es hat sich so ergeben, daß sie heute noch meine Frau ist. Ich glaube, ich hätte gar keine andere gebrauchen können, sie hat für meine gesellschaftlichen Funktionen sehr viel Verständnis aufgebracht und auf vieles verzichtet. Als die beiden Kinder geboren waren, blieb sie zu Hause, hat sich mit unserem Garten beschäftigt; als die Kinder größer waren, fing sie wieder in der Ingenieurschule an, sie macht dort jetzt die Lohnbuchhaltung.
Inzwischen hatten sich in mir über meinen weiteren Lebensweg viele Idealvorstellungen entwickelt, das mußte nun alles umgesetzt werden. In meiner Tätigkeit hatte ich zum erstenmal mit dem Obstbau hier im Gebiet zu tun, das war auch damals schon ein Schwerpunkt im Bezirk Potsdam. Die Schaffung von sozialistischen Produktionsverhältnissen auf dem Lande stand nun auf der Tagesordnung, wir in der VdGB hatten diesen Prozeß mit aller Kraft zu unterstützen. Ich war maßgeblich beteiligt an der Bildung der ersten GPG »Havelobst« in Caputh und hatte, um bescheiden zu bleiben, auch einen sehr großen Anteil daran, daß 1958 alle Gärtner der Stadt Nauen geschlossen in die GPG eintraten und daß in Damsdorf die GPG gebildet worden ist.
Aber schwerer war es dann, diese vielen kleinen Genossenschaften, die wir ins Leben gerufen hatten, zu festigen. Diese Menschen hatten bisher ja nur einen kleinen Privatbetrieb geleitet, wer hat da einen großen Plan gemacht? Jetzt kamen wir an mit Plandokumenten, Brigadeplänen, Buchhaltung usw. Die alten Bauern waren skeptisch, besonders im ersten Pro-

duktionsjahr – geht das denn auf? Unter den Obstbauern im Gebiet war es besonders schwer. Es gab hier bis dahin rund siebentausend sehr kleine Familienbetriebe, ihr Egoismus, ja keinen über den eigenen Gartenzaun gucken zu lassen, war besonders stark ausgeprägt. Und nun Arbeit in Kollektiven? Außerdem war jeder gleichzeitig Händler, die Grenze war zu dieser Zeit ja noch offen, viele haben ihren Spargel oder ihre Kirschen nach Westberlin verkauft.
Wir haben deshalb hier erst einmal siebenunddreißig sehr kleine Genossenschaften entstehen lassen.
Nun im Zusammenhang mit der Festigung der sozialistischen Produktionsverhältnisse auf dem Lande nahm auch meine berufliche Entwicklung einen anderen Kurs. Einige Abteilungen der VdGB veränderten sich, auch meine, und die Bürgermeisterin von Geltow bot mir an, in der GPG »Aufstieg« Vorsitzender zu werden. Ich hatte mich schon dafür entschieden, als ich einen Anruf bekam und zum damaligen Sekretär für Landwirtschaft in der Bezirksleitung mußte, ich hatte inzwischen auch den Weg zur Partei gefunden. Das Kadergespräch dauerte fünf Minuten. Er hat mich gefragt, ob ich der Genosse L. bin. Ich habe das bestätigt. – Du hast doch bisher in der VdGB gearbeitet und im Bezirk viele Erfahrungen gesammelt? Ich habe das auch bestätigt und meine persönlichen Vorstellungen dahingehend entwickelt, daß ich Vorsitzender der GPG »Aufstieg« werden wollte. Ich erhielt zur Antwort, daß ich mir das aus dem Kopf schlagen könnte, die Partei habe festgelegt, daß die Abteilung Landwirtschaft beim Rat des Bezirkes verstärkt wird. Das war am achtundzwanzigsten Mai. Er sagte, ich hätte noch zwei Tage Zeit, meinen Schreibtisch aufzuräumen, und möchte dann beim Rat des Bezirkes anfangen. Neben ihm saß der Abteilungsleiter Landwirtschaft des Bezirkes. Mit der Bemerkung: Gibt es noch Fragen?, ich habe gesagt: Nein!, hat er mich in Empfang genommen. So war ich ab ersten Juni im Rat des Bezirkes. Ich brauchte keine lange Zeit zur Einarbeitung, habe mich um die

Festigung der jungen Genossenschaften gekümmert und ein Programm entwickelt zum raschen Aufbau von Gewächshauswirtschaften. Damit wurden wichtige Produktionsgrundlagen geschaffen zur Steigerung der Treibgemüseproduktion. Sie konnte in kurzer Zeit im Bezirk verdreifacht werden.

So hat sich alles Schritt für Schritt entwickelt, in den ersten sechziger Jahren war in Glindow für den Obstbau die MTS neu aufgebaut worden, der Stützpunkt der Arbeiterklasse auf dem Lande, die Genossenschaften lernten, besser Kollektive zu leiten und die Produktion zu organisieren. Es ging ja nicht nur darum, neue Produktionsverhältnisse zu haben, sondern die Produktion mußte mehr und billiger werden. Das war immer unser Kernanliegen.

1964, 65 begannen wir mit der Kooperation. Es war auch die Geburtsstunde des Kooperationsverbandes »Havelobst«, noch als niedere Form, als Kooperationsgemeinschaft. Mein persönlicher Weg ist dann so weitergegangen: 1965, 66 war ich auf der Bezirksparteischule, habe dann in der Produktionsleitung für Obst und Gemüse des Bezirkes gearbeitet, am ersten Januar 1969 wurde ich stellvertretender Hauptdirektor und Fachdirektor für Obst und Gemüse in der Bezirkswirtschaftsvereinigung. Das habe ich zwei Jahre lang gemacht, dann wurde mir angetragen, die Produktionsleitung des Havelländischen Obstanbaugebietes hier in Werder zu übernehmen. Das sind markante Punkte in meinem Leben, ich war es ja gewohnt, die Agrarpolitik als mein Hauptaufgabengebiet zu sehen, ich habe deshalb am ersten November 1970 sehr gern hier in Werder begonnen. Es ging nun hier um die Weiterentwicklung der Konzentration und Spezialisierung, das war mir aus Konsultation mit Genossen aus zentraler Ebene bekannt. Wir haben viele kleine Genossenschaften zusammengeführt, und 1970, nach dem achten Parteitag, haben wir mit der Ausarbeitung des Programms für die Entwicklung des heutigen Havelländischen Obstbaugebietes begonnen. Die Versorgung mit Grundnahrungsmitteln aus der Landwirtschaft, Getreide, Kartoffeln, Butter, Eier, Fleisch, war nun gesichert, und die Gesellschaft konnte jetzt auch für die Obstproduktion größere Investitionen einsetzen. Bis 1972 haben wir hier in der Produktionsleitung die Entwicklungskonzeption für das HOG bis 1990 ausgearbeitet, im Juni '72 diese Konzeption beschlossen, das heißt, daß wir dieses Gebiet auf rund zehntausend Hektar Obstfläche hin entwickeln werden. Der Volksmund nannte das »das grüne Ungeheuer«. Das erste Investitionsobjekt war die Stahl-Plast-Gewächshausanlage in Werder, dann kamen die ersten vierhundert Hektar Neupflanzungen, ab 1975 haben wir jedes Jahr tausend bis zweitausend Hektar gepflanzt. Viele fortgeschrittene Obstbauern dieses Gebietes waren davon erst einmal begeistert, viele haben aber auch gesagt, das ist Phantasie. Niemand glaubte daran, daß die Gesellschaft so viel landwirtschaftliche Nutzfläche zur Verfügung stellt, um Obst anzubauen. Aber wir haben demonstriert, daß das nur Gerede ist. Von unseren staatlichen Organen wurde alles hier immer wieder analysiert und gefragt: wie machen wir nun weiter? Das nimmt solche Diskussionen an ... Dabei ist der Gedanke vom Zentralen Jugendobjekt geboren worden. Es wußte noch keiner genauer, wie wir das anfassen, aber am ersten März 1975 haben wir das Havelländische Obstbaugebiet als Zentrales Jugendobjekt übergeben. Ich war zu dieser Zeit noch Produktionsleiter, Aufbauleiter war Karl M. Der ist dann zur Parteischule geschickt worden, und ab dem ersten September 1976 war ich Aufbauleiter. Da habe ich jetzt fünf Jahre hinter mir.

Zunächst ging es darum, aus den fünfundvierzig Betrieben, die hier noch bestanden, einige große, spezialisierte Betriebe zu machen, wie heute unsere ZBE Satzkorn-Fahrland mit rund tausend Beschäftigten, davon zweihundert Lehrlingen. Dann haben wir planmäßig alle diese Abschnitte verwirklicht: Aufbau der Beregnungsanlagen, Obstneupflanzungen,

Aufbau der Lagerwirtschaft, der Jugendhöhe usw. Also, das ist nicht nur eine einseitige Produktionsentwicklung, sondern eine gesellschaftlich komplexe Sache. Das Hauptanliegen des Zentralen Jugendobjektes war, hier auch die Arbeitskräfte zu vervielfachen, so haben wir die Facharbeiterausbildung gewaltig erweitert.
Damals hatten wir sechshundert Jugendliche hier, jetzt haben wir über zweitausend. Aber wenn wir diesen Jugendlichen nun nicht auch Betriebstreue anerziehen, ihnen nicht bewußt machen, daß sie hierin ihr Lebenswerk sehen müssen, gehen diese Zielstellungen nicht auf. Dazu gehört viel politisch-ideologische Erziehungsarbeit. Es ist auch ein Problem, inwieweit wir eine so hohe Konzentration von Jugendlichen in der Ausbildung schon beherrschen, in Damsdorf haben sie ja nicht mal die Hälfte Lehrlinge von denen in der ZBE Satzkorn-Fahrland, und dort klappt es besser. Jetzt gehen Überlegungen, die Lehrlinge in der Zeit der praktischen Ausbildung direkt im Betrieb unterzubringen, aber da müssen wieder Internate gebaut werden, da gehört sehr viel dazu.
Aber man kann das Zentrale Jugendobjekt beurteilen, wie man will, ohne die Jugend hätte sich hier nicht so viel verändert.
Der Aufbau der HOG ist gar nicht hoch genug einzuschätzen.
Damit haben wir für diese und die nächste Generation hier eine gesicherte Perspektive geschaffen. Und auf solchen Produktionseinheiten von Äpfeln und Gemüse lassen sich völlig neue Maschinensysteme verwirklichen. Vor allem ist hier der Nachweis erbracht worden, zu welchen Investitionen und Aufbaumöglichkeiten eine entwickelte sozialistische Gesellschaft in der Lage ist.
Wenn ich früh zur Arbeit fahre und auf meinem Weg die Jugendhöhe und die vielen neuen Eigenheime sehe, ist das nicht Grund zu berechtigtem Stolz?
Natürlich ist nicht jeder Tag Sonnenschein. Nehmen wir mal

an, er beginnt mit Leiterberatung oder Verbandsratstagung mit Vertretern aller dreiundzwanzig Betriebe des Kooperationsverbandes, und die alle müssen Sie auf einen einheitlichen Standpunkt kriegen! Müssen erreichen, daß sie sich nicht nur verantwortlich für ihren Betrieb, sondern für's Ganze fühlen! Das ist nicht leicht, und immer wieder muß ich sie zur Übereinstimmung zwingen.
Oder die Jugendhöhe. Da werden von uns dreißig Millionen Mark investiert, und wenn ich sehe, daß die Bautermine nicht eingehalten werden, kann ich fuchsteufelswild werden. Wir wollen ja die Jugendhöhe bis zum zehnten Parteitag übergeben!
Aber man muß als Leiter davon überzeugt sein, daß man trotzdem alles beherrscht, das Gefühl muß man sich planmäßig erarbeiten, sonst wird eine solche Aufgabe wie meine schließlich undurchführbar. Ich habe diesen Optimismus.
Ein anderes Problem ist die Leitung des eigenen Kollektives. Jeder hat ja einen anderen Charakter, und es ist schwer, dafür zu sorgen, daß aus dem Ganzen was Konstruktives herauskommt. Schon solche Dinge, daß jeder die Arbeitszeit auslastet, oder, daß keiner mit Geld rumschludert. Ich gehe mit dem Geld, mit dem ich dienstlich zu tun habe, genauso korrekt um wie zu Hause, überlege mir bei allem, was wir kaufen, ob wir es uns leisten können oder nicht. Und ich habe ja hier schon für Millionen unterschrieben. Am meisten stören mich Arbeitskollegen, die leichtfertig zu allem ja sagen und es dann nicht so durchsetzen, wie wir es vereinbart haben. Aber ich erkenne immer schnell, was ich so unter mir habe, da spielen Lebenserfahrungen eine Rolle. Man muß immer den Mut haben, zu sagen: Jawohl, den stelle ich ein! Und wenn es mit ihm nicht geht: Also, hör mal, Kollege Sowieso, das ist wohl nicht die richtige Funktion für dich! Man muß nur die Qualitäten in jedem erkennen, einer in einer Funktion, wo ich nur Probleme mit ihm habe, kann in einer anderen hervorragende Leistungen bringen. Also muß ich ihn an diese Stelle setzen.

Aber vieles würde mir als Leiter leichter fallen, wenn ich nicht alles so tierisch ernst nehmen würde. Was andere humoristisch sagen, sage ich sehr streng. Das hängt zusammen mit dem Ernst meiner Jugendjahre, daran kann ich nun nichts mehr ändern.
Ich bin ein bißchen hobbyarm. Seit drei Jahren gehe ich auf die Jagd, habe die Prüfung gemacht und bin heute Mitglied der Jagdgesellschaft hier in Werder. Ich fahre auch sehr gerne Auto, das war schon immer mein Stolz. Ich lese sehr viel Zeitung, da löse ich die Kreuzworträtsel, mit Atlas, Duden und was es alles gibt. Für Bücherlesen kann ich mich nicht begeistern, das ist vielleicht eine schwache Seite von mir.
Vorm Rentenalter, wenn ich also einmal nicht mehr pünktlich jeden Tag auf Arbeit gehen muß, habe ich keine Angst. Ich würde erstens unser Einfamilienhäuschen auf das Ideale gestalten, habe ja auch handwerkliche Fähigkeiten, könnte anfallende Reparaturen selber machen und auch drechseln. Ich würde mich intensiv mit der Jagd beschäftigen und mich auch gesellschaftlich noch ein bißchen engagieren, im Wohnbezirk oder so.
Die beste Zeit in meinem Leben war, als wir damals, so, wie es von zentraler Seite orientiert wurde, das Programm für das HOG ausgearbeitet haben. Da ist mir nichts zuviel geworden, ich hatte Arbeitszeiten von früh sieben bis abends zehn. Und trotzdem habe ich nebenbei in zwei Jahren mein Diplom gemacht. Das Thema meiner Diplomarbeit hing mit meiner Arbeit zusammen. In diesem Streckenabschnitt, als das Diplom an der Reihe war, ist mir einmal alles zugeflogen.
Worüber ich am meisten zufrieden bin, daß ich immer alles erreicht habe, was ich mir in abgesteckten Etappen jeweils vorgenommen habe, ob im beruflichen Vorwärtskommen oder im persönlichen, materiellen Bereich. Ich hatte zum Beispiel immer eine feste Vorstellung davon, wie ich mal zu einem Auto kommen will. Das hatte ich finanziell und in allem planmäßig programmiert, und mit einem halben Jahr Verspä-

tung ist es aufgegangen. Auch mit meinem Gehalt bin ich jetzt zufrieden, obwohl ich keine Vergleiche anstellen möchte. Was ich mir wünsche, ist, gesund zu bleiben und über die notwendigen geistigen Kräfte zu verfügen, daß ich noch ein paar Jahre hier in der ersten Leitungsebene bleiben kann. Wir haben ja jetzt erst den Aufbau gemacht, das ist noch nicht das Komplizierteste. Wir brauchen sicherlich noch fünf, sechs Jahre, bis wir alles ganz präzis von der Leitung, Organisation und Abrechnung her im Griff haben. Wenn ich das noch mitgestalten könnte, hätte sich mein Lebenswerk erfüllt.

SUSI, 20, GÄRTNER Wir hatten zu Hause einen Garten. Es hat mich gereizt, so was als Beruf zu machen. Ich wollte Gärtner für Zierpflanzen werden, das hat nicht geklappt, da bin ich in den Obstbau hier in der ZBE Satzkorn-Fahrland.
Wenn du anfängst, kriegst du gesagt, hier ist alles maschinell. Aber als wir angefangen haben als Lehrlinge, mußten wir nur hacken, Erdbeeren und Unkraut, das ganze Jahr.
Aus unserer Lehrlingsklasse sind von zwanzig nur fünf im Betrieb geblieben.
Manchmal wußtest du früh gar nicht, wo's hingeht, da warste mal in Uetz, mal in Satzkorn, hast mal hier Bäume geschnitten, mal dort, und abends stehst du da und weißt nicht, wie du wegkommst, weil der Transport nicht klappt. Und nirgends Toiletten, nichts zum Umziehen.
Von den anderen Betrieben hier in Havelobst hat uns keiner was erzählt, und von unserem? Da haben sie uns einmal bei Uetz auf den Anlagen rumgefahren.
Weil damals das große Internat in Werder noch nicht fertig war, bin ich jeden Morgen erst von Potsdam nach Werder, von da aus ging's zur Arbeit. Halb fünf mußt du da aufstehen. Abends bist du um sechs zu Hause. Jetzt geht's. Ich bin im Bereich Bornim, da brauch ich erst halb sechs aufzustehen. Mit dem Transport klappt's immer noch nicht richtig. Nach der Arbeit laufen wir ins Dorf, da bist du auch erst zu Hause, wenn's dunkel ist.

Früh sitzen wir eine Stunde rum, kannst ja erst arbeiten, wenn's hell ist. Wir haben gesagt, wir kommen um acht, fangen dafür im Sommer noch früher an ... Ich weiß nicht, warum sie da nicht auf uns hören.

Wir ziehen uns im Wagen um, es ist dunkel, überall hängt was. Wir haben Schränke, aber die reichen nicht für sechsundzwanzig Mann.

Neun aus unserer Brigade haben voriges Jahr ausgelernt, der Rest in diesem. Da sitzen die Alten an dem Tisch, die Neuen an dem, du mußt aufpassen, daß sie sich nicht gegenseitig ... Ältere Frauen haben wir nicht. In der Nachbarbrigade sind welche, die schaffen die Norm besser, weil sie eingearbeitet sind. Die Älteren denken nur ans Geld, erzählen, was sie alles haben, Häuschen, Auto ... das brauchen sie uns doch nicht zu erzählen. Deshalb finde ich's bei uns besser. Aber die Neuen haben keine Lust zu arbeiten. Wir haben ganz schön zu schuften, daß wir an die Normen rankommen, aber die, wieviel machen die? Dreißig, vierzig Bäume am Tag. Sonst stehen sie rum und erzählen. Wir kriegen zwanzig Pfennig pro Baum und noch was dazu, wenn ich am Tag neunzig Bäume schaffe, habe ich achtzehn Mark. Die haben also nur sechs. Für so wenig wollen sie nicht arbeiten. Unsere Brigadierin ist sechsundzwanzig. Wir verstehen uns ganz gut mit ihr. Man kann sich mit ihr unterhalten, und sie hilft jedem mal. Das finde ich besser, als wenn sie bloß dastehn würde wie der andere Brigadier in unserem Bereich: Mach mal, mach mal! Wenn er nicht dasteht, fährt er rum und erledigt seine Privatsachen. Wir sagen's ihm, aber der Bereichsleiter tut nichts dagegen. Lena arbeitet mit und sagt auch, was man besser machen kann.

Trotzdem verstehen wir uns noch nicht richtig in unserer Brigade. Ich kann vor allem nicht leiden, daß so viel hinterm Rücken geredet wird. Es muß sich bei uns erst alles irgendwie einfuchsen, das braucht Zeit.

Wir schneiden jetzt große Bäume, die sind dick und verwach-

sen, eine Krückerei. Die Scheren, da kannste doch keine Äppelbäume mit schneiden. Die dicken Äste kriegste nicht ab. Und die Schnittgeräte, wenn wir die haben, halten nicht. Nach zehn Minuten sind die Scheren kaputt, Ersatzteile haben sie nicht genug.
Essen kriegen wir auf dem Acker. Wir machen um zwölf Mittag und warten, daß es kommt. Manchmal kommt es erst Viertel zwei, oft haben wir auch nichts gekriegt, und es ist in solchen Kübeln, wenn du das austeilst, bis der letzte was hat, ist es kalt. Besser wäre, wir würden mittags in den Stützpunkt fahren, auch zum Waschen. Auf dem Acker haben wir dafür Milchkannen mit Wasser, das ist nicht das Wahre. Und dann noch in dem Wagen, der so schon voll ist.
Wenn wir rumsitzen, morgens oder mittags, aufs Essen warten, was machen wir? Wir sitzen eben rum. Viele reden über das, was abends im Fernsehen war, die meisten sehen Westen.
Das Schlimmste für mich ist, daß wir keine Toilette haben. Dabei stehen zwei im Stützpunkt. Die denken nicht daran, sie rauszubringen. Wir haben schon oft was gesagt, aber mehr, als was sagen, kannst du nicht.
Ein paar von uns wohnen in Werder im Ledigenheim, sie sind zu zweit in einem Zimmer und schimpfen. Ist doch klar, daß man eins allein haben will.
Viele wollen wieder weg, aber wir müssen hier drei Jahre machen, laut Verpflichtung. Gabi zum Beispiel will Verkäuferin werden.
Wir haben in unserem Bereich nur Johannisbeeren und Appelbäume. Wenn du den ganzen Winter über Bäume schneidest, bist du froh, wenn du's hinter dir hast. Was kommt dann? Äppelpflücken. Das ist auch anstrengend und immer dasselbe.
Für die Johannisbeeren haben wir jetzt einen MMM-Auftrag gekriegt, wir sollen untersuchen, wie man die am besten maschinell erntet. Voriges Jahr haben wir mit der Hand ge-

pflückt. Da pflückst du und pflückst, und dann ist erst der Boden bedeckt. Beim Äppelpflücken verdienst du mehr. Ich gehe im Sommer auch am Wochenende arbeiten. Du brauchst das Geld und kriegst dann auch mehr Jahresprämie. Dieses Jahr wird die nicht groß sein, wir haben den Plan höchstens zur Hälfte erfüllt. Durch den Frost ist viel kaputtgegangen. Im Jahr davor haben sie, als Frost kam, alte Reifen verbrannt, der Qualm schützt die Blüten, da gab's dann viele Äpfel. Warum machen sie das nicht immer?
Zur letzten Ernte war ich Arbeitsgruppenleiter, das war ganz schön. Du hast 'ne Truppe und kannst dich mit ihnen unterhalten. Die waren aus Berlin, Studenten, und haben viel gefragt, warum det und det mit den Äpfeln so ist. Aber du kannst ihnen zehnmal erklären, wie sie's machen sollen, die sehn nur ihr Geld, nicht die Qualität. Die haben ihre Beutel auch nicht an den Ast gehangen, sie haben sie auf die Erde gestellt, da kriegen die Äpfel Druckstellen. Gerade der Gelbe Köstliche ist dafür sehr empfindlich.
Ich wohne bei meinen Eltern in Potsdam. Die Stadt hat sich ja schön rausgemacht. Wir haben fünfeinhalb Zimmer, jeder eins, wir sind fünf Geschwister, ich bin froh darüber, alleine könnte ich mir's nicht vorstellen. Mein Vati macht viel mit, die Stuben sauber, wir helfen auch alle, da geht das schnell. Meine Eltern vertragen sich gut. Streit gab es noch nie, die sprechen sich über alles aus, auch, wenn wir dabei sind. Du kannst dich mit ihnen richtig unterhalten.
Meine Mutter ist Verkäuferin, mein Vater bei der Polizei angestellt. Meine jüngere Schwester wird auch Verkäuferin, die ältere ist es schon, in Potsdam im Konsument. Der jüngere Bruder ist zur Armee, der ältere bei der Staatssicherheit. Bei denen gibt's auch det und det, was ihnen nicht gefällt. Wenn ich noch mal jünger wäre, ich würde wieder Gärtner machen, den ganzen Tag im Kaufhaus, das liegt mir nicht. Aber ich würde in einen Betrieb gehen, wo's besser ist mit Umziehen, Waschräumen und Toiletten. Und das ganze Leben nur Äp-

pelbäume ist auch nichts. Ich habe mal ganz gerne Äpfel gegessen, aber wenn du so viele siehst ... Ich möchte gerne in die Gemüseproduktion, das ist mal was anderes.
Einen Freund habe ich nicht. Mit achtzehn hatte ich einen, meine erste Liebe. Das ging ein Jahr ungefähr. Was haben wir gemacht? Tanzengehen, Spazierengehen, so schön, wie ich's mir vorgestellt hatte, war's nicht. Darum war es, als es aus war, nicht schlimm für mich. Wir konnten uns auch nicht richtig unterhalten, mit offener Meinung und so.
Das ist auch in unserer Brigade schwer. Ein paar sagen, was sie denken, die meisten nicht. Die meckern nur. Woran es liegen und wie man es verändern könnte, fragen sie sich nicht. Seit einem Vierteljahr bin ich FDJ-Sekretär. Die Wahl war auf dem Acker, in zehn Minuten. Sie haben jeden gefragt: Willst du's nicht machen? Oder du? Bis ich dann gesagt habe: Na gut. Einer muß es ja machen. Wir sind Jugendbrigade, und im vorigen Jahr hatten wir keine FDJ-Versammlung, keine Veranstaltung, gar nischt. Ich muß mich erst reinfinden, wie ich's am besten mache. Jetzt haben wir einen Kulturplan, wir wollen einen Dia-Vortrag anhören, mal nach Fahrland in die Mühle und ins Hans-Otto-Theater ... auch Kegeln, in Töplitz, das macht Spaß, da kommen alle mit.
Wenn du im Wagen Versammlungen machst oder was ankündigst, hört bloß die Hälfte hin, deshalb mache ich's lieber auf dem Acker.
Nach Feierabend wollen sie auch gleich weg, sonst kommst du von da draußen nicht nach Hause. In unserer Brigade sind alle in der FDJ, die meisten, weil sie's mußten. Sie sagen: FDJ, ist doch bloß ein Trott. Es ist schon ein Problem, Beitrag zu kassieren, darum nehmen wir ihn jetzt gleich fürs ganze Jahr. Ich finde, die FDJ müßte sich mehr mit den Jugendlichen zusammensetzen, ihre Probleme beraten.
Gerd gibt bei uns FDJ-Studienjahr. Ich habe ihm gesagt, das wird schwer bei uns. Keiner sagt was, keiner bereitet

sich vor. Das Buch kaufen sie auch nicht. Was solln wir mit dem Märchenbuch?, das ist so die Einstellung.
Und jetzt wundert er sich: Warum kauft keiner die Bücher? Ich sag: Die liegen oben auf dem Schrank, du mußt schon froh sein, wenn sie sie sich jedesmal runternehmen!
Das letztemal haben wir darüber diskutiert, warum es vieles nicht zu kaufen gibt, keine anständigen Schuhe, keine Handtücher und so was alles. Ganz einfach, damit er mal 'n Einblick kriegt. Da ging's. Über so was diskutieren sie, bei was Politischem hapert's.
Gerd redet auch über vieles drüberweg. Sagt, das wird sich schon irgendwie ändern. Wie, dazu sagt er nichts.
Mein Vater ist da anders.
In die Partei will ich noch nicht. Da warnse mal bei mir zur Appelernte, Gerd und noch einer, wollten mich unbedingt überzeugen. Ich habe gesagt: Ich habe noch keinen Einblick. Als FDJ-Sekretär fange ich erst an, vielleicht krieg ich da einen. Sie haben gesagt: Wir kommen noch mal wieder, überleg dir's! Ich finde, ob ich eintrete oder nicht, ist doch egal, ich kann auch so sagen, was ich denke, und viele treten bloß ein, weil sie Vorteile davon haben.
Meine Eltern sind beide in der Partei, aber die sind nicht nur Mitglied, die machen viel, daß sich bei uns was ändert.
An unserem Staat finde ich gut, daß du 'ne feste Arbeitsstelle hast, und du kannst det machen oder det. Aber Wohnungen müßte es mehr geben. Und die Arbeiter bei uns ... das ist doch Arbeiter- und Bauernstaat, aber wir kriegen bloß immer gesagt, was wir machen müssen. Im Betrieb fängt's an. Es wäre besser, wenn du was mit zu sagen hättest. Nichts sagen können, das ist doch ... aber unser Betrieb ist auch zu groß und unübersichtlich, da bist du bloß so'n Massenwesen, es kommt auf dich nicht an.
Unser Betriebsleiter kennt nicht mal alle. Der war einmal bei uns auf dem Acker, hat guten Tag gesagt, geguckt, ob alles halbwegs klappt und ist wieder abgehaun.

Ich finde, es geht bei uns zu sehr nur um die Produktion. Das siehst du auch an kulturellen Sachen. Was ist einmal im Jahr Appelball oder Abschlußfeier? Für so viele Arbeiter ist das doch nischt. Voriges Jahr waren wir zwei Tage in Rostock, auch im Jahr davor. Es ist immer das gleiche: Schiffebesichtigung, dann Stadtrundfahrt ... Trotzdem fahren alle ganz gerne mit.
Verreisen? Nee, ich bin lieber zu Hause. Einmal war ich in Bennigenstein, wo das liegt, weiß ich nicht. Und voriges Jahr in Alexisbad, im Harz. Aber da war auch nischt los, ein ganz kleiner Ort.
Schön war es, als wir in Piestany waren. Die ersten vierzehn Tage haben wir Aprikosen geerntet, eine Sauarbeit, wir mußten den Matsch von der Erde aufsammeln. Wir hatten keine Lust mehr, da haben sie uns als Strafe in den Kohl geschickt. Das fanden wir ganz gut. Die letzte Woche sind wir in die Hohe Tatra gefahren.
In meiner Freizeit stricke ich ganz gern. Abends sitze ich meistens vor dem Fernseher. Ab und zu lese ich ein Buch. Das letzte ist schon lange her, ein Krimi, glaube ich. Die anderen bei uns lesen auch viel, aber bloß Schmöker. Und mit Perlen, sowas mache ich gern. Überhaupt Handarbeiten. Ich würde gern in einen Zirkel gehn, aber es gibt hier keinen.
Ich gehe auch gerne tanzen, in Potsdam oder nach Golm. Meistens gehe ich mit meiner großen Schwester. Die ist verheiratet, hat ein Kind und eine Wohnung in Potsdam. Der Mann ist zur Armee.
Da ist sie auch alleine und kommt gern mit.
Wenn ich weggehe, sage ich, wohin, da kann ich wiederkommen, wann ich will. Meine Eltern haben Vertrauen. Auch Prügel und so was kenne ich nicht.
Bei uns ist eine, die durfte von ihren Eltern aus überhaupt nischt. Dann kam sie ins Internat, da hat sie angefangen zu trinken, jeden Tag in die Kneipe. Sie ist erst neunzehn und sieht total runtergekommen aus. Die wird nicht fertig und

muß irgendwas in sich niedertrinken. Ich will oft mit ihr reden, aber sagen läßt sie sich nichts. Sie hatte dieses Jahr einen Unfall mit ihrer Freundin, sie haben getrunken, dann einfach einem die Autoschlüssel aus der Tasche genommen, und sind mit dem Auto los. Ihre Freundin ist tot, selber hatte sie nur eine Gehirnerschütterung und Schnittwunden. 'ne Zeitlang war sie dann sehr ruhig, jetzt unterhält sie sich wieder mit uns. Aber mit dem Trinken geht es weiter. Überhaupt wird ganz schön viel bei uns getrunken. Die wissen nischt mit sich anzufangen, was sie machen könnten und so.
Tod ... das finde ich blöd. Du lebst so viele Jahre, auf einmal bist du weg. Keiner kümmert sich mehr um dich.
Was ich mir wünsche? Vielleicht eine Couchgarnitur für mein Zimmer. Später will ich heiraten und zwei Kinder. Mein Mann müßte vor allem eine offene Meinung zu allem haben, Arbeit und so. Aber wie's jetzt ist, isses auch gut. Du kannst machen, was du willst, dahin und dorthin gehen, keiner sagt dir was.
Manche bei uns finden: Ach, heiraten ... Eine lebt bloß so mit ihrem Freund zusammen, sie haben eine Wohnung, sind auch schön eingerichtet und verstehen sich gut. Die will nicht heiraten, keine Kinder ... Jeder sieht das anders, kannste ja heutzutage.
Im Sommer fahren wir oft nach Werder in unseren Garten. Da ist auch gleich der Plessower See. Ich schwimme gern. Ein Fahrrad haben wir dort und ein Moped.

KLAUS, 53, IMKER Mein Vater war Friseurmeister, meine Mutter Friseuse, die Nachkriegszeit ergab, daß ich auch Friseur wurde. 1948 wurde ich krank an Lungentuberkulose; nach zehn Jahren sagten die Ärzte, ich müsse den Beruf wechseln. Da bot mir ein Stellmachermeister hier seinen Bienenstand mit vierundzwanzig Völkern zum Kauf an, weil ihm die Arbeit zuviel wurde. Er versprach, im Frühjahr noch beim Auswintern der Bienen zu helfen. Eine Woche später war er im Westen.

Ich hatte keine Ahnung von Bienen, und die eingesessenen Imker hatten mit jedem, der neu anfing, Angst um ihre Honigerträge. Wenn sie mir ausnahmsweise mal was sagten, war es oft noch falsch. Also, Bücher ran, Tag und Nacht lesen! Dann probierte ich, es ging. In der Forschungsstelle für Bienenwirtschaft in Hohen Neuendorf habe ich an einem Lehrgang über Bienenkrankheiten teilgenommen, danach in Thüringen meinen Facharbeiter gemacht. Ich fing an zu züchten, dadurch bin ich allmählich zu besserem Bienenmaterial gekommen, meine Erträge stiegen. Ich habe mir zwei Tenderwagen und ein großes Bienenhaus gekauft. Ich baute es in einem schönen Waldgebiet zwischen Damsdorf, Trechwitz und Schenkenberg auf, ringsum Feldmark und Wege mit wilden Sauerkirschen, in den drei Dörfern wurde Raps, Luzerne und Serradella angebaut, und da standen Linden, im Wald Robinien und Besenginster, ich hatte alles, was ich für die Bienen brauchte.

1970 hatte ich schon 150 Bienenvölker. Wenn ich abends mit PKW und Hänger nach Hause kam, hat mir meine Frau beim Wabenabdeckeln geholfen, wir haben gegessen, und ich habe bis nachts um eins, zwei Honig geschleudert, am nächsten Tag ging's früh wieder raus. Dann kam für mich der Zusammenbruch. Die ganze Feldmark sollte Apfel-Intensivanlage werden. Die Sauerkirschen wurden mit Treckern herausgerissen, die Wege umgepflügt, alles wurde melioriert und mit Äpfeln bepflanzt. Ich mußte den Standort aufgeben. Von Apfelblüten können sich die Bienen zwar kurze Zeit ernähren, aber man bekommt keinen schleuderbaren Honig. Trotzdem werden für die Bestäubung der Apfelblüten viele Bienenvölker gebraucht, mehr, als die Freizeitimker stellen können. Es wurde beschlossen, für das Havelländische Obstanbaugebiet einen Bienenwirtschaftsbetrieb aufzubauen.

Ich war im Bezirk Sachverständiger für Bienenseuchen, und sie fragten: Willst du nicht mitmachen? Der Vorschlag reizte mich, aber ich fragte: Wo? Man dachte an Schenkenberg, wo mein Betriebssitz war, aber ich hatte erlebt, wie die Bienen unter den Pflanzenschutzmitteln litten, ich sagte: Einen Bienenbetrieb mitten im Gift? Da brauchen wir gar nicht erst anzufangen!

Eines Tages wurde dann in Brandenburg am Beetzsee ein Gelände gefunden. Ich war einverstanden.

Dann ging ich auf die Suche nach Imkern. Am ersten September 1975 bei der Betriebsgründung waren wir fünf, ein Leiter, seine Frau als Buchhalterin, eine Finanzbuchhalterin, ein Technikleiter und ich. Bis Dezember sollten wir fünfhundert Bienenvölker haben und studierten Annoncen von Freizeitimkern, die verkaufen wollten, wir brauchten ja nicht bloß Bienen, sondern auch Wanderwagen ... 1976 sind wir mit fünfhundert Völkern und einer Armada von Wagen zum erstenmal ins Obst gewandert und hatten zwischen Brandenburg und Satzkorn unsre Pannen und einen Unfall. Dann haben wir von der Transportfirma »Deutrans« fünfundzwanzig ausrangierte Fünf-Tonnen-Hänger gekauft, Handwerker eingestellt, wir bauten die Hänger in einer improvisierten Werkstatt zu Bienenwagen um. Die waren aber zu hoch, und als in der DDR die Herstellung von richtigen Bienenwagen begann, haben wir aus ihnen Arbeits- und Wohnwagen für die Imker gebaut. Heute haben wir zweiundachtzig moderne Bienenwagen. Und nach fünf Jahren sind wir, statt fünf, zweiundsiebzig Kollegen, die Lehrlinge einbegriffen.

Am Anfang waren uns als Zielgröße zehntausend Bienenvölker vorgegeben, das bedeutet industriemäßig Bienenhaltung, in einer Größe, die es im europäischen Raum nicht gibt. Höchstens in der Sowjetunion, zum Beispiel im Kaukasus, aber die haben andere Frachtbedingungen, sie sammeln ihre Bienenvölker mit Hubschraubern ein. Es ist keine Wanderimkerei auf Rädern. Mit jeden weiteren fünfhundert Bienenvölkern hatten wir ganz neue Sorgen. Ich weiß nicht, wie viele Konzeptionen wir inzwischen gemacht haben, von zehntausend Bienenvölkern sprach bald keiner mehr, heute denken wir an dreitausend, aber wir wissen noch nicht, wie wir die alle nach der Obsternte ernähren sollen. Mitte Mai wandern wir nach Mecklenburg in den Raps (der gibt den Hauptertrag an Honig), Mitte Juni kommen wir zurück, und dann wird es schwierig. Wir gehen mit den Bienen in den Ölrettich, aber davon gibt es nur kleine Flächen, mal hundert, mal fünfzig Hektar, die reichen nicht für uns, und die besten Trachten in der Umgebung müssen wir Freizeitimkern lassen, die können nicht so weite Wanderungen machen. Wir lassen ihnen auch das ertragreiche Lindengebiet um Potsdam und die Robinienblüte hier um Glindow, Petzow, Kammerode, Ferch bis Caputh, wir müssen nehmen, was übrigbleibt. 1981 sind wir mit dreihundert Völkern bis in die Rhön ausgewichen.

Besonders schwierig wird die Ernährung der Bienen im Frühjahr und Herbst, wenn Nektar und Blütenstaub knapp sind und wegen der kühlen Jahreszeit die Bienen nicht so weit flie-

gen. Den Nektar, die Kohlenhydrate also, können wir durch Zucker ersetzen, aber für die fehlenden Pollen gibt es noch keinen vollwertigen Eiweißersatz. Also muß man sich fragen, in welcher Größe man so einen Betrieb überhaupt aufbauen kann, wenn die Freizeitimkerei gleichermaßen entwickelt werden soll. Wenn nicht die großen Monokulturen wären, könnte man ihr die Blütenbestäubung ganz überlassen. Das sind ja nicht nur die fünf großen Obstanbaugebiete der DDR, sondern auch Mecklenburg. Dorthin sind jetzt fünfundsiebzig Prozent des Rapsanbaus der DDR verlegt worden. Dadurch haben andere Bezirke, zum Beispiel Halle, keinen Raps mehr, die Imker wissen nicht, wohin mit ihren Bienen, und in Mecklenburg gibt es zu wenig. 1976/77 haben dort rund zweihunderttausend Bienenvölker gefehlt, durch geringere Erträge von Raps und Honig ist dadurch ein Schaden von cirka siebenundzwanzig Millionen Mark entstanden.
Ich leite zur Zeit in unserem Betrieb die Arbeitsgruppe Zucht und Vermehrung. Das ist die interessanteste Arbeit für einen Imker. Wir produzieren im Sommer zweitausend Bienenköniginnen. Auch das sind neue Größenordnungen in der Imkerei.
In der Natur bleibt das Vermehren der Bienenköniginnen dem Zufall überlassen. Im Mai, Juni, wenn das Volk seine volle Stärke erreicht hat, zieht es Weiselzellen, in die die Stockmutter, die Königin, Weisel genannt, befruchtete Eier legt. Ob aus ihnen eine Arbeitsbiene oder Weisel wird, hängt nur von der Zusammensetzung des Futters, das die Ammenbienen bereiten, ab. Ein Bienenvolk zieht sich jeweils mehrere junge Königinnen gleichzeitig nach. Bevor die erste schlüpft, geht die alte Königin mit einem Teil der Bienen hinaus, es »fällt ein Schwarm«. Die Bienen kundschaften hohle Bäume, Dachböden oder Jalousienkästen aus und bauen dort ihre Wabe für ein neues Nest. Von den jungen Königinnen, die nun schlüpfen, gehen bei starken Völkern die ersten auch wieder mit einem kleinen Schwarm los. Wenn das Volk dazu

nicht mehr stark genug ist, beißt die Erstgeschlüpfte die anderen Zellen aus, oder die jungen Weiseln bekämpfen sich gegenseitig, bis nur eine übrigbleibt. Sie fliegt am sechsten oder siebenten Lebenstag aus und wird von sechs, sieben oder acht Drohnen nacheinander begattet. Das reicht für ihr ganzes Leben. Sie kommt zurück und legt nach ein paar Tagen in ein neues Brutnest Eier, in der Hochsaison oft bis zu zweitausend am Tag.

Bei der natürlichen Vermehrung hat man aber keine Kontrolle darüber, welche Drohnen bei einer Königin zum Zuge kommen, sie können vom Imker Meier aus Drewitz oder von sonstwem im Umkreis von zehn Kilometern sein, und jede Tierzucht setzt voraus, daß ich die Partner genetisch kenne. Früher war bei uns die Nordbiene heimisch. Für unsere Großflächen und Wanderungen ist diese Biene aber nicht geeignet, wir züchten heute nur noch die Carnica, eine niederösterreichische Biene. Sie ist vom Imker leicht durch Zuchtauslese zu manipulieren. Zum Beispiel konnten wir den Schwarmtrieb weitgehend unterdrücken, bei der Nordbiene ging das nicht, ihre Völker schwärmten sich oft fast zu Tode. Und die Carnica ist winterfest, sie nutzt die Pollentrachten gut, bringt viel Honig und ist auch nicht so stechlustig. Aber trotz Hut, Schleier, Handschuhen und Imkeranzug bekommt ein Imker am Tag mehrere Bienenstiche. Das tut im Moment ein bißchen weh, aber bald zählt man sie nicht mehr. Die zukünftigen Lehrlinge lassen wir schon in den Ferien bei uns arbeiten. Wer sich nicht traut, da ranzugehen, wenn das Bienenvolk auf dem Wabenbock draußen steht, und das summt und kribbelt und wibbelt, braucht gar nicht erst anzufangen. Und manche reagieren allergisch auf Bienengift, sie sind für den Imkerberuf auch nicht geeignet.

Es gibt ein für die ganze DDR verbindliches Bienenzuchtprogramm. Danach wird ein geographischer Raum geschaffen, in dem nur von uns erwünschte Drohnen fliegen. Wir achten darauf, daß in einem Umkreis von vier Kilometern keine Bienenvölker sind, und schon gar nicht von fremden Linien der Carnica. Die gibt es auch noch innerhalb der Rasse, und wir kreuzen sie miteinander, um einen Heterosiseffekt zu erreichen. Das gibt es auch im Gemüsebau, wenn Sie mal besonders große Kohlköpfe oder Kohlrabi sehen. Bei der Biene erwarten wir dadurch Wirtschaftsvölker mit sehr hohen Honigerträgen.

Praktisch geht unsere Arbeit so: Wir stellen Drohnenvölker auf, das sind reinrassige Geschwisterköniginnen, sie bekommen viele Drohnenwaben eingehängt und ziehen Drohnen heran, rundherum stellen wir Schutzkästen auf, in denen sind je zwei Einwabenkästchen mit hundertfünfzig Gramm Bienen und einer jungen Königin. Sie fliegt aus und wird von unseren Drohnen begattet.

Dieses Kleinstvolk baut eine Wabe, in die die Königin ihre Eier legt. Das Ei platzt nach drei Tagen, eine kleine Made schlüpft. Von den Ammenbienen wird sie mit Futtersaft versorgt, sie wächst schnell und häutet sich mehrmals. Hier greifen wir züchterisch ein. Wenn die kleine Made in der Zelle liegenbleibt, wird sie von den Bienen so gefüttert, daß aus ihr nach einundzwanzig Tagen eine Arbeitsbiene wird. Wir heben sie deshalb am zweiten Tag mit einem feinen Federkiel heraus und legen sie in eine größere, aus Bienenwachs oder Kunststoff gefertigte Weiselzelle. Diese Weiselbecher geben wir in ein Volk, dem wir die Königin weggenommen haben. Die Bienen sind dann bereit, sich wieder eine Königin zu ziehen, und füttern die Maden entsprechend. Nach zwölf Stunden hängen wir die angepflegten Maden in ein normales gut entwickeltes Bienenvolk, und zwar nach oben in den Honigraum. Ein Bienenvolk hat ja einen Brut- und einen Honigraum, sie sind durch ein Gitter getrennt, durch das die Biene, aber nicht die Weisel kommt, sie würde sonst auch im Honig alles voll Brut legen. Sie erhält keine Information über die Weiselzellen im Honigraum, und alles geht normal weiter. Das Pflegevolk wird zusätzlich mit Honigwasser gefüttert.

Wenige Tage, bevor die jungen Königinnen schlüpfen, hängen wir jede Zelle in einen kleinen Käfig, in den wir auch einen Krümel Futterteig und ein paar junge Bienen tun. Wenn eine Königin geschlüpft ist, wird sie herausgenommen und in ein Wabenkästchen getan, oder man bildet mit ihr ein neues Volk, von dem aus sie gleich zur Begattung fliegt.
Dieser ganze Vorgang ist kompliziert, es werden leicht Fehler gemacht. Zum Beispiel wird die Made beim Umbetten oft gedreht. Sie hat Atemlöcher auf den Körpersegmenten. Da sie auf der einen Seite liegt, sind die unteren im Futtersaft, die Made atmet mit den oberen, und wenn ich sie versehentlich umdrehe, verkleben auch diese Löcher, die Made geht zugrunde.
Ich habe in meiner Arbeitsgruppe vier Jungfacharbeiter und zwei Lehrlinge. Jeden Morgen setze ich mich mit ihnen kurz zusammen: Kinders, wie schätzt ihr dies ein, wie das? Ich arbeite immer wieder mit, zeige ihnen alles und erkläre, bis sie es selbst können. Dann probieren sie, wenn's schiefgeht, geht's eben schief. Dadurch sind diese Mädchen schnell selbständig geworden. Daß ich mit ihnen bisher keine Schwierigkeiten hatte, liegt sicher daran, daß ich ihnen erst vertraue, bevor ich Verantwortung fordere. Oft ist es umgedreht. Man halst den Jugendlichen Verantwortung auf, aber Vertrauen schenkt man ihnen nicht. Das Ergebnis sieht man dann an ihrer Einstellung zur Arbeit.
Bei meinen drei Kindern habe ich es genauso gemacht. Auch wenn sie mich einmal enttäuscht haben, habe ich ihnen wieder vertraut. Ich bin damit nicht schlecht gefahren.
Meine älteste Tochter ist fünfundzwanzig, die jüngste fünfzehn, der Sohn neunzehn. Wir besprechen zu Hause alles. Ich mag nicht daran denken, daß mal alle aus dem Haus sein werden ...
Das Positive an unserer Gesellschaft besteht für mich besonders darin, daß wir der Jugend große Chancen geben. Von der Jugend werden diese Chancen leider oft nicht genutzt. Ich

glaube, ein Grund ist, daß wir falsch mit ihr umgehen. Diese Auszeichnungen, Prämien, materiellen Anreize! Ich habe nichts dagegen, aber wenn die jungen Leute mitkriegen, daß man ausgezeichnet wird, weil das Geld eben dafür da ist und gerade ein Zeitpunkt ist, wo ausgezeichnet werden muß ... damit erziehen wir sie nicht. Sie gewöhnen sich daran, daß sie keine echte Leistung bringen müssen. Zwang zum Erfolg in der Arbeit, dahinter stehe ich. Sonst gibt es auch keine Berechtigung, unsere sozialen Errungenschaften zu genießen.
Meine Freizeit? Ich war leidenschaftlicher Fotoamateur. Das hat sich in der Lungenheilstätte ergeben. Ich lag im Zimmer mit einem Pressefotografen, wir haben die schönen Frauen dort fotografiert, Naturaufnahmen gemacht und alte Familienfotos, die uns die Krankenschwestern brachten, aufgearbeitet und reproduziert. Zu Hause ging das Fotografieren weiter, heute habe ich dafür leider keine Zeit mehr.
Im Sommer fahre ich früh um sechs aus dem Haus und bin selten abends vor sechs zurück, oft kamen dazu die Nächte, da mußte ich die Abwanderung der Bienenvölker überwachen. Auch im Winter war immer volles Programm, da hatte ich zum Beispiel einen Meisterlehrgang durchzuführen, die Dozenten zu besorgen, Stoff- und Stundenplan auszuarbeiten usw. Ich hatte mit siebenundvierzig noch meinen Agraringenieur gemacht und bin jetzt wissenschaftlicher Mitarbeiter des Direktors, habe auch viel mit der Lehrausbildung zu tun, nebenbei bin ich BGL-Vorsitzender ... Diese Vielseitigkeit ist interessant, aber für mich selbst bleibt keine Zeit mehr. Das ganze Leben ist bei mir nur noch der Beruf.
Früher habe ich viel gelesen, Romane und vor allem Geschichtswerke. Ich glaube, jeder, der das Leben nicht oberflächlich nimmt, Verhaltensweisen der Menschen studiert, möchte doch Ursachen erkennen: Warum kommen die Menschen nicht ohne Hader aus, warum kommt die Welt nicht zur Ruhe? Und da interessiert man sich für Geschichte. Ein Buch, das mich zum Beispiel sehr gepackt hat, war die »Ge-

schichte der Päpste« von Ranke. Wenn man liest, was sich schon allein in der katholischen Kirche abgespielt hat, welche Hochs und Tiefs es da gab, was für edle Menschen und was für Verbrecher als Papst an der Spitze standen ... Aber jetzt komme ich nur noch zu Fachbüchern.
Auch für die Familie bleibt wenig Zeit. Wenn ich abends manchmal total abgebaut nach Hause komme und nicht das freudigste Gesicht mache, heißt es: Vater, was issn los? Man darf es sich nicht so sehr anmerken lassen. Meine Frau leitet hier nebenan das Friseurgeschäft, sie kommt auch erschöpft von der Arbeit und verlangt dafür Verständnis. Ich glaube, es gehört schon eine ganze Menge Charakterbildung dazu, um Beruf und eine langjährige Ehe dem Alter entsprechend immer wieder neu aufzubauen. Wenn ich so ein altes Pärchen von siebzig oder achtzig Jahren sehe, denke ich, wieviel Verständnis füreinander und Lebenskraft müssen die aufgebracht haben, um gemeinsam so alt zu werden!
Als Imker kann man auch im Sommer keinen Urlaub machen. Ein Freund von mir hat bei Oberhof am Hermannsberg eine Bergbaude. Dort sind wir manchmal im Herbst, das sind schöne Tage, ohne Gaststätten und alles, ganz allein mit der Natur ... aber das geht auch immer nur mal eine Woche.
Wenn ich jünger wäre, würde ich in die Großtierzucht gehen, Pferde, Rinder ... das reizt mich vom Genetischen her. Wenn man so lange Bienen gezüchtet hat, versteht man auch großtierzüchterische Probleme besser. Und dort gibt es viele Betriebe, man kann, wenn man Probleme hat, zu einem anderen gehen: Hört mal, wie macht ihr das?
Außerdem hat der Imkerberuf keine Perspektive, in der ganzen Welt nicht. Das liegt an der industriemäßig betriebenen Landwirtschaft. Die Umwelt wird für die Biene feindlich. Früher haben sich Feldkräuter angesiedelt, Hederich oder Kornblumen, die werden von den Bienen gern beflogen. Heute sind sie Unkraut, wir rotten sie aus. Das wirkt sich auch auf den Honig aus. Durch die Monokultur bekommen

wir fast nur noch Honig einer Sorte, zum Beispiel Rapshonig. Der wird schnell weiß und schmalzig, man ißt ihn nicht gern. Der »Deutsche Honig«, er hatte ja einen besonderen Ruf in der Welt, war ein Mischhonig, »Lepperhonig«, wie wir Imker sagen. Früher hatte der Lehrer im Dorf Bienen, der Pfarrer, der Tischler, im Honig war von Unkräutern bis zu Wiesenblumen alles enthalten. Die Zeit ist vorbei.
Auch der moderne Städtebau bringt für uns Imker Probleme, er duldet ja kaum noch Bäume. Gucken Sie Potsdam an! Das ist eine ideale Imkerstadt. Wenn die Linden blühen, stehen in Sanssouci und im Stadtbereich rund tausendfünfhundert Bienenvölker. Sie können heute schon ausrechnen, wann die letzten Linden, sie sind ja achtzig bis hundert Jahre alt, unter die Axt kommen. In Groß Kreutz hier ist es das gleiche. Ich bin im Rat der Gemeinde in der Kommission für Natur- und Umweltschutz. Wir sind sehr streng, wenn jemand einen Baum geschlagen haben möchte. Aber die alten Linden werden leicht innen hohl, und so werden hier in den nächsten Jahren fast alle fallen. Wir pflanzen neue, aber bis die groß sind, dauert es lange. Die Städteplaner müßten sich die Bäume mehr zu Herzen nehmen, nicht nur Platz für Rasenflächen lassen. Eine achtzig- bis hundertjährige Buche liefert zum Beispiel für zwölf Menschen den Sauerstoff. Daran denken die wenigsten, wenn sie Bäume schlagen.
Die Monokulturen heute fordern intensiven Pflanzenschutz. Wir sind noch nicht soweit, daß wir dabei ohne Chemikalien auskommen. In Amerika züchtet man Antiinsekten, die die Pflanzenschädlinge auffressen. Bei uns geht das nicht. Die Insekten würden schon den Winter nicht überstehen. Also brauchen wir das Gift. Aber man hätte darauf achten müssen, als man die großen Apfelanlagen hier gepflanzt hat, daß um die Dörfer eine Schutzzone bleibt, tausend Meter meinetwegen, damit die Gifte nicht in den Ort getragen werden. Es gibt zwar ein Gesetz, das vorschreibt, bis zu welcher Windgeschwindigkeit ein Hubschrauber fliegen und diese Mittel

sprühen darf, aber das muß ja alles in zwei, drei Tagen passieren, wenn der Schädling soweit ist. Also wird oft trotz Wind geflogen, das Gift kommt auf Futterflächen oder auf Seen, dann sterben die Fische, und uns Imkern die Bienen.
Einen riesigen Schaden hatten wir 1980 in einer Apfelanlage der ZBE Satzkorn-Fahrland. Die Imker wollten für die Bienenverluste entschädigt werden. In jedem Kreis gibt es eine Kommission für Bienenschäden, da bin ich auch mit drin, die wurde herbeigerufen. Es gab ein langes Verfahren, weil der Schaden laut Gutachten von keinem in der DDR zugelassenen Pflanzenschutzmittel entstanden sein kann.
Tote Bienen sind der erste Anzeiger für Schadstoffe in der Luft, wie der Hahnenfuß auf einer Wiese anzeigt, daß der Boden übersäuert ist. Wir müßten in diesen Dingen mehr tun, das sollte uns unsere Gesundheit wert sein.
Für den Kooperationsverband Havelobst ist unser Betrieb ein notwendiges Übel. So sehr man unsere Bienen mag, wenn der Apfel blüht, so wenig mag man uns sonst.
Vor Jahren hat Professor B. aus Marquardt gedacht, man könnte die Apfelblüten mit Hubschraubern bestäuben. Wenn der Hubschrauber zwanzig Meter über die blühenden Bäume fliegt, würde der von den Rotoren erzeugte Wind den Blütenstaub durcheinanderwirbeln und von Baum zu Baum tragen. Er hat dazu Versuche gemacht und dann bekannt, daß es nicht geht. Uns Imkern war das vorher klar. Der Blütenstaub soll ja nicht bloß von Baum zu Baum, sondern von Sorte zu Sorte getragen werden. Zwischen vier, fünf Baumreihen Apfelertragssorten steht jeweils eine Reihe der Bestäubersorte. Der Hubschrauber wirbelt den Blütenstaub zwar durcheinander, aber von der einen Reihe auf die vier, fünf anderen überträgt er ihn nicht. Außerdem spielt die Luftfeuchtigkeit eine große Rolle, mit Hubschraubern müßte es sehr trocken sein, die Biene macht es aber auch, wenn's mal regnet.
Mich selbst einschätzen? Ich bin mit mir nicht zufrieden. Möglicherweise hält sich der Zufriedene für vollkommen.

Unzufrieden bin ich vor allem, wenn ich berufliche Mißerfolge habe. Der Beruf ist vielleicht deshalb für mich so wichtig, weil ich durch meine Krankheit jahrelang untätig sein mußte und in der Angst gelebt habe, immer müßten mich andere mit durchschleppen. Dieses Gefühl schlug dann in Arbeitswut um. Aber ich hatte auch all meine Ideen und Gedanken mit in den volkseigenen Betrieb genommen, und ich wurde wieder unzufrieden, als ich merkte, daß in einem Großbetrieb mit vielen Menschen, den Schwächen der Technik und wirtschaftlichen Problemen vieles nicht geht. Wir haben ja zum großen Teil mit Laien angefangen, und auch von Jungfacharbeitern kann ich nicht schon verlangen, was ich mir in vielen Jahren erarbeitet habe. Ich mußte mich also daran gewöhnen, meine Forderungen herunterzuschrauben. Das fängt schon damit an, daß der Arbeitstag nur noch achtdreiviertel Stunden hat, das paßt nicht zur saisonabhängigen Imkerei, also muß ich mit ansehen, wie vieles falsch läuft.
In unserem jungen Betrieb hat schon mehrmals der Leiter gewechselt. Man hat mich gefragt: Könntest du das nicht machen? Ich mußte immer sagen: Nein! Als Leiter muß man manchen Menschen mit Härte begegnen, muß auch fähig sein, mal über einen hinwegzusehen, ohne daß man dann abends darüber grübelt. Man muß abschalten können, wenn man Feierabend hat. Genauso bei Entscheidungen. Es hat lange gedauert, bis ich begriffen habe, daß eine Entscheidung nie hundertprozentig richtig sein kann, jedesmal können welche kommen: Das war aber Mist, was du da gemacht hast! Jede Entscheidung ist zu einem gewissen Prozentsatz falsch. Wenn ich mich damit abfinden könnte, dann könnte ich ein Leiter sein.
Ich habe aber Fortschritte gemacht. Auf Sitzungen, wo ich spüre, hier wird etwas falsch entschieden, aber ich kann es nicht ändern, bleibe ich heute ruhig. Ich habe autogenes Training mitgemacht und weiß, man muß sich innerlich fallenlassen, entspannen, bis man merkt, wie das Blut aus dem Kopf

wegströmt. Das geht schon ganz gut. Ich spiele den Unbeteiligten und spare meine Kraft für einen besseren Moment. Wenn ich noch zehn Jahre in einem großen Betrieb arbeiten könnte und wäre dann noch einmal zwanzig, dreißig Jahre jünger, würde ich mir zutrauen, ihn zu leiten.

RUTH, 75, RENTNERIN Ich bin in Ketzin auf der Havel geboren. Mein Vater war Schiffer, hat von Hamburg nach Berlin Steine transportiert, danach Zucker und Mehl. Als er 1918 aus dem Weltkrieg wiederkam, wurde er Obstzüchter. Er hatte ein Haus in Lehnin geerbt, in der Teichstraße, mit einem Obstgarten, und auch hier in Neubochow hatten wir ein Grundstück. Er hat sich aus Apfelkernen Bäume gezogen und alle selber veredelt, die waren mit Halbstamm, damit wir besser pflücken konnten. Unter den Bäumen wuchsen Blumen, im Frühjahr Tulpen, Narzissen, Edelweiß, dann Gladiolen und Winterastern. Mein Vater hat mich dann angelernt, zum Beispiel im Sträucherschneiden, Stachelbeeren, Johannisbeeren ... so bin ich auch Gärtner geworden.
In Potsdam auf dem Markt hatten wir zwei Stände, an einem verkaufte mein Vater, am anderen ich, wir standen uns vis à vis gegenüber, wenn auf einem Stand das Obst alle war, haben wir vom anderen was rübergeschafft, Körbe voll Erdbeeren und was wir gerade hatten.
In Werder zur Baumblüte habe ich Obstwein verkauft, neben der Friedrichshöhe, ach, das war wunderbar! Da gab es Lieder!

Trink den Wein nicht allein
Unter blühenden Bäumen in Werder,
Sing ein Lied auch dabei

Von der Liebe und vom Lenz im Mai.
Ja, beim Wein, ja, beim Wein,
Wirst du heiter und trinkst weiter,
Und eh du's denkst, träumst du schon längst
Den schönsten Blütentraum ...

Dazu haben wir geschunkelt. Gleich neben dem gemauerten Weg runter zur Eisenbahnstraße war noch einer aus Sand, eine Rutsche, da sind die Betrunkenen die Terrassen runtergerutscht, gleich daneben stand ich mit meinem Wein und den Himbeergetränken. Abends haben wir Netze gehäkelt, damit die Leute darin Flaschen mitnehmen konnten. Und ich sollte immer mittrinken, die wollten mich besoffen machen, aber ich hatte einen Eimer stehen, da habe ich den Wein reingekippt, keiner hat's gemerkt.
Meine Schwester, die älteste, war beim Mittagessenausgeben dabei, da gab es Aal und so was, nachmittags machte sie Kaffeeausschank, die Kuchen und Torten. Es wurde ja viel verzehrt. Die Leute sind mit Bussen und dem Zug gekommen oder mit dem Dampfer, von Berlin runter. Und wie die Obstbäume alle geblüht haben! Da muß ich sagen: Das war eine schöne Jugendzeit!
Obwohl, ich habe sie nicht ausgenutzt. Das ganze Obst mußte ja im Sommer gepflückt werden. Wir hatten auch Kirschen und Bauernpflaumen. Da bin ich selten weggegangen. Aber manchmal doch, nach Lehnin zum Tanz, ich konnte dort bei meiner Freundin übernachten. Ich habe jeden Maskenball mitgemacht, das war ja zu ulkig! Einmal ging ich als Holländerin, dann als Sioux-Indianer, als Haremsdame, als Maharadscha ... ich habe immer die Preise geholt.
Wenn ich heute jung wäre, würde ich studieren oder zum Theater gehn, ich hatte dazu Talent, aber bei der großen Wirtschaft durfte man an so was nicht denken. Na ja, ich habe trotzdem mein Leben gehabt, und jetzt ist eine neue Jugend da, der will ich ihren Kranz nicht wegnehmen.

Einmal hatte ich auf dem Tanz einen kennengelernt, Franz N., auch einen Obst- und Blumenzüchtersohn. Der fing immer an: Ach, du liebst mich gar nicht, ich komme immer umsonst! Ich sagte: Was hast du dir denn vorgestellt? Wie geht der Spruch?

Die Ehre und Treue mir keiner nahm,
Ich bin, wie ich von der Mutter kam!

Er hatte aber wirklich ernste Absichten. Der hat sich umgebracht für mich. Er wohnte in Glindow. Meine Schwester, die auch in Glindow wohnt, hat mir später oft von ihm erzählt. Wer weiß, vielleicht wäre es mir bei Franz gutgegangen ... Aber ich hatte damals auch keine Zeit, an einen Mann zu denken.
Dann kam Ernst, ein Gärtnersohn von der Insel Rügen, er hoffte, bei mir was zu gewinnen. Aber nee, hab ich gesagt, keinen Blumentopf!
Was ist das denn, Liebe?

Hast du erst des Mädchens Huld
Und das Ding, womit sie pullt,
Und des Mädchens freie Triebe,
Das ist Liebe!

Nee, hab ich immer gesagt, das gefällt mir nicht, ich will keinen Mann! Aber wir sind ja alle dazu geboren, daß die Welt abwechselnd alt und jung wird, und ich wollte mir Kinder anschaffen, die konnte mir der liebe Gott ja nicht vom Himmel schicken. Deshalb habe ich zu meinem Mann ja! gesagt. Da war ich vierunddreißig. Wenn ich noch mal jung wäre, würde ich nicht mehr so lange warten. Wenn man erst so spät anfängt ... ach, ich darf gar nicht dran denken.
Mein Mann war auch Gärtner, aus der Gegend um Kolberg, es war 1940, er war in das Flugzeugwerk Brandenburg dienstverpflichtet, hat die Blumen gemacht um die Fabrik. Das sah sehr schön aus. Und eine gute Freundin von mir in Damsdorf

hat ihm gesagt: Weißt du, Josef, du kannst mal nach Neubochow fahren, zu den M.'s, und uns süße Kirschen holen. Und weißt du, da ist auch eine Tochter, die noch zu haben ist! Er kam und holte süße Kirschen, er unterhielt sich in der Veranda unten mit meinem Vater, am Abend durften wir zusammen tanzen gehn ... Am sechsten Januar haben wir dann geheiratet. Das war schön. Mein Mann war einmalig! Aber was nützt es, wenn man ihn nicht behalten kann? Er mußte dann nach Potsdam in die Garnison, '42 ist er in den Krieg gekommen, '45 ist er gefallen. Ich habe in dieser Zeit vier Kinder geboren, die ersten beiden, ein Mädel und ein Junge, sind gestorben, die anderen zwei habe ich noch.
Später habe ich einen Gärtner aus Quedlinburg kennengelernt. Er hatte in der »Grünen Gärtnerpost« eine Annonce aufgegeben, ich habe geschrieben und bekam auch Antwort. In Brandenburg haben wir uns dann getroffen, er war dreiundfünfzig, sieben Jahre älter als ich. Er hat mir gesagt, er ist Witwer. Mit dem war ich ein Vierteljahr verheiratet. Länger konnte man ihn nicht behalten. Im Januar war eine furchtbare Kälte, da wollte er Bäume schneiden, auf dem Eis ist ihm die Leiter weggerutscht, er hat sich Rippen gebrochen und mußte nach Lehnin ins Krankenhaus. Da habe ich zu meinen Eltern gesagt: Ich fahre jetzt nach Quedlinburg und erkundige mich, was mit dem los ist: Wenn einer Gärtner ist, muß er wissen, daß er bei minus achtzehn Grad keine Bäume schneidet! Dort sagten mir seine Kinder, daß er sieben Jahre als Sittlichkeitsverbrecher im Gefängnis war, und verheiratet war er auch schon viermal. In Leipzig in der Blindenanstalt hatte er noch einen Sohn, dem hatte er im Jähzorn die Augen ausgeschlagen ... Hätte ich das doch gleich gemerkt! Dann hätte ich ihn nicht geheiratet und weiter die Rente von meinem Mann bekommen! So kriege ich jetzt bloß zweihundertneunzig Mark. Aber wie sollte ich das merken? Er sah aus ... prima! Und war freundlich, man konnte ihn gut leiden. Er wollte auch gleich die Gärtnerei hier haben. Mein Vater hatte Gewächs-

häuser gebaut, die sollten auf seinen Namen überschrieben werden. Als mein Vater das nicht machte, hat er auf eine Annonce einer Frau aus Wriezen an der Oder geschrieben, sich mit ihr getroffen und wollte nun die. Soll man da nicht enttäuscht sein? Ich wollte niemals geschieden sein, nun war ich's doch!

Von da an wollte ich keinen Mann mehr.

Aber jetzt bin ich schon die ganzen Jahre alleine, habe auch kein Kind mehr zu Hause, und so häßliche Untermieter ... das kann man gar nicht erzählen.

1956 und 59 starben meine Eltern, beide in der Osterzeit, 1958 kam die Genossenschaft, da bin ich gleich reingegangen, ich konnte die große Wirtschaft ja nicht allein machen. Ich habe meistens in den Blumen gearbeitet, pikiert und dergleichen, auch Obst gepflückt, zwanzig Jahre. Ich bin mit allen gut ausgekommen, wir haben Freud und Leid geteilt. Und ich bin witzig, habe ihnen immer was vorgemacht, es hat sich dann besser gearbeitet.

Heute haben sie große Maschinen, da brauchen wir nicht mehr zu graben. Aber sie sollen einem auch dankbar sein, daß man die ganzen Jahre so schwer gearbeitet hat, das ist doch auch was. Ich habe viele Urkunden gekriegt und nach zwanzig Jahren im Betrieb tausend Mark Prämie. Sie waren mit mir sehr zufrieden, und mir hat das besser gefallen, als allein in der Wohnung zu sein. Ich bin jemand, der immer mit zufassen muß. Auch jetzt mache ich im Betrieb oft noch Aushilfe, dieses Jahr habe ich ein paar Tausend Bunde Bartnelken gemacht. Ich habe dafür dreihundert Mark und gutes Essen gekriegt. Und jeden zweiten Tag bin ich mit dem Rad nach Nahmitz gefahren, zu meiner Jugendfreundin, und habe ihr beim Johannisbeerpflücken geholfen. Da saßen solche langen, weißen Trauben an den Zweigen, so groß waren die Beeren! Meine Freundin wollte mir Geld geben, aber ich habe gesagt: Luise, ich will nichts verdienen, ich will bloß ein bißchen Beschäftigung, es ist so einsam zu Hause. Die Arbeit hat

mir immer Spaß gemacht. Überall, wo ich war, kann ich wiederkommen, sie freuen sich, wenn sie mich sehen.
Aber die Arbeit war schwer, von morgens bis abends auf Leistung! So wollten meine Kinder nicht leben.
Erna hat Gärtner gelernt, jetzt hat sie zwei Kinder und arbeitet nicht mehr in dem Beruf. Erst war sie zwölf Jahre im Kindergarten, jetzt kocht sie im Busbetrieb bei Stralsund, wo sie wohnen, das Essen. Erna,die ist einmalig! Und ihr Mann ist tüchtig, er ist Schweizer, hat in der LPG dort die Kühe gemolken. Wie schön die sich das Leben machen, der Wartburg und der Garten, das müßten Sie sehen!
Die Susanne hatte Talent zum Frisieren und wollte Friseuse werden. Aber weil sie eine Brille hat, hat der Arzt das nicht zugelassen, und sie ist Geflügelzüchterin geworden, hat im Monat siebenhundert Mark auf die Hand.
Jetzt kann sie leider nicht mehr arbeiten. Sie hat keinen Appetit und keinen Schlaf mehr. Wenn sie mit dem Moped zur Arbeit fährt, müssen sie sie hinlegen, sie kann nichts machen.
Ihr Schwiegervater kann nämlich hexen! Er hat meine Tochter befühlt, von oben bis unten, und gefragt: Tut dir das weh? Sie hat gesagt: Wieso? Mir tut nichts weh, und ich lasse mich nicht dauernd von dir anfassen! Aber da hatte er sie schon behext. Der hat das siebente Buch Moses, das ist die älteste Bibel, noch älter als die, die Martin Luther gemacht hat, und da steht drin, wie man hext. Der Schwiegervater ist vierundsiebzig, und immer wenn er fühlt, daß sein Tod kommt, sucht er sich jemanden, dem er die Kräfte nimmt. Er hatte sogar seine Frau behext. Die hat sich danach aufgehängt. Sie war schon grün und blau, da kam meine Tochter dazu und hat sie abgeschnitten. Davon hat meine Tochter einen großen Schreck gekriegt, und seitdem ist sie krank. Und die Schwiegermutter haßt meine Tochter seitdem, bestimmt, weil sie sich schämt. Als sich Susanne bei meinem Schwiegersohn darüber beklagt hat, hat er sie geschlagen und danach in die

Nervenklinik gebracht, damit er sich eine andere nehmen kann. Er hat Susanne auch die ganze Aussteuer weggenommen und sie zu der anderen Frau, die er heiraten will, hingeschleppt. Ist das nicht ein gemeiner Kerl?
Der Stationsarzt von Haus zwölf, wo meine Tochter lag, hat zu mir gesagt: Was ist bloß mit Ihrer Tochter! Da hilft keine Tablette, die findet einfach keinen Schlaf! Wir können ihr nicht helfen. Ich habe ihm gesagt, daß der Alte sie behext hat. Die Gemeindeschwester von Groß Kreuz hat mir das auch gesagt ...
Ich habe bitterlich geweint, so was muß meine Tochter erleben! Vor drei Jahren hat sie ihr zweites Kind gekriegt, Mariechen, ein Weihnachtskind, nicht mal im Wochenbett konnte sie schlafen. Und nun wollen sie ihr beide Kinder nehmen und sie rausschmeißen.
Als sie im Krankenhaus lag, habe ich meinem Schwiegersohn sechs Hühner geschenkt, damit er meiner Tochter Eier bringt. Mit Zucker gequirltes Eigelb kräftigt ja, aber sie hat nicht ein Ei gesehen. Auch kein Konfekt oder ein paar Blumen, nichts!
Auch mir hat der Alte was angetan. Da kommt er, früh halb sechs, in meine Wohnung, sagt nicht guten Morgen, überhaupt nichts, geht ganz langsam um den Tisch mit ausgestreckten Armen ... der war wie weg. Ich mußte lachen, weil ich nicht wußte, was der wollte, aber dann hat Susanne zu mir gesagt: Mutti, der hat dich behext! Und tatsächlich, am nächsten Tag sind mir alle Haare vom Kopf gefallen. Heute habe ich mir zwei neue Perücken von der Post geholt. Die habe ich mir in Potsdam in einem Laden machen lassen. Sie haben mir heute den Kopf mitgeschickt, er hat fünfunddreißig Mark gekostet, aber sehen Sie, der paßt nicht für meine Perücken, den muß ich am Montag zurückbringen!
Ich wünsche mir so sehr, wieder Haare auf dem Kopf zu haben. Unter der Perücke schwitzt man, weil die Luft nicht durchkommt. Ich bin todunglücklich, mit so etwas gehen zu müssen. Ich hatte lange, dicke Zöpfe, bis zum Hintern ...

Und ich wünsche, daß es meiner Tochter wieder gutgeht und daß sie bei der Scheidung die Kinder bekommt! Ich habe dem Honecker und dem Stoph geschrieben und ihnen meinen ganzen Kummer erzählt, die haben zurückgeschrieben, ich sollte mich doch in Potsdam an die Fürsorge wenden. Das habe ich gemacht, aber wie sollen die Susanne helfen? Das ist ja keine natürliche Krankheit, sie hat einfach keine Gefühle mehr. So kann ein Mensch nicht weiterleben! Ich habe gejammert: Susannchen, das muß doch besser werden! Bete zu Gott! Hier habe ich einen Spruch, der soll helfen:

Komm, du lieber Sonnenschein,
Zu mir und meinem Töchterlein!
Auf daß wir finden unsre Ruh
Und die guten Eigenschaften dazu.
Hat es uns angetan ein Knecht,
So strafe ihn gerecht!
Hat es uns angetan eine Magd,
So sei es geklagt!
Hat es uns angetan ein böses Weib,
So fahre es in ihren eignen Leib!
Im Namen des Vaters, des Sohnes und des Heiligen Geistes.

Das habe ich gebetet, Tag und Nacht, aber es hat auch nichts geholfen.
Trotzdem glaube ich weiter an Gott. Er kann ja nichts für unser Pech. Es gibt so viele Menschen, und allen die Wünsche erfüllen, liegt nicht in seiner Hand. Schade. Trotzdem habe ich immer Hoffnung, daß es mit meiner Tochter besser wird. Sie hat doch nicht verdient, ihr Leben so zu beschließen. Und wer nicht mehr hofft und glaubt, kann auf nichts bauen. Man soll auch immer heiter und guter Laune sein, das ist das Wichtigste.
Ich glaube auch an die Auferstehung, Jesus Christus ist ja

auch auferstanden. Aber ob wir im Himmel so auferstehen, daß ich meinen Mann wiedersehe? Er ist ja schon seit fünfundvierzig verschollen. Trotzdem, es muß doch zu was gut gewesen sein, daß mir mein Glück so schnell genommen wurde, der Mann und die ersten beiden Kinder.
Und viele haben ja Pech im Leben. Als zum Beispiel damals die Titanic untergegangen ist! 1912, da war ich sechs Jahre. So viele Menschen sind untergegangen, das muß furchtbar gewesen sein! Haben Sie jetzt in der Zeitung gelesen, daß die die Titanic heben wollen? Ich sage: Heben können sie sie nicht, das ganze Eisengerüst und so tief! Aber sie wollen wohl nur die Schätze rausholen, die Diamanten und alles. Kann ja sein, daß die Taucher das rauskriegen!
Aber daß ich jetzt so allein bin, ist nicht schön. Früher kamen öfter meine Enkelkinder, die von Susanne, die gleich in der Nähe wohnen. Aber jetzt hat sie mein Schwiegersohn aufgehetzt. Zu meinem letzten Geburtstag haben sie meiner Tochter gesagt: Wir kommen nicht mehr zu Oma, wir dürfen nicht! Ich habe hier gesessen und geweint.
Was soll ich abends immer machen? Manchmal habe ich was zum Nähen, manchmal lese ich, damit ich gut schlafen kann. Das Leben ist ja mit Licht- und Schattenseiten eingerichtet, wenn man zu sehr an die Schattenseiten denkt, kann man nicht schlafen. Am liebsten habe ich immer Bücher von Hedwig Courths-Mahler oder solche kleinen Hefte, wo immer hundert zusammengehören. Da war zum Beispiel die Müllerstochter und der Prinz ohne Land ... und auch solche Gedichte zum Beispiel:

An einem Fluß, der rauschend schoß,
Ein armes Mädchen saß.
Aus ihren blauen Äuglein floß
Manch Strömlein in das Gras.
Sie weint aus Blumen einen Strauß
Und warf ihn in den Strom,

Ach, guter Vater, rief sie aus,
Ach, lieber Bruder, komm!
Ein reicher Herr gegangen kam
Und sah des Mädchens Schmerz,
Sah ihre Tränen, ihren Gram
Und dies brach ihm das Herz.
Was weinst liebes Mädchen hier,
Was weinest du so früh?
Sag deiner Tränen Ursach mir,
Kann ich, so heb ich sie!
Ach, guter Herr, sprach sie
Und sah mit trübem Aug sie an,
Du siehst ein armes Mädchen hier,
Dem Gott nur helfen kann.
Denn sieh, dort jene Rasenbank
Ist meiner Mutter Grab.
Und ach, vor wen'gen Tagen sank
Mein Vater jäh hinab,
Der wilde Strom riß ihn dahin,
Mein Bruder sah's und sprang ihm nach,
Da faßt der Strom auch ihn
Und ach, und er ertrank,
Daß ich im Waisenhaus nun bin.
Und wenn ich Rasttag hab,
Schlüpf ich zu diesem Flusse hin
Und weine mich recht satt.
Sollst nicht mehr weinen, liebes Kind,
Ich will dein Vater sein,
Du hast ein Herz, das es verdient,
Du bist so fromm und fein.
Er tat's und nahm sie in sein Haus,
Der gute reiche Mann,
Zog ihr die Trauerkleider aus
Und zog ihr schönre an.
Sie aß an seinem Tisch,

Trank sich an seinem Becher satt.
Du guter Reicher, sei bedankt
für deine edle Tat!

Jetzt lese ich gerade ... hier, die Königin Luise! Ich habe das Buch schon dreimal gelesen. Sie war siebzehn, als sie den Kronprinzen, Friedrich Wilhelm III., geheiratet hat. Dann hat sie sechs Kinder geboren, und mit vierunddreißig starb sie. Ich muß immer an die Königin Luise denken. An ihrem dreizehnten Geburtstag hat sie an ihre Mutti gedacht und war traurig, daß sie nicht bei ihr sein konnte.
Oder kennen Sie von Willibald Alexis »Die Hosen des Herrn von Bredow«? Da ist auch was von Hexerei drin, mit der Frau von Bredow ihrer Wäsche, nicht? Aber daß es Hexerei in der heutigen Zeit gibt, wollte mir lange nicht in den Kopf.
Ich habe auch ein Buch, wie das Kloster Lehnin entstanden ist, wie zum Beispiel Markgraf Otto unter der Eiche geschlafen hat. Beim Festumzug zur Achthundert-Jahr-Feier jetzt haben sie das alles gezeigt. Der war doch schön, nicht wahr? Wir hatten bei Thien Mittag gegessen, am Nachmittag bei Bekannten Kaffee getrunken, Abendbrot in der Beelitzer Straße bei der Freilichtbühne. Da waren auch der Lutz Jahoda und der Papagei. Dann waren wir noch mal im Kloster in der Kirche und haben uns dort alles durchgelesen, was da steht. Der Markgraf Otto, der war ja einmalig!
Am liebsten möchte ich nach Lehnin zurückziehen. Da habe ich meine Kindheit verlebt. Meine Großeltern wohnten nur fünf Häuser von uns, die hatten ein Geschäft. Das möchte ich gerne noch einmal erleben. Unser Lehrer hatte recht, als er sagte: Ihr werdet euch zurücksehnen nach der Kinderzeit!
Wir hatten zu Hause auch immer schönes Geld. Wenn man die Sparbücher sieht, die aufgeteilt wurden, als meine Eltern gestorben waren! Aber was sollte man mit dem Geld machen? Ich wäre gern verreist, aber dazu hatten wir keine Zeit. In den letzten Jahren bin ich ein bißchen herumgekommen, war

viermal in der Sächsischen Schweiz, im Harz und in Thüringen. Ich habe immer viel mitgebracht, Püppis, Trachtenpuppen, und sie den Enkeln geschenkt.
Ich war auch in Dortmund an der Ruhr, dort hat es mir gut gefallen, aber ich will da wohnen, wo ich geboren bin und wo meine Kinder sind. Und ich hab's ja hier im Osten schön. Unsere Regierung ist ja einmalig! Die sorgt, daß alles immer besser wird. Und die Städte baun sie so schön auf. Wenn Sie in Potsdam vom Platz der Nationen runter zum Brandenburger Tor kommen, ist das nicht herrlich? Aber an den hinteren Straßen muß noch viel gemacht werden. Die gefallen mir nicht. Aber sie können ja nicht alles auf einmal schaffen. Wir können Gott danken, daß wir unsre Regierung haben.

WALTER, 60, REFERENT FÜR OBSTSORTEN Ich bin hier in der Mark Brandenburg geboren. Mein Vater war Gutsgärtner, hat auf dem Rittergut im Monat sechzig Mark verdient. Ich konnte nur die Acht-Klassen-Pantoffelschule besuchen. Einmal sollte ich Geigespielen lernen, es scheiterte daran, daß dafür nicht genug Geld da war. Mein Vater hatte ein Stück eigenes Land, als ich vierzehn war, mußten meine Mutter, meine Schwester und ich einen Häufelpflug ziehen, mein Vater hat hinten geschoben ... das kann man sich heute gar nicht mehr vorstellen. Aber ich habe dabei die gärtnerische Arbeit von der Pike auf gelernt. Mein Vater war sehr genau, heute bin ich ihm dankbar, daß er mir diese Genauigkeit eingepflanzt hat. Sie hat sich in meinem Beruf immer ausgezahlt.
Mit siebzehn wurde ich Soldat und kam für sechseinhalb Jahre zur Kriegsmarine, war bis unten in Afrika. Das ist gerade die Zeit im Leben, wo man sonst seine Berufsausbildung hat. Als ich 1947 zurückkam, war ich noch Landarbeiter und mußte alles nachholen. Ich habe hier in Marquardt einen Umschulungslehrgang mitgemacht, 1949 bis 51 war ich erst hier, dann in Werder auf der Fachschule für Gartenbau und habe danach dort selbst Obstbau, Pflanzenschutz und einige andere Fächer gelehrt. Zwanzig Jahre lang, viele der Leiter im Anbaugebiet hier sind »durch meine Hände gegangen«.
Nebenbei habe ich als Externer meinen Ingenieur für Gartenbau, dann mein Diplom als Pädagoge gemacht und mit fünf-

zig promoviert, das war manchmal happig, aber ich bin nicht der Typ, der sich unterkriegen läßt.
1969 ging ich nach Marquardt zurück und arbeite seitdem als Referent an der Zentralstelle für Sortenwesen.
Wir prüfen alle Kulturpflanzen, landwirtschaftliche, gemüsebauliche, Zierpflanzen und Obst, die im Anbau sind oder in den Anbau kommen sollen, ausländische Sorten und eigene Neuzüchtungen.
Es gibt dabei Richtlinien für alles, was den Wert einer Sorte ausmacht, zum Beispiel Blütezeit, Blühintensität, Ertrag und ob eine Sorte alterniert oder jedes Jahr relativ gleichmäßig trägt. Es wird geprüft, wächst ein Baum relativ stark oder schwach, wie ist die Frucht, ihr Geschmack, ihre Lager- und Frostbeständigkeit ... Der Praktiker muß das ja alles wissen.
Wenn eine neue Sorte besser ist als die alten, wird sie von einer Kommission zugelassen, der Minister muß es bestätigen, sie kriegt einen Sortenpaß, in dem ihre Eigenschaften stehen, wird vermehrt und kommt in den Handel.
Wir haben in der DDR rund fünfundvierzig Versuchsstationen, eine der größten ist in Marquardt. Wir prüfen hier zum Beispiel zweihundertfünfzig Sorten Äpfel, das Weltsortiment, zweihundertzwanzig Sorten Süß-, hundert Sauerkirschensorten, fünfzig Sorten Pfirsiche, dazu Aprikosen, Johannisbeeren, Erdbeeren, sogar Sanddorn und Holunder und ganz neue Sorten, die wir eingeführt haben, wie die schwarze Eberesche. Baumobst wird rund zwölf Jahre lang geprüft, es dauert also lange, bis eine ältere Sorte abgelöst werden kann.
Wir haben viel Besuch, aus der DDR und aus dem Ausland, eine ungarische LPG sieht sich zum Beispiel jedes Jahr unser Süßkirschensortiment an, sie sagen: Das ist das größte in Mitteleuropa, wir können hier viel lernen ... aber für viele Betriebe hier im Havelländischen Obstanbaugebiet existieren wir nicht, dazu gehört die ZBE Satzkorn Fahrland, die auch ihren Sitz in Marquardt hat. Mit anderen Kooperationsver-

bänden der DDR, Halle-Saale-Obst, Elbe-Obst oder Nordobst, habe ich mehr Kontakt als mit unserem eigenen. Die anderen kommen mehrmals im Jahr her, H., unser Aufbauleiter, war noch nie hier, wahrscheinlich interessiert er sich nicht für unsere Versuche. Das ist etwas, was mir mißfällt. Nur die LPG Damsdorf und GPG Glindow aus dem Gebiet hier informieren sich bei uns. Die haben verstanden, daß der Produktionsfaktor Nummer eins die Sorte ist. Wenn sie nicht die notwendige Quantität und Qualität bringt, läßt sich das durch keine noch so gute Technologie ersetzen.
Wir führen auch in den Betrieben selbst Versuche durch, in Damsdorf zum Beispiel pflanzen wir in einer Produktionsanlage Perspektivsorten an und prüfen sie. Da können sie gleich an Ort und Stelle sehen, was gut ist. Aber dafür muß ein Betrieb Leiter haben, die sich für Neues interessieren.
Meine Arbeit macht mir Freude, sie ist nicht stupide. Ich muß viel raus aus der DDR, nach Ungarn oder in die CSSR, und sehen, was die dort machen. Ohne Zusammenarbeit mit den anderen Fachleuten im RGW geht es nicht.
Jetzt habe ich von Ungarn Sorten in Prüfung und sie welche von uns, einen Süßkirschenversuch haben wir an verschiedenen Standorten in der DDR und auch in der Nähe von Budejoviće, in der CSSR.
Aber ich möchte auch sehr gern einmal die Obstintensivanlagen in Holland, Belgien oder Frankreich sehen, die haben dort einen hohen Entwicklungsstand, ich könnte Erfahrungen sammeln und sie hier verwenden. Daß ich das nicht darf, bedrückt mich. Ich muß nach Ungarn fahren und mir von den Kollegen dort erzählen lassen, was es in Holland, Belgien oder Frankreich Neues gibt.
In meiner Freizeit fotografiere ich gern oder lese. Ich habe viele Bücher, fast zu viele. Früher las ich vor allem Melville, Zola oder Balzac, jetzt auch Tucholsky oder Kisch. Besonders viel habe ich übrig für Heimatgeschichte, hier um Potsdam oder Mecklenburg. Obwohl ich nicht in der Kirche bin,

schaue ich mir gern alte Kirchen an und bedaure, daß viele verfallen. Da gehen doch unersetzliche Werte kaputt, eines Tages wird uns einmal eine Generation den Vorwurf machen, daß wir uns um solche Dinge zu wenig gekümmert haben.
Ich bin auch gern in meinem Garten, das war vor drei Jahren noch ein wüster Fleck. Ich buddle gern und sehe, wie es wächst.
Überhaupt bin ich sehr naturverbunden, ich muß Bäume um mich haben. In einer Betonwüste wie in Potsdam am Stern könnte ich nicht wohnen, schon die Jugendhöhe in Werder wäre mir zuviel. Es war meiner Meinung nach falsch, dort tausendzweihundert junge Menschen, Lehrlinge und Jungfacharbeiter, zu konzentrieren. Werder ist damit überfordert, und für die jungen Leute ist kein natürliches Hinterland da. Diese Blöcke, das sind doch keine Wohnhäuser, das sind moderne Schnitterkasernen, ein normales Leben kann sich da nicht entwickeln. Auch eine persönliche Bindung an den Betrieb nicht. Die kann nur entstehen, wenn ich wohne, wo ich arbeite, mit den Alteingesessenen zusammen bin und nicht wie ein Stück Vieh morgens mit dem Bus oder LKW zur Arbeit gefahren werde und abends zurück. Die Jugendlichen müßten auf die Dörfer verteilt und in die dörfliche Gemeinschaft einbezogen werden, so, wie man's in Damsdorf macht. Das halte ich für den richtigen Weg.
Ich würde, wenn ich noch einmal jung wäre, nicht Obstbauer werden. Ich höre immer wieder von den jungen Leuten, daß sie die Arbeit in den Supergroßbetrieben nicht befriedigt. Das ist verständlich. Wenn die Arbeit nur noch aus drei Handreichungen besteht: sechs, sieben Monate Baumschnitt, einen Monat Pflanzen, die restliche Zeit Ernten, hat das mit Obstbau wenig zu tun. Der Beruf macht erst Spaß, wenn man eine individuelle Beziehung zu den Bäumen hat, mit ihnen verwachsen ist. Das ist in diesen großen Betrieben in die Brüche gegangen. Wenn einer hier auf der Ingenieurschule drei Jahre lang ausgebildet wird, macht er nachher zum Beispiel Zeit

seines Lebens den Mulchingenieur, mulcht also immer nur Gras, wen befriedigt das?
Gärtner würde ich wieder werden, zum Beispiel, um in einem botanischen Garten zu arbeiten. Aber das können nur wenige. Eine Ausnahme unter den großen Betrieben hier ist die LPG Damsdorf. Dort ist ein Stamm von älteren Genossenschaftsmitgliedern, die sich noch mit dem Betrieb verbunden fühlen. Werner S., der Vorsitzende, hat sie auf seine vier Bereiche aufgeteilt, und diese Leute ziehen die Jüngeren mit. Ich kenne viele dort, die mit den Jugendlichen durch eine Anlage gehen und erklären, warum das so ist und jenes so gemacht werden muß. Hier ist die individuelle Beziehung zur Arbeit noch da. Aber in der ZBE Satzkorn-Fahrland, ich beobachte das jeden Tag, ist es den jungen Leuten völlig egal, ob sie im Winter meinetwegen in die Anlage nach Töplitz gefahren werden und die Reihe 233 schneiden oder nach Fahrland zur Reihe 788. Es müßte so sein, daß an der Reihe, die sie geschnitten haben, ihr Name steht, damit sie nachher verfolgen können, wie sich ihr Schnitt auswirkt auf den Ertrag, auf die Qualität. Jetzt sieht keiner das Ergebnis seiner Arbeit.
In Damsdorf sagen die Mitglieder noch: Das ist mein Betrieb! Dieses ›Mein‹ hören sie in der ZBE nicht. Aber es ist ein Zeichen, daß es auch anders geht.
Gründe dafür sind, daß der Betrieb in Damsdorf organisch gewachsen ist, der größte Teil der Leiter stammt aus dem Territorium, die ZBE dagegen ist ein künstlich zusammengeschustertes Gebilde, die meisten Verantwortlichen sind von außen hineingekommen und wissen gar nicht, was in Bornim oder Töplitz jeden Tag passiert.
Auf die Mitarbeiter wirkt sich dieser Unterschied enorm aus. Es fängt schon damit an, daß die Frauen und Männer in der ZBE während der Ernte und teilweise auch während der Schnittsaison Sonnabend für Sonnabend und teilweise auch Sonntag für Sonntag auf den Acker müssen. Wir haben einmal für den Acht-Stunden-Tag gekämpft, jetzt kämpfen wir

darum, daß wir ein freies Wochenende haben. Da ist doch was nicht normal.
Ich war mit Begeisterung 1958 bis 1961 bei der sozialistischen Umgestaltung dabei. Es war zum Beispiel so: Ich liege gegen dreiundzwanzig Uhr im Bett, da klopft es, eine Schar Obstbauern steht vor der Tür: Mensch, du mußt uns helfen, wir wissen nicht mehr weiter. Entweder gehen wir in den Westen oder gründen eine Genossenschaft ... – Na gut, sage ich, dann los! Wir haben bis früh gesessen und alles durchgesprochen, dann habe ich handschriftlich ein Protokoll aufgesetzt ... so wurde die Genossenschaft »Pomona« aus der Taufe gehoben, bei mir im Wohnzimmer. Das hat Spaß gemacht.
In Neufahrland hatte 1958 Karl H. mit der Genossenschaft angefangen. Er holte mich und sagte: Weißt du was? Ich gebe dir freie Hand! Hier hast du Land, und wir machen alles, wie du es haben willst: Sorten, Anbausystem, Schnitt, Kronengestaltung ... Das habe ich gemacht, mit den Studenten der Ingenieurschule zusammen, die waren dadurch immer mit den neuen Dingen konfrontiert, und im Laufe der Jahre ist die »Werdersche Hecke« entstanden. Dann haben wir in dieser Genossenschaft als erste im Weltmaßstab einen Pflanzenpflug für Obst entwickelt und eingesetzt, das war auch eine Sensation. Die Anbauer im Gebiet sind sich gar nicht mehr bewußt, was hier mal gemacht worden ist. Das Ernteverfahren mit Großkisten, Schleppe, Kran ist in Neufahrland entstanden. Karl H. hat nie gesagt: Stopp! das kann ins Auge gehen ... im Gegenteil. Und er war nach außen offen, er wollte aus dem ganzen Gebiet was machen.
Aber er hatte vor, im Kooperationsverband einen anderen Weg zu gehen. Es sollten auch mehrere Betriebe zusammenwachsen, aber nicht zu solchen supergroßen, die nicht mehr überschaubar sind. Außerdem sollten Obstbäume nur an Standorten gepflanzt werden, wo auch kontinuierliche Erträge garantiert waren ...
Aber der Genosse G. aus Berlin war damals in der moldaui-

schen SSR gewesen, hat sich die Obstanlagen angesehen und gesagt: Wir machen alles genauso groß, wenn nicht größer! Das ist ja leider so beim Deutschen: möglichst größer als die anderen ...Hier durchgesetzt hat dann alles der Genosse S. von der Bezirksleitung. Ich höre ihn heute noch auf der Parteiaktivtagung in Werder im Haus »Frühling« sagen: Solange ich erster Obstbauer im Bezirk Potsdam bin, wird das Programm durchgezogen! »Ich ... erster Obstbauer«! Und wer in diese Großraumkerbe nicht geschlagen hat, mußte gehen. Dann kamen Leute an die leitenden Stellen, die zu allem ja sagten.

Jede Ecke des Gebietes wurde vollgepflanzt, sämtliche Frostlöcher, und es ist nicht mehr möglich, hier auch nur einigermaßen normale, gleichbleibende Erträge zu erreichen.

Als hier noch mehrere Genossenschaften waren, hat meines Wissens keine mit Verlust gearbeitet. Gehen Sie mal rüber in die ZBE und fragen Sie, wie es heute aussieht! Im vorletzten Winter konnten sie ein Viertel der Bäume nicht schneiden, sie schafften es nicht. Das heißt, daß von diesen Bäumen nur Murmelzeug kommt, keine anständigen Äpfel.

Aber man berauscht sich an der Zahl: Zehntausenddreihundert Hektar!

Wir meinten von Anfang an, daß die Hälfte reicht. Dann könnte man das Gebiet rekultivieren, und die Kosten für die Be- und Entwässerung wären nicht so wahnsinnig hoch. Die anderen fünftausend Hektar hätte man meinetwegen im Bezirk Frankfurt/Oder gepflanzt, und es könnte ähnlich sein wie in Dresden. Dort fahren die viertausend Arbeitskräfte mit der Straßenbahn in die Anlagen, die sich an die Stadt anschließen. Und von Berlin aus mit der S-Bahn in Richtung Erkner, Fürstenwalde ...

Wie mit den Äpfeln ist es bei uns mit den Erdbeeren. Im Winter fand in Werder eine Tagung statt, da wurde von einigen Funktionären der Aufbauleitung die große Konzentration des Erdbeeranbaus im Gebiet als positiv hingestellt. Einzelne

wandten ein, daß aber die Erträge niedrig sind. Ich habe gesagt, die einzige Möglichkeit, hier bessere Erträge zu erreichen, wäre eine Dezentralisierung. Ein Betrieb mit hundert oder hundertzwanzig Hektar Erdbeeren, das geht nicht. Eine LPG in Böhmen in der CSSR, ich bin dort jedes Jahr, erntet seit elf Jahren hundertzehn Doppelzentner je Hektar. Bei uns sind sie in diesem Jahr einmal auf achtzig gekommen ... Aber sonst liegen unsere Betriebe bei zwanzig, dreißig Doppelzentnern. Sie sind auf diesen Flächen nicht mehr in der Lage, drei-, vier-, fünfmal zu pflücken. Die Anlagen sind nicht mehr überschaubar. Und dann der Transport der Arbeitskräfte ... unsere Betriebe sind nur noch Transportunternehmen. Aber man berauscht sich an den Zahlen: Während der Wahlen haben viertausend Erdbeerpflücker auf dem Acker ... Diese Zahlenideologie macht das Gebiet kaputt.
Es wäre auch endlich an der Zeit, festzustellen, welche Umweltbeeinflussung die unverantwortlich hohe Menge Chemikalien, die hier ausgebracht wird, bedeutet. Es sind ja nicht nur die Pflanzenschutzmittel, es sind die vielen Dünger, außerdem Mittel, die man neuerdings bei der Tröpfchenbewässerung einsetzt, um die Schläuche sauberzuhalten, oder zur biologischen Prozeßsteuerung ...
Dieses Gebiet hat viele Gewässer, ein großer Teil der Chemikalien fließt direkt, ein anderer indirekt übers Grundwasser in die Seen ab. Ich habe hier den Schlänitzsee vor der Tür. Er ist so dreckig, daß man nicht mehr baden gehen kann. In der Vergangenheit hatten wir jeden Frühsommer ein großes Froschkonzert. Wenn heute mal ein Frosch quakt, ist das eine Seltenheit. Meine Tochter wird dieses Jahr elf, sie hat noch nie in ihrem Leben einen Maikäfer gesehen, die sind einfach weg ... Das sind Zeichen dafür, wie wir nach wenigen Jahren schon das biologische Gleichgewicht durcheinandergebracht haben. Man sieht es auch an den großen Mäuseplagen, die hektarweise die Bäume kaputtgemacht haben, weil es fast keine Greifvögel mehr gibt. Da stellt man nun in die Obstan-

lagen Sitzkrücken, das macht den Kohl aber auch nicht mehr fett. Ich bin gegen dieses schematische Draufhalten von Chemikalien, abgesehen von den hohen Kosten. Lieber nehme ich in Kauf, daß drei bis fünf Prozent der Äpfel madig sind. Aber es müssen eben auf solchen Flächen Pflanzenschutzmittel mit dem Hubschrauber ausgebracht werden, und da läßt es sich nicht vermeiden, daß die Chemikalien durch Abdrift in den See und auf angrenzende Äcker und Gärten kommen. Ich kann aber doch nicht auf der einen Seite die Produktion ankurbeln und auf der anderen mache ich die Umwelt tot. Es würde zu diesem Anbaugebiet, wenn nicht sogar zu jedem Betrieb, eine verantwortliche Person gehören, die sich nur mit solchen Fragen beschäftigt. Das wäre einer der wichtigsten Posten in der Aufbauleitung. Wenn ich das laut sage, wird mir geantwortet, ich hätte für Berlin Äpfel zu produzieren ...

Um aus diesen Schwierigkeiten herauszukommen, müßten wir anknüpfen, wo wir 1973/74 aufgehört haben. Das ist natürlich schwierig, man kann schlecht etwas zurückschrauben. Aber eine begrenzte Dezentralisierung ginge. Ich kann mir vorstellen, daß auf den dreitausend Hektar Fläche der ZBE Satzkorn-Fahrland drei Betriebe besser wirtschaften würden. Sie wären überschaubar, und der Boden, das wichtigste Produktionsmittel, könnte intensiver genutzt werden.

Mein schönstes Erlebnis war bis jetzt, als ich eine Tochter bekam. Ich hatte mir schon immer eine gewünscht. Ich könnte mir das Leben ohne Kind nicht vorstellen. Ich bin das zweitemal verheiratet, die erste Ehe war ohne Kind. Da hatte ich zwar nicht empfunden, daß mir eins fehlte, aber jetzt, nachdem ich zehn Jahre eins habe, kann ich sagen, daß das Leben mit Kind schöner ist. Ich könnte mir auch nicht vorstellen, jetzt ohne meine Tochter in Urlaub zu fahren, das wäre kein Urlaub.

Ich wünsche mir, daß sich meine Tochter einmal nicht uniformieren läßt, nicht innerlich und nicht äußerlich. Es fängt

doch schon damit an: Die Jugend ist gegen jede Uniform, uniformiert sich aber selber, indem sie immer in Jeans, wochentags, sonnabends und sonntags rumläuft. Falls meine Tochter auch einmal Gärtner werden will, dann aber nicht so ein Uniformgärtner.
Ich nehme sie oft mit auf Reisen und zeige ihr unterwegs viel, auch alte Kirchen. Sie soll nicht das Gefühl bekommen, daß sie in der Enge lebt.
Mein schlimmstes Erlebnis? Da gibt es viele, der Krieg zum Beispiel, der Untergang des Schiffes ... in späterer Zeit, vor zwölf oder dreizehn Jahren, war es mein Weggang von der Ingenieurschule. Nach zwanzigjähriger Dienstzeit, in der ich, unter Schwierigkeiten, die Schule mit aufgebaut habe, wurde ich weder verabschiedet noch sonstwas. Einen Tag, bevor ich hierher zur Zentralstelle ging, war Parteiversammlung. Es war Schluß, die Hälfte der Genossen war schon draußen, da sagte die Parteisekretärin: Ach so, ich muß euch noch sagen, ab ersten September nimmt der Genosse K. eine neue Arbeit in Marquardt auf ... Das war alles.
Daß ich in der Partei bin, bereue ich nicht. Ich glaube, man hat mehr Möglichkeit, etwas zu verändern, als wenn man nicht drin wäre. Und ich wünschte, daß noch mehr DDR-Bürger, die ehrlich für den Sozialismus sind und den Mut haben, ihre eigene Meinung zu sagen, in der Partei wären. Stellen Sie sich vor, Sie hätten in Ihrer Parteigruppe bloß Mitlatscher und Ja-Sager, Leute, die auf Karriere versessen sind oder sonst nicht viel taugen ... die bestimmen doch dann den Ton im Betrieb, und was würde da?
Ich setze mich immer mit allen möglichen Leuten und Instanzen auseinander. Kürzlich habe ich mich sehr über die Konfitüre aufgeregt, die es zu kaufen gibt, und ich habe an den Direktor dieses Werkes geschrieben und ihm die TGL-Vorschrift vor Augen gehalten. In einer Konfitüre müssen Fruchtstücke drin sein, was er in den Handel bringt, ist eher eine festgefrorene Brause. So was darf er den Leuten nicht

verkaufen ... Ich bin hier einer der Explosivsten. Dadurch wird manches, was ich sage, im Laufe der Jahre nicht mehr so übelgenommen. Einem anderen würde man sagen: Du liegst schief! Ich kenne das, wenn man etwas kritisiert, liegt man schief, da ist man nicht mehr für den Frieden, und wer nicht für den Frieden ist, ist gegen den Sozialismus, und wer gegen den Sozialismus ist, ist gegen die Partei ...

Was mir an mir nicht gefällt, ist, daß ich auch in Situationen etwas sage, wo es zweckmäßiger wäre , ruhig zu sein. Ich möchte das gern einschränken, aber es ist schwierig. Trotzdem versuche ich immer, mit allen Menschen im Guten auszukommen.

Ich bin auch kontaktfreudig. Mit dem überwiegenden Teil meiner ehemaligen Studenten habe ich heute noch ein herzliches Verhältnis. Im ersten Studienjahr sind sie immer im großen Bogen um mich herumgegangen, im zweiten haben sie mit mir gesprochen, und im dritten Jahr war ich dann für sie der Beste.

Sie haben sich später verschieden entwickelt. Einige gefallen mir nicht. Zum Beispiel H. Er ist ein Funktionärstyp geworden, der zu allem ja sagt und blindwütig gehorcht. Und er läßt sich in Funktionen schieben, die er nicht ausfüllen kann. Man kann es ihm nicht übelnehmen, der ist so gemacht worden, aber es schadet ganz mörderisch. Wenn einer Aufbauleiter oder Chef eines großen Betriebes ist, muß er eine Persönlichkeit sein, die das Gebiet überschaut und entsprechend ausstrahlt. Bei einigen der höchsten Funktionäre hier im Anbaugebiet ist dies nicht der Fall.

Aber die Mehrzahl meiner Studenten hat sich gut entwickelt. Dr. L. zum Beispiel, Stellv. Direktor der Ingenieurschule, der ist sehr kritisch, arbeitet viel an sich selbst und verlangt das auch von anderen. Der macht dem Gebiet keine Schande. Auch Karl M. und Werner S. nicht. Das sind einige der Besten, die jemals bei mir auf der Schule gewesen sind. Das sind Persönlichkeiten. Wenn sie etwas sagen, wird es geachtet, in

ihren Betrieben und außerhalb. Man tut es nicht beiseite. Aber wenn so ein Popanz oder Kasperle als leitender Kader dasitzt, da achtet man nicht, was er sagt, da wird nur gelächelt.
Aber leider versucht man, jeden, der eine Persönlichkeit ist und nicht auf das Schachbrett paßt, das man für dieses Gebiet zusammengezimmert hat, mattzusetzen.
Eine Persönlichkeit ist einer für mich, wenn er durch seine eigene Arbeit ein Vorbild ist. Wenn ich zum Beispiel als Lehrer nicht diese Vorbildwirkung habe, kann ich nie bei den Studenten was erreichen, auch wenn ich vielleicht rumschreie oder was. Aber sie werden, was ich ihnen sage, später nicht in die Tat umsetzen.
In der LPG Damsdorf könnte ich Ihnen außer Werner S. noch X Namen nennen, von Abteilungsleitern und Brigadieren, die Vorbild sind, sie wirken auf die jungen Leute. Das ist auch ein Grund, warum dort vieles besser läuft.
Ich habe im Gebiet oft Führungen zu machen und fahre grundsätzlich mit meinen Gästen, ob In- oder Ausland, nach Damsdorf. Ich gehe mit ihnen durch sämtliche Anlagen, es ist beeindruckend.
Da ruft Werner S. zum Beispiel an: Wir machen jetzt einen Termin aus, dann kommt Kollege L. von der Ingenieurschule und du, wir gehen durch den ganzen Betrieb, und alles, was schlecht ist, wird auf den Tisch gepackt. Ich will euch als neutrale Personen dabei haben! In der ZBE wäre das undenkbar.
Oder der Kooperationsverband Halle-Saale-Obst führt jedes Jahr eine Schulung der leitenden und mittleren Kader des Verbandes in Kühlungsborn durch. Da kommen über hundert Mann zusammen, und jede Arbeitsgruppe muß berichten. Und was glauben Sie, wie da einzelne auseinandergenommen werden, zum Beispiel, wenn in einem Betrieb die Schattenmorellenerträge niedriger sind als anderswo. Da wird analysiert, warum. Und diese Ballenser Kollegen haben ein Quali-

tätssicherungssystem, von dem wir Havelöbstler nur träumen können. Da ist genau festgelegt, wie die Sorten-Unterlagen-Kombinationen zu schneiden sind, es gibt Zeichnungen dazu und eine Kommission, die das überprüft, nach dem Schnitt und nach der Ernte, um die Auswirkungen des Schnittes festzuhalten. So was gehört hierher. Wir brauchten es gar nicht zu erfinden, wir müßten es nur auf unsere Bedingungen abstimmen. Ich bin mir nicht sicher, ob sich das unsere Kollegen aus der Aufbauleitung wenigstens schon einmal angesehen haben.
Dieser Leitungsapparat ist nicht flexibel. Wie gesagt, da kommt der Befehl: Ihr habt zehntausenddreihundert Hektar Obst zu pflanzen, und da werden Gräben zugeschüttet, da wird sonstwas gemacht, der Befehl wird befolgt. Es kann aber nicht im Sinne des Sozialismus sein, wenn wie im vergangenen Jahr links vor Bornim Äpfel gepflanzt werden in eine Ecke, die ein Frostloch ist und einen zu hohen Grundwasserstand hat, wo alles kaputt gehen wird. Brutal gesagt, ist das Sabotage. Aber es wird gemacht. Und die Erträge im Gebiet steigen nicht, wie es normalerweise sein müßte.
Und wenn tatsächlich mal wie im vorigen und diesem Jahr Blütenfrost kommt, könnte sich ein kleiner Betrieb, der nicht so stark spezialisiert ist, leichter umstellen, viel über Ausgleichkulturen machen. Die GPGs »Pomona«, »Frühling« oder in Neufahrland damals waren so vielseitig, daß, wenn mal ein Blütenfrost auftrat, eben mehr Gemüse angebaut wurde. Wo soll heute so ein Großbetrieb mit so viel Äpfeln das Gemüse hinpflanzen?
Angst um die Zukunft der Menschheit habe ich nicht. Man hört ja oft von jungen Menschen, daß sie keine Kinder in die Welt setzen wollen, weil für die das Leben auf keinen Fall mehr lebenswert wäre. Ja, es kann einem himmelangst werden, wenn man den Krieg mitgemacht hat, das Wettrüsten sieht und sich vorstellt, was auf die Menschheit zukommen kann. Aber ich bin der Meinung, daß eines Tages die Men-

schen nicht mehr bereit sein werden, weiterzurüsten und die Sache umkehrbar machen.
Ich bin aber auch der Meinung, da werde ich immer ganz erstaunt angesehen, daß Politiker, wenn sie das Rentenalter erreicht haben, abtreten sollen. Es ist nicht gut, wenn das Durchschnittsalter einer Regierung bei Siebzig und darüber liegt. Einem Siebzig- oder Fünzundsiebzigjährigen kann es doch egal sein, ob die Welt zugrunde geht oder nicht. Der hat sein Leben gelebt. Es müßten in einem regierenden Gremium alle Altersklassen vertreten sein, natürlich kein Lehrling, eine bestimmte Lebensweisheit gehört dazu.
Und es dürfte ein Funktionär auch nur maximal zweimal in solch eine Funktion gewählt werden, danach hat er anderen Platz zu machen. Der soll ja dann nicht irgendwo als Schuster arbeiten, er könnte noch in irgendeiner Form beratend tätig sein, das wäre sogar sinnvoll.
Wir haben bei uns ja ein Beispiel aus jüngster Vergangenheit. Man hat uns eingebleut, welch große Persönlichkeit Walter Ulbricht ist. Und kurz vor seinem Tod hat man plötzlich Betriebe, die seinen Namen trugen, oder das Stadion in Berlin umbenannt. Das macht doch die Menschen stutzig: Da wird einer zwanzig Jahre als Gott verehrt, und dann ist er plötzlich nichts mehr ... Und genauso: Es wird so viel von der Gleichberechtigung der Frau gesprochen. In unseren höchsten staatlichen Gremien aber sitzen nur ein oder zwei, was ist denn das! Rein von der Mentalität würde doch einiges besser laufen, wenn mehr Frauen mitregieren würden ...

SVENJA, 35, PÄDAGOGIN Ich bin Erzieherin im Lehrlingswohnheim. Mein Beruf ist so interessant, daß ich keine Romane oder Krimis lesen muß. Diese Verwicklungen jeden Tag, Eifersuchtsgeschichten und alles! Einmal hatte ich Lehrlinge in meiner Gruppe, die haben sich auf Schuttplätzen Fahrzeugteile zusammengesucht und jeden Tag daran rumgebastelt. Ich habe gesagt: Na gut, aber wehe, es ist was Geklautes dabei! Es gibt ja Fälle, wo Lehrlinge Autos knacken, innen die Drähte kurzschließen und fahren, solange das Benzin reicht. Na, meine Lehrlinge haben gebastelt, bis sie schließlich ein Auto zusammen hatten. Sie sind damit zur Schule gefahren, weiter kamen sie nicht, weil irgend etwas abgeflogen ist. Aber sie haben dann doch Sachen gemacht, wo die Kripo kommen mußte, zum Beispiel Kirschen geklaut und sie auf der Autobahn an Westwagen verkauft. Einer von denen hat mich neulich besucht, mit Freundin und Tochter. Er ist inzwischen zwanzig, ich habe ihn fast nicht wiedererkannt – die Haare bis zur Brust, das ganze Gesicht voll Bart. Heiraten wollen sie nicht, sie wohnen bei seiner Mutter. Er sagte: Aber wo ich nun Familie habe, kann ich doch nicht mehr Motorrad fahren, ich brauche einen Wagen! Ein Bekannter aus einer KFZ-Werkstatt hat mir für dreitausend Mark einen Wartburg besorgt. Als wir losfahren wollten, ging ein Rad ab. Trotzdem kann man was draus basteln ... Ich fragte: Hat Ihre Mutter mit Ihren beiden Brüdern immer noch solche Schwierigkeiten? Ja, sagte er. Und seine Freundin, sie war höchstens siebzehn, sagte: Aber solche Monster wie du sind das nicht! Er lachte und prahlte weiter, aber er war weniger auf Frau und Tochter stolz als darauf, daß er sie mit einem Auto herumfahren kann. Das war Elmar, der mit den Kirschen auf der Autobahn. Er hatte so viele Heimverweise, mehr kann man gar nicht haben. Einmal hatte er sogar Läuse. Er sagte: Fräulein B., gucken Sie, meine Beine ... ich muß zum Arzt! Ich sagte: Mensch, siehst du denn nichts! Er hatte starken Haarwuchs, und die Beine wimmelten von Läusen.

Gärtner war für ihn kein Beruf. Er hatte Spaß an der Technik und an den Industriemethoden hier, in der kleinen GPG bei ihm hinter Fürstenberg war ihm alles zu klein und altmodisch. Deshalb ist er zum Bau gegangen, fährt dort Dumper, fühlt sich wohl und bringt ab und zu was beiseite, um für Frau und Tochter eine Datsche zu bauen. Er steht immer mit einem Fuß im Knast, ist aber geschickt genug, um draußenzubleiben. Seine Mutter war geschieden, hatte drei Söhne und kam mit ihnen nicht zurecht. Ein Vater sagt zwei strenge Sätze, und ein Kind gehorcht, eine Mutter redet lang und breit, fleht, und es hilft nichts ...

Ich stamme aus Ziesar im Kreis Brandenburg, ich hatte dort, was man eine goldene Kindheit nennt. Ich war frei, mußte nicht in den Kindergarten, als ich es dann sollte, war ich plötzlich krank. Als meine Eltern auf den Grund kamen, haben sie gesagt: Du mußt ja nicht! Und ich war wieder gesund. Wir hatten einen Garten, einen Hund, hinten war der Park, da konnte ich rumräubern. Jedes Jahr fuhr ich für drei Wochen zu meiner Großmutter nach Holstein auf's Land, dort gab es Tiere, Pferde ... Wir haben sie von der Koppel geholt und waren dann voll Schweiß und Dreck, aber es war schön.

Ein Schlüsselerlebnis war für mich die Schule. Schon am zweiten Tag sagte ich: Ich werde Lehrerin!

Nach dem Studium in Potsdam wurde ich ins Oderbruch geschickt, nach zwei Jahren wollte ich wieder in die Nähe meines Heimatortes. Ich habe hier in der Gegend, die ich aus der Studienzeit gut kannte, eine Stelle im Schuldienst gefunden, ich konnte Biologie und Landwirtschaft unterrichten, auch Englisch, aber sie haben im Oderbruch meine Papiere zu lange zurückgehalten. Dann war hier alles weg. Also nahm ich eine Stelle als Erzieher an. Erst hatte ich Angst, daß ich es nervlich nicht durchstehe, aber ich habe es mit der Zeit geschafft, nicht gleich in Rage zu geraten, wenn mal was nicht ganz nach der Ordnung ist, und es geht. Arbeiterin in einem Betrieb zu sein, könnte ich mir nicht vorstellen, jeden Tag acht Stunden am Fließband, da würde ich einen Knacks kriegen.

Ich war zuerst Erzieher in dem kleinen Internat auf der Insel, ein kleines Haus, aber gemütlich, mit nur wenigen Lehrlingen, es ging fast familiär zu. Man wußte, wo jeder seine Stärken und Schwächen hatte, die Lehrlinge wußten das von den Erziehern auch.

Auf der Jugendhöhe jetzt sind wir fünfundzwanzig Erzieher und sechshundert Lehrlinge, da ist alles sehr anonym. Wenn ein Lehrling Wünsche hat, muß ich sagen: Ich verstehe Sie zwar, aber ich bin an Richtlinien gebunden, Sie müssen sich unterordnen! In dem kleinen Heim hätte ich gedacht: Auf den kannst du dich verlassen! Und ich hätte eine Entscheidung getroffen, die zwar nicht nach der Heimordnung, aber individuell richtig wäre. Das bringt mich oft in eine Zwickmühle. Die Arbeit ist hier leichter, aber oberflächlicher.

Und es kommt in solchen großen Heimen zwangsläufig zur Überorganisation. Unsere Lehrlinge wohnen in zwei Häusern, jedes hat einen Heimleiter, der hat drei Stellvertreter, das sind die etagenverantwortlichen Erzieher, die die anderen anleiten. Über allem steht der Abteilungsleiter des Internates. Bei den Lehrlingen gibt es ein zentrales Heimaktiv, das sich aus den Heimaktivvorsitzenden beider Häuser zusammensetzt, jedes Haus hat ein eigenes Heimaktiv aus Vertretern der

Etagenheimaktive ... Wenn das alles funktionieren würde, warum nicht ... Im Grunde genommen wird aber dauernd angeleitet, und jeder wurstelt doch für sich allein.
Es ist auch so, daß Lehrlinge, die ins Etagenheimaktiv gewählt werden, welche sein sollen, die noch keine Funktion in der Klasse haben, damit es möglichst viele Funktionäre gibt. Ich wollte aus den vier Klassen auf meiner Etage die vier Kulturverantwortlichen zusammennehmen, um mit ihnen für mehr Kultur zu sorgen, aber das geht nicht, ich soll andere nehmen.
Darüber wird unter uns Erziehern viel gestritten, aber ich denke, daß die Leute, die diese Maximalforderungen stellen, schon damit rechnen, daß am Ende sowieso nur ein Viertel erfüllt wird. Sie sind ja Realisten. Die Erzieher, die auch das Viertel nicht verwirklichen, kriegen auf der Dienstbesprechung einen Rüffel, dabei geht es aber fair zu, die Meinung des einzelnen wird akzeptiert.
Die Lehrlinge kommen zu uns mit der Vorstellung, endlich wären sie frei. Viele kommen aus zerrüttenten Elternhäusern und toben sich nun aus. Wenn sie im Zimmer mit welchen zusammenkommen, die von zu Hause her gute Grundlagen haben, werden sie oft mitgezogen, finden Halt. Aber viele finden ihn nicht. Wenn wir dann sagen: Wir werden mit ihren Eltern sprechen!, sagen sie: Meine Mutter kümmert sich nicht darum, und mein Vater hat für so was keine Zeit! Und das stimmt. Die Reaktion der Eltern auf Disziplinarverstöße ist meistens Null. Die ersten vier Wochen gibt es bei fast allen noch Heimweh, auch Tränen, aber wenn sie dann die Schule, die praktische Arbeit und auch sich selbst etwas kennengelernt haben, vergessen sie das Elternhaus und genießen es, auf eigenen Beinen zu stehen.
Eine Besonderheit zwischen sechzehn und achtzehn ist, daß man mehr sein will, als man ist. Die Lehrlinge rauchen zum Beispiel oft die teuersten Zigaretten, obwohl sie sie sich nicht leisten können. Manchmal hat einer eine teure Schachtel und

Caro drin. Und sie wollen laut sein, jeder möchte das Wort führen. Das ist bei Jungen und Mädchen das gleiche. Man darf es aber nicht zu ernst nehmen. Das lässige Gehabe ist meistens bloß Schau. In Wirklichkeit sind viele sehr empfindsam, und wenn man zu hart ist als Erzieher, kann man viel kaputtmachen. Bei jeder Klasse, die ich bekommen, begreife ich das von neuem.

Wenn man selbst noch jung ist, dreiundzwanzig oder fünfundzwanzig, tritt man den Lehrlingen oft sehr jugendlich entgegen und toleriert Verhaltensweisen, die man nicht tolerieren darf. Das ist bequem, aber bald wird man enttäuscht, wird hintergangen. Ich reagiere deshalb mehr mütterlich: Verstehen, aber doch nicht alles. Jeder muß dabei seine Methode finden. Auf jeden Fall muß man den Lehrlingen zeigen, daß man auch nur ein Mensch ist. Das heißt nicht, sich selber kleinmachen, aber sich ihre Kritik anhören, und dann zeigen, daß man an sich arbeitet.

Und man muß sich den Besten in der Gruppe zum Verbündeten machen, nicht unbedingt den Besten in schulischen Leistungen, sondern den Aktivsten, der andere mitzieht und deshalb von der Gruppe akzeptiert wird. Manchmal will der aber nicht mit dem Erzieher zusammenarbeiten, weil er meint, das wirke sich ungünstig auf sein Verhältnis zur Gruppe aus.

Von uns vierundzwanzig Erziehern, finde ich, macht die Hälfte ihre Arbeit ganz gut, ein Viertel ist unfähig, der Rest könnte die Arbeit gut machen, müßte aber mehr dafür tun. Ich versuche ihnen zu helfen. Wenn einer einen Bock schießt, gebe ich ihm einen Tip, was er machen soll, statt die Sache an die große Glocke zu hängen.

Die Lehrlinge sind heute ganz anders als vor zehn Jahren. Manchmal sage ich: Ich komme nicht mehr mit! Zum Beispiel der Umgang von Mädchen und Jungen, da sind alle Schranken weg. Vor fünf Jahren haben wir, wenn zwei zusammen im Bett waren, sofort die Eltern angerufen und die beiden rausgeschmissen. Heute nehmen wir so etwas gerade eben zur Kenntnis. Wir haben sogar diskutiert, ob wir für die Liebespaare nicht »Intimzimmer« einrichten. Und auch die Distanz zu den Eltern ist heute viel größer als bei den Lehrlingen vor zehn Jahren. Heute sind sie selbstbewußter.

Ich bin jetzt das elfte Jahr Erzieher. Von meinen früheren Lehrlingen sind die meisten nicht in Werder geblieben, weil wir keine Wohnungen hatten. Genossenschaften, die Wohnungen bieten konnten, brauchten nur zuzugreifen. Erst seit es die Jugendhöhe gibt, bleiben viele hier, aber auch noch nicht so viele, wie wir brauchen.

Viele haben diese Lehre gewählt, weil sie nichts anderes bekommen haben, und von denen, die wirklich Gärtner werden wollten, stoßen sich viele an den industriemäßigen Methoden. Wenn einer sagt: Ich liebe die Natur, ich arbeite gern im Garten ... wird er hierher geschickt und zum Obstbauer gemacht. Aber die Zeit ist vorbei, wo man mit der Harke in der Hand verschiedene Arbeiten machte wie in einer kleinen Gärtnerei. Wenn die Neuen kommen, pflücken sie erst einmal zwölf Wochen lang nur Äpfel, dann müssen sie monatelang Bäume schneiden. Die Hälfte meiner Lehrlinge bereut die Berufswahl, sie machen ihren Facharbeiter und versuchen dann etwas zu finden, zum Beispiel als Verkäuferin in einem Blumenladen, aber da nimmt man lieber Leute mit einer Ausbildung für Zierpflanzen. Viele werden so schnell wie möglich Mutter oder gehen in andere Berufe.

Wir haben fast alles Mädchen, aber ich finde, Obstbauer ist kein Beruf für sie. Die Jungen sind fein raus, sie gehen nach der Lehre in die Technik, freuen sich, wenn sie auf dem Traktor oder LKW sitzen und von der schweren, eintönigen Arbeit weg sind.

Es ist schön, wenn ich durch Werder gehe und frühere Lehrlinge treffe, da geht es: Guten Tag, Fräulein B., guten Tag. Manche kommen mich auch besuchen und sagen: Daß ich mal so viel Blödsinn gemacht habe, kann ich heute gar nicht mehr verstehen! So ein Kontakt bleibt meistens mit Lehrlingen, mit denen es manchmal fast zum Verzweifeln war und ich dachte, wie bei Elmar: Wird der nie gescheit? Mit denen, die brav durch die zwei Jahre gegangen sind, immer gesagt haben: Ja, ich bin auch der Meinung ... findet man später keinen Gesprächsstoff mehr. Uberhaupt sind für mich die Besten die Menschen, die es sich schwer machen, Kanten zeigen und immer wieder einmal sagen: Ich mache das nicht, ich denke anders ...

Daß ich allein lebe, bekommt mir gut, ich genieße es, frei und unabhänig zu sein, obwohl dazu in Werder viel Selbstbewußtsein gehört. Hier kennt jeder jeden, man redet über alles, niemand will über seine familiären Bindungen und Gewohnheiten hinausdenken. Früher, bevor das Zentrale Jugendobjekt kam, war es noch schlimmer. Diese Masse von jungen Leuten jetzt macht, daß manche in ihrem Denken etwas offener werden, nicht mehr nur darauf sehen: Das muß auch eine sein, die im Garten arbeiten kann; die Werderaner Frauen rackern nach der Hochzeit ja nur noch. Die Jugend sucht sich ihre Partner jetzt nach anderen Maßstäben. Trotzdem kann man hier nicht ausgehen ohne Begleitung, die anderen sind in Familie. Wenn ich mich einmal ausleben möchte, fahre ich weg. Ich habe ein Auto und bin damit viel unterwegs. Am liebsten habe ich Kontakt mit ganz fremden Menschen. Sie sind eher bereit, zu sagen, was sie wirklich meinen, als zum Beispiel meine Arbeitskollegen. Da muß ich, wenn sie etwas sagen, immer erst rausfinden, was es bedeuten soll.

Auf Auslandsreisen habe ich oft so schnell Kontakt gefunden, in jeder Beziehung, daß ich richtig entzückt war.

In Werder habe ich es sicher nur deshalb so lange ausgehalten, weil ich immer das Gefühl habe, ich lebe hier auf Montage. Meine erste Wohnung war nicht gut, die jetzige ist in Ordnung, trotzdem bleibe ich hier nicht mein Leben lang. Am liebsten würde ich am Rand einer Großstadt wohnen, wo ich

die Vorzüge des Stadtlebens genießen könnte, die Anonymität, das größere Angebot an Kultur, aber auch ein bißchen Natur hätte, vielleicht einen Garten.
Zum Glück habe ich hier ein paar Freunde, mit denen ich reden kann oder feiern, das gehört auch dazu.
Ich bin eigentlich ganz bürgerlich erzogen. Mein Vater ist Eisenbahner, meine Mutter stammt aus einer Handwerkerfamilie. Bis zum Abitur war ich so, wie meine Eltern es erwartet hatten, die Studentenzeit hat mich bekehrt, und daß ich ledig bin, nur tue, was ich für richtig halte, ist für meine Eltern geradezu unnormal.
Trotzdem haben wir ein gutes Verhältnis, ich bin am Wochenende meistens bei ihnen. Wenn ich dort ankomme, wird erst geredet, dann geht's in den Garten. Da versinke ich freitags und sonnabends richtig, grabe, hacke, gieße und fühle mich ... freier kann es kaum sein. Am Sonntag komme ich allmählich wieder zu mir.
Leider bin ich das einzige Kind, und meine Eltern machen oft Bemerkungen: Keine Enkel ... oder: Was wird mal mit der Erbschaft? Ich will allein kein Kind. Hoffentlich bereue ich das später nicht einmal. Eigentlich müßte man ein Kind haben, schon, um weitergeben zu können, was man sich materiell und auch an Gedanken erarbeitet hat. Klar, man muß sich im Reisen und auch in alltäglichen Dingen einschränken, aber es wäre doch nicht nur Last, man gewinnt dabei auch Freude. Und nach sechs Jahren fängt ein Kind an, eigene Wege zu gehen. Aber durch die Arbeit in der Schule und im Heim habe ich immer gesehen, wie Kinder ohne Vater gehandicapt sind. Also, wenn, müßte es auch einen richtigen Vater haben.
Ein Mann, den ich verkraften könnte, müßte vor allem ein guter Gesprächspartner sein, dumme Menschen bringen mich um, und einen schöpferischen Beruf haben. Er sollte auch nicht zu exzentrisch sein und wissen, was eine Gemeinschaft bedeutet. Ich müßte wissen, daß ich mit ihm auch

durch Krisen komme. Und weil ich so viele Wenns sehe, denke ich immer: Ich laß es lieber! Und sage: Besuch mich mal wieder! Und freue mich auch, wenn er wieder geht. Aber vielleicht fürchte ich auch, daß ich Situationen, die so eine festere Beziehung bringen könnte, selbst nicht gewachsen wäre.
Als ich kürzlich in Berlin war und für meine Wohnung eine Schrankwand holte, sagte der Fahrer, als ein Hochzeitsauto vorbei kam: Wieder zwei Doofe! Ich sagte: Nee, einer von beiden ist der Doofe, man muß bloß aufpassen, daß man's nicht selber ist!
In meiner Studienzeit gab es jemanden, dessen ganze Art für mich bestimmt hat, wie ein Partner sein müßte. Das war für mich *das* Erlebnis. Aber dieser Freund war, als wir uns kennenlernten, schon verlobt, die Heirat stand kurz bevor. Als er mir das sagte, stürzte für mich die Welt ein. Dann kamen zwei Jahre mit Schlußmachen und wieder Zusammensein, aber wenn wir uns trafen, war es nur noch mit halbem Herzen. Danach wollte ich erst gar keinen Mann mehr, dann einen, der genau so war, das ging natürlich auch nicht. Ich habe diesen Freund später oft wiedergesehen. Er ist in der Ehe nicht glücklich geworden. Aber aus Stolz hatte ich gesagt: Danach brauchst du mir nicht mehr zu kommen! Ob dieser Stolz ganz richtig war?
Ich gehe gern ins Theater. Wenn ich nach Berlin einkaufen fahre, gucke ich, wo es Karten gibt und gehe dann hin, so, wie ich gerade angezogen bin, das geht ja in Berlin. Aber es ist eine Strapaze, abends zurückzufahren, das verkraftet man höchstens alle vier Wochen einmal.
Ich höre auch gern Musik, Pop, auch Klassisches. Ich war ein Beat-Fan, tanze gern, jetzt bin ich aus dem Alter leider heraus. Auch Bücher mag ich sehr, zum Beispiel Christa Wolfs »Kindheitsmuster« oder Feuchtwangers »Die Jüdin von Toledo«, ich lese immer auf gute Empfehlung.
Heimlich hatte ich auch einmal geschrieben, Gedichte, die waren so giftig, wie man sein kann mit siebzehn, achtzehn.

Heute würde ich sicher darüber den Kopf schütteln, aber manchmal braucht man so etwas, um sich abzureagieren. Vielleicht sollte man Tagebuch führen. Ich habe das aus Angst, daß es in falsche Hände kommen könnte, nie gemacht.
Wenn ich etwas Schlimmes erlebt habe, hänge ich mich ans Telefon und rufe Freunde an, wo ich denke: Der hatte doch auch schon mal so was erlebt. Oder ich fluche, dann gehe ich in mich und gebe lieber mir selbst die Schuld als anderen. Es tröstet mich, daß mir ein Fehler nie zum zweitenmal passiert.
In meiner Arbeit habe ich genug Luft, um frei meine Meinung zu sagen. Wenn mir etwas gegen den Strich geht, sage ich es, weiß aber auch, wo und wie. Wenn mir eine Sache noch zu frisch ist, mir noch zu hochgestochen darüber gesprochen wird, warte ich erst ab und hebe meine Meinung auf.
Mit meiner Heimleiterin bin ich zufrieden. Mit dem Abteilungsleiter, der über beiden Häusern steht, ist die Zusammenarbeit schwieriger. Er war bis vor kurzem Offizier und boxt in allen Dingen einfach los, obwohl die erfahrenen Erzieher sagen: Das ist unmöglich! Zum Beispiel sein Befehl an uns, »mit der Kirche aufzuräumen«. Wir sollen von Zimmer zu Zimmer gehen, in die Schränke und unter die Kopfkissen sehen und »gefährliche Lektüre« rausziehen, die Bibel. Wir machen es natürlich nicht, wir würden bei den Lehrlingen jedes Vertrauen verlieren. Außerdem muß man verstehen, warum so viele in die Kirche gehen. Da wird in Ruhe über Sachen gesprochen, über Liebe, Sinn des Lebens ... für die wir uns nicht die Zeit nehmen können. Wir fangen immer erst zu reden an, wenn das Kind in den Brunnen gefallen ist. Was sollen wir also dagegen haben, solange wir nichts Besseres bieten können? Wenn ich das unserem Abteilungsleiter ganz geduldig erkläre, sieht er es ein. Man muß eben mit den Menschen arbeiten, die man hat.
Wenn ich mir etwas wünschen dürfte, wäre es, immer gesund

zu sein. Eine Krankheit wäre so schlimm ... alles andere ist doch zu meistern.
Nach der durchschnittlichen Lebenserwartung habe ich noch einmal so viele Jahre, wie ich bis jetzt gelebt habe. Freiwillig aus dem Leben gehen, käme für mich nie in Frage, auch wenn mich einmal etwas ganz hart träfe. Dafür habe ich dem Leben zu viele gute Seiten abgewonnen. Es gibt Leute, die denken: Ich habe das Pech gepachtet. Das gibt's nicht. Das Leben ist immer ausgleichend. Am Ende kann jeder, wenn er zu sich ehrlich ist, abrechnen: Ich hatte von beidem, in der Gesamtsumme wiegt auch das Schöne.

INGE, 18, GÄRTNER Ich komme aus einem Dorf bei Brandenburg. In einer Großstadt wohnen? Nee. Der ganze Rummel! Auf dem Dorf kann man sich auch viel freier bewegen. Und in einem Büro den ganzen Tag auf einer Schreibmaschine rumklappern ... ich bin lieber draußen. Hübsch anziehen kann man sich auch nach der Arbeit. In Radewege wohnt einer, der hat hier mit dem Obstbau zu tun, über den habe ich mich beworben. Daß ich den Beruf gewählt habe, habe ich bis jetzt nicht bereut.

Ich bin im Deetzer Obst in einer Jugendbrigade. Wir sind fünfzehn, haben Süßkirschen, Sauerkirschen, Pflaumen, Äpfel. Ich finde es gut, daß bei uns jede Brigade ihren Schlag hat und dort alle Arbeiten macht. Jetzt schneiden wir Bäume, wenn das Wetter gut ist, pflanzen wir, wo Bäume vertrocknet oder durch Hasenfraß kaputtgegangen sind, welche nach.

Der Baumschnitt geht von Mitte Dezember bis zum fünfzehnten April. Wir wollen fünf Tage früher damit fertig sein. Wir helfen uns gegenseitig, dem einen fällt die Arbeit leicht, dem anderen schwerer. Zwischendurch kommen kleine Bäume, da freut man sich, die Arbeit geht leichter. Wir schneiden lieber mit der Hand. Bloß bei den großen Bäumen, wo wir sägen müßten, nehmen wir das Schnittgerät. Wenn wir mal etwas nicht wissen, ist noch eine Brigade mit Älteren da, aber meistens werden wir selber mit unseren Sachen fertig.

Unser Brigadier ist siebenundzwanzig, zu dem kann jeder mit

seinen Problemen kommen. Wenn wir Streiche machen, nimmt er es uns nicht übel, mancher würde gleich was vom Lohn abziehen. Auch wenn wir im Winter länger Pause machen, um uns aufzuwärmen, sagt er nichts. Manchmal war die Norm zu hoch, wir hatten sehr zu rackern, da hat er geregelt, daß sie runtergesetzt wurde.
Er ist in der CDU und trotzdem Brigadier, das finde ich gut.
Wir verdienen gut. Wenn es von früh an stark schneit oder regnet, werden wir nach Hause gefahren und kriegen für den Tag zehn Mark. Wir sind erst ein halbes Jahr da und schon Genossenschaftsmitglieder, brauchen also keine Steuern zu zahlen. Zum Jahresende kriegen wir noch mal achthundert bis neunhundert Mark. Im Januar bekommen wir in Lehnin jeder eine Ein-Raum-Wohnung, dafür spare ich zur Zeit.
Meine Eltern finden auch gut, was ich mache.
Während der Lehre hatten wir in Werder auf der Jugendhöhe gewohnt und sind zur Arbeit nach Damsdorf gefahren. Unsere Lehrausbilder waren nett. Am Anfang konnten wir sie nicht leiden, weil sie streng waren, aber nachher dachten wir, sie hatten doch recht. Bloß im ersten Moment findet man sie eben blöd und will ihnen eins auswischen.
Im Internat in Werder habe ich mich überhaupt nicht wohlgefühlt. Zu viert in einem Zimmer, man konnte sich nicht frei bewegen, bloß immer: Det dürfter nich und det dürfter nich! Und für nichts wurde einem Geld abgezogen. Die Erzieherin hatte ihre Leute, und die sie nicht leiden konnte, hat sie es spüren lassen. Als es mir zu bunt wurde, bin ich ausgezogen, habe in Brandenburg bei meiner Tante gewohnt. Den anderen hat es im Internat auch nicht gefallen, aber sie hatten niemanden in der Nähe.
Von unserer Lehrlingsklasse sind außer vieren, die zur Fachschule gegangen sind, alle im Betrieb geblieben.
Zur Zeit wohnen wir in Michelsdorf im Bettenhaus. Von da fahren wir eine halbe Stunde bis zur Arbeit. Dort haben wir einen Verpflegungsstützpunkt, nur frühstücken tun wir

draußen, da bringen sie Tee raus. Frieren tun wir im Wagen nicht. Den anderen in meiner Brigade gefällt es auch bei uns, bei der Arbeit bummelt keiner.
Am liebsten ernte ich. Da machen wir meistens Gütekontrolle, stehen auf dem Rollwagen und sortieren die Äpfel nach A und B.
Aber bei uns sind zweie, die hatten vorher in einem anderen Betrieb hier, in der ZBE Satzkorn-Fahrland, gearbeitet, die haben sich dort überhaupt nicht wohl gefühlt, schon wegen der Essenversorgung. Die hatten draußen auf dem Acker Blechnäpfe gekriegt mit kaltem Essen, auch Sozialräume kannten die nicht. Wir waren einmal zum Tomantenernten dort. Als es geregnet hat, mußten wir im Folienzelt sitzen. Dort würde ich nicht bleiben. Die hatten auch eine schlechte Lehrausbildung, mußten öfters sonnabends arbeiten und solche Scherze.
Zu ihren Leitern hatten sie gar keinen Kontakt.
Unser Vorsitzender kennt uns schon seit unserer Lehrzeit. Er kommt öfters aufs Feld, guckt, wie die Arbeit läuft, und da sprechen wir immer mit ihm. Auch zum Jugendforum im Bertrieb kann jeder mit seinen Problemen kommen.
Nicht zufrieden bin ich mit unserem Bereichsleiter. Meistens, wenn wir was von ihm wollen, hat er keine Zeit und antwortet pampig. Der sieht nur, wie er am schnellsten nach oben kommt. Vielleicht müßten wir ihm mal die Meinung sagen. In unserem Bereich würde ich aber nur einem zutrauen, daß er das macht. Das ist ein Älterer, der sagt jedem seine Meinung. Deshalb haben viele Angst vor ihm. Aber das finde ich besser, als wenn sie hinterm Rücken quatschen.
Ich lese viel … Romane. Zuletzt habe ich ein Buch von Goethe gelesen, da stand sein Lebenslauf drin und Gedichte. Ein Freund hatte mir daraus vorgelesen, das hatte mir gefallen, und ich habe es mitgenommen. Abends in Michelsdorf sitzen fast alle da und lesen, die anderen meistens Märchen, Diätbücher oder Liebesromane. Oder wir sticken. Wenn wir wegen

schlechten Wetters länger im Wagen sitzen, spielen wir Karten oder machen FDJ-Versammlung und reden, was jeder für Probleme hat. Aber viele äußern sich nicht dazu, man muß es ihnen aus der Nase ziehen. Ich versteh das nicht, wir waren doch zusammen in der Lehre und kennen uns.
Als wir Wahl hatten, wollte keiner FDJ-Sekretär machen. Das wäre zu viel Arbeit. Da habe ich mich dann überreden lassen, und bis jetzt ging es ganz gut. Nach den Versammlungen wird immer was zu trinken geholt, dann wird Musik gemacht und getanzt. Einer bei uns meint, wenn er nicht zu unseren Feiern kommt, will er das Geld für die Getränke ausgezahlt kriegen. Wir haben darüber diskutiert, aber da könnte jeder sagen: Ich komme nicht und will dafür Geld. Unsere FDJ-Gruppe hat jetzt einen Namen gekriegt, Josef Schneider. Das war ein antifaschistischer Widerstandskämpfer, er saß in Brandenburg im Zuchthaus. Wir hatten seine Frau eingeladen, die hat viel erzählt, und haben eine Wandzeitung über ihn gemacht.
Dieses Jahr will unsere Gruppe nach Ungarn fahren.
Wenn ich viel Geld hätte, würde ich mir ein Auto kaufen, ein Jahr lang nicht arbeiten, viel reisen und was erleben. Ich möchte aber auch andere Länder sehen als die, wo ich hin darf. Meinen Freund habe ich bei der Arbeit kennengelernt. Er ist Traktorist und wohnt in Deetz. Mit ihm kann man sich gut unterhalten, und wenn er mal was nicht weiß, druckst er nicht rum, sondern sagt es. Er hilft mir auch bei der FDJ-Arbeit.
Heiraten will ich noch nicht. Ich finde, man kommt so viel besser miteinander aus. Kinder möchte ich mal. Ich finde Kinder schön, da weiß man wenigstens, was man hat.
In der zehnten Klasse war ich schon mal verliebt. Aber es ging nicht mit uns. Ich gehe gern tanzen, mein Freund war aktiver Sportler und kaputt, wenn er abends vom Fußball kam. Mit ihm habe ich zum erstenmal geschlafen. Aber mit dem Freund, den ich jetzt habe, verstehe ich mich da auch besser.

Über so was reden wir Mädchen viel untereinander. Manche ist länger mit ihrem Freund zusammen und hat mehr Erfahrung. Und wenn eine sagt, sie getraut sich das nicht, wird sie nicht verscheißert. Da erzählen ihr die anderen, wie die Jungs so sind.
In Michelsdorf gibt es wenige Jugendliche in unserem Alter. Es gibt da einen Jugendclub, aber der soll nicht toll sein, hat der Kneiper erzählt.
In der Kneipe reden die Leute über die Arbeit. Viele haben zu Hause große Gewächshäuser, da fangen sie erst richtig zu arbeiten an. Mein Freund will auch einen Garten haben, aber bloß für sich, nicht zum Geldmachen.
Mein Vater ist in der Genossenschaft bei uns zu Hause Kraftfahrer, er muß viele Überstunden machen, aber ich habe noch nie gehört, daß er sich über seine Arbeit beklagt hat. Ich mag an meinen Eltern, daß sie ehrlich zu mir sind. Und daß sie ruhig sind. Mein Vater sagt selten was, aber wenn es nötig ist, macht er den Mund auf. Deshalb komme ich besser mit ihm zurecht als mit meiner Mutter, sie ist ein bißchen nervös. Ich selber bin auch oft zu nervös und nehme Sachen ernst, die vielleicht gar nicht wichtig sind, wie mit dem Bereichsleiter. Aber man frißt das so in sich rein ...
Die anderen in unserer Brigade, glaube ich, können mich ganz gut leiden. Ich bin ein bißchen lustig und unternehme gern was.
Über meine Kindheit kann ich mich nicht beklagen. Ich konnte mich frei bewegen und habe nicht gleich eine geknallt gekriegt, wenn ich etwas angestellt hatte. Wir haben viel Versteck gespielt, sind abends durch die Gegend geschlichen und haben bei den Leuten Klingelrutschen gemacht. Wenn ich nach Hause komme, treffe ich meine alten Kumpels.
Das Schlimmste in meinem Leben war bis jetzt, als voriges Jahr meine Oma gestorben ist. Ich hing sehr an ihr. Oft dachte ich: Ich fahre zur Oma, dann ist mir eingefallen, daß

ich das gar nicht mehr kann. Sie war erst einundsechzig, hatte Krebs.
In unserem Staat finde ich gut, daß man keine Angst um seine Arbeit haben muß. Und mit der Wohnung ... du mußt zwar warten, aber dann kriegst du eine und nicht für solche Miete wie drüben.
Aber in politischen Sachen ist mir alles zu eng. Wenn man mal ein verkehrtes Wort sagt oder mit dem verkehrten Menschen redet, ja? Der scheißt einen dann, auf deutsch gesagt, an. Bei uns in der Brigade ist so einer, da rede ich nicht über politische Sachen.
Und die Zeitung bei uns, die ist so, daß man manche Sachen gar nicht mitkriegt, zum Beispiel über die Kriminalität bei uns. Und vieles wird so verherrlicht, dabei sieht jeder selbst, wie es ist.
Ich würde gerne mal was Verrücktes anstellen, etwas, wovon die anderen denken, daß es Quatsch ist. Sonst wünsche ich mir, daß ich gesund bleibe und möglichst viel von meinem Leben habe. Im Moment habe ich ganz schön viel davon.

RALF, 42, LPG-VORSITZENDER Ich bin in Damsdorf aufgewachsen. Diese Siedlung entstand 1930, unterstützt von der Stadt Berlin, die besser mit Obst, Gemüse und Zierpflanzen versorgt werden wollte. Menschen mit geringem Anfangskapital, vor allem »Zwölf-Ender«, die kamen aus der Armee, hatten sich hier selbständig gemacht. Auch mein Vater, er war gelernter Gärtner.
Wir waren zu Hause sieben Kinder, ich war das vierte und sollte den Betrieb einmal übernehmen. Meine Eltern hatten es verstanden, in mir die Liebe zum Beruf zu wecken.
Ich habe nach der achten Klasse in Werder Gärtner für Zierpflanzenbau gelernt, dann ein Jahr am Institut für spezielle Botanik in Potsdam gearbeitet, ehe ich an die Fachschule für Gartenbau kam. 1964 bin ich in mein Heimatdorf zurückgegangen. Meine Eltern waren 1964 in die Genossenschaft eingetreten. Es war normal, daß es dabei Probleme gab. Mein Vater hatte sich gerade einen neuen Betrieb aufgebaut. Als die Kredite abgezahlt waren und der Betrieb anfing, gut zu laufen, kam die Genossenschaft, und die Frage stand vor ihm: Bleiben wir in der DDR oder nicht? Unser Ziel war aber, daß die Familie zusammenbleibt.
Als sich die Damsdorfer für die Genossenschaft entschieden hatten, bekannten sie sich konsequent dazu, im Gegensatz zu anderen Landwirtschaftsbetrieben, sie sagten sich: Wir müssen draus machen, was möglich ist! Und vom ersten Tag an

hat es funktioniert. Nicht nur die Arbeiter, auch viele der bisher selbständigen Bauern haben mehr verdient als vorher. Ein günstiger Umstand war, daß Damsdorf als Siedlung schon einmal Genossenschaft war, mit Einkaufs- und Lieferzwang, Gedanken von genossenschaftlicher Arbeit, Gemeinsamkeit usw. waren schon einmal entwickelt worden.
Trotzdem war es für viele eine große Umstellung, wenn ihnen nun gesagt wurde: Früh um sieben fangt ihr an zu arbeiten, einer guckt, ob ihr da seid!
Ich wurde 1968 Vorsitzender der GPG Damsdorf. Vorher war ich hier Lehrausbilder, Brigadier, Handels- und Produktionsleiter, da kennt man sich in den Problemen aus.
1970 bekamen wir den Auftrag, die LPG Michelsdorf mit zu übernehmen, das war ein labiler Betrieb, der jährlich drei- bis fünftausend Mark staatliche Mittel zur Überbrückung brauchte. Jedes Jahr hatte der Vorsitzende gewechselt, die Menschen waren verunsichert und hatten kein Vertrauen zu ihrer Leitung mehr. Ich sah meine Aufgabe vor allem darin, ihnen dieses Vertrauen wiederzugeben.
Ich hatte mit der GPG Damsdorf einen starken Betrieb im Rücken und konnte in Michelsdorf einige Probleme lösen, die zur Stabilisierung geführt haben. Die Michelsdorfer hatten auch sehr naive Vorstellungen gehabt: Wir machen jetzt Obstbau!, sie hatten Bäume bestellt. Daß der Boden erst mal Humus braucht, unter unseren Standortbedingungen bewässert werden muß, bis die Bäume angewachsen sind, und daß die Anlagen gegen Wildfraß eingezäunt werden müssen, daran hatten sie nicht gedacht.
Mit hohem Aufwand haben wir versucht, erst mal das Mögliche zu machen, haben die Bäume gepflanzt, Rückschläge eingesteckt, manche Flächen mußten wir im nächsten Jahr roden und neu bepflanzen. Besser wäre gewesen, die Bäume zu verbrennen und erst zwei Jahre später mit richtigen Voraussetzungen anzufangen, der erste Verlust ist der kleinste … aber das hätten die Menschen nicht verstanden.

Seit 1975 haben wir in unserem Betrieb zweitausendfünfhundert Hektar neue Obstanlagen gepflanzt.
Das Arbeitsklima bei uns ist gut, von den Lehrlingen bleiben etwa fünfundneunzig Prozent im Betrieb. Wir versuchen schon in der Polytechnik, die Schüler für den Gärtnerberuf zu begeistern. Wer ihn mit Liebe erlernt, bleibt ihm später treu.
Sehr wichtig ist, wie man die Produktion organisiert. Wir haben bei uns, trotz anderer Weisungen, das Territorialprinzip durchgesetzt. Das heißt, ein Kollektiv bewirtschaftet ständig dieselbe Fläche. Ich kann doch nur Verantwortung von dem verlangen, dem ich welche übertrage. Wenn ich den Menschen einmal hierhin schicke und einmal dorthin, wie's hier mancherorts der Fall ist, wie kann ich von ihm fordern, daß er eine Beziehung zu seiner Arbeit und seinem Produkt hat? Er muß die Auswirkungen seiner Arbeit doch sehen können, muß, wenn er Äpfel pflückt, wissen: Diese Reihe habe ich geschnitten, und wenn ein Baum nicht gut gewachsen ist: Hier hab ich einen Fehler gemacht. Das hatten wir in Moldawien so gesehen. Und da fängts an: daß man Verantwortung abgrenzen muß. Schon in der Betriebsleitung.
Es ist eigentlich gut für uns, daß es solche schlechten Beispiele gibt wie die ZBE Satzkorn-Fahrland. Es erzieht unsere Menschen. Die Leiter dort leben bequemer mit nicht konkret abgesteckten Verantwortungsbereichen, jeder kann sagen: Dafür ist der andre zuständig! Aber sie kommen auch bei ihren Arbeitern nicht mehr an.
Im vergangenen Jahr waren ein paar Brigaden von uns dort, um ihnen beim Baumschnitt zu helfen. Sie waren schon vor sechszehn Uhr wieder in Damsdorf. Wir haben zu ihnen gesagt: Die Arbeitszeit geht bis vier, was denkt ihr euch? Sie haben gesagt: Streitet nicht mit uns, wir sind die letzten, die in Satzkorn vom Acker gehen ... Sie haben dort gesehen, wie es ist, wenn man seine Aufgaben nicht erfüllt. Die Bäume waren seit zwei oder drei Jahren nicht geschnitten und verlangten einen sehr hohen Arbeitsaufwand. Und die Arbeiter hatten Normen, die diesen

Bedingungen nicht angepaßt waren. Wenn ich Normen festlege, kann ich doch nicht nach dem Prinzip Null-Acht-Fuffzehn verfahren, wenn ich jemandem eine Aufgabe gebe, die er sowieso nicht schaffen kann, versucht er es gar nicht erst. Wir korrigieren eine Norm sofort, wenn wir sehen, daß sie ungerecht ist. Das muß ein Brigadier entscheiden.
Wir bezahlen die Kolletive auch nach dem Endprodukt, das sie auf ihrer Fläche bringen. Dadurch erziehen sich die Menschen gegenseitig, ein Faulenzer, für den die anderen mitarbeiten müßten, wird ausgestoßen.
Wir haben, im Unterschied zu anderen Betrieben hier, auch eine flexible Arbeitszeit, im Winter arbeiten wir nur von acht bis sechzehn Uhr, im Sommer dafür länger. Wozu soll einer im Winter halb sechs aufstehen, wenn er erst um acht, wenn es hell wird, anfangen kann zu arbeiten? Da sagt er sich: Wenn ich morgens rumgammeln muß, brauch ich jetzt meine Arbeit auch nicht so gut zu machen.
Ob solche Dinge geklärt werden oder nicht, liegt an der Einstellung einer Betriebsleitung.
Neue Technologien und Produktionsmethoden, das reicht doch nicht. Genau so wichtig sind die Arbeits- und Lebensbedingungen der Menschen. Das wurde in den letzten Jahren von unserer Landwirtschaftspolitik nicht ernst genug genommen.
Wir haben in unserer Genossenschaft auch den Straßenbau mit durchgeführt. Den Bestimmungen nach müßten die Wege am Ende der Obstanlagen aufhören, da soll der staatliche Wegebau weitermachen, den gibt's nicht. Deshalb haben wir uns über die Bestimmungen hinweggesetzt und die Wege bis dorthin gezogen, wo unsere Menschen wohnen. Und man kann sagen, für jeden Kilometer Straße haben wir zwei oder drei gewonnen, die vorher woandershin zur Arbeit gefahren sind. Sie sagen sich: Was solln wir in Brandenburg? Wir arbeiten da, wo sich was tut.
Und wir siedeln unsere Menschen hier, wo sie arbeiten, auch

an. Wir haben uns gegen die Jugendhöhe in Werder gesträubt und in Lehnin Wohnungen gebaut. Es hat viel Geld gekostet, in Werder hätten wir die Wohnungen über AWG bekommen, aber ein Grundzug unserer Agrarpolitik soll doch sein, die Lebensbedingungen auf dem Land denen in der Stadt anzunähern, die Dörfer mit ihren Vorteilen zu erhalten. Wenn es konkret wird, vergessen das viele Genossen.

Die Jugendhöhe in Werder ist was zum Vorzeigen, aber nichts zum Wohnen. Bei einer so hohen Konzentration von Menschen leidet ihre Lebensweise, das war doch vorauszusehen. Die vierhundert Familien leben dort anonym, keiner kennt den anderen. Aber es sind Menschen aus dem ländlichen Gebiet, die an viele Beziehungen untereinander gewöhnt sind.

Und man muß den Menschen auch kulturell was bieten. Hier in Michelsdorf lernt zum Beispiel jedes Mädchen Mandolinespielen, wir haben einen Männerchor, Sport wird getrieben ...

Warum ich selbst in Werder wohne? Meine Frau stammt von dort und wollte nicht weg. Außerdem ist es schwierig für einen Leiter, wenn er im Territorium seines Betriebes wohnt. Man muß manchmal auch hart sein und hat deshalb nicht nur Freunde. Dann versuchen die Menschen oft, die Dinge über die Frau zu klären, zum Beispiel, wenn sie einkaufen geht. Außerdem sind in Werder günstigere klimatische Bedingungen als hier, vieles wächst im Garten besser.

Ich hatte ja Gärtner aus Liebe zum Beruf gelernt und habe heute eine Arbeit, die mit dem, wie ich sie mir einmal gedacht hatte, nicht mehr viel zu tun hat. Bei der Größe unserer Genossenschaft wird man leicht ein Technokrat. Deshalb wollte ich auch nicht Vorsitzender werden, ich wäre lieber Brigadier oder Bereichsleiter, aber das entscheiden andere für einen.

Der Ausgleich ist für mich mein Hausgarten. Ich baue Blumenkohl, Tomaten und Erdbeeren an, zum Verkauf, aber vor allem, um Erfahrungen zu sammeln, wie sich bestimmte

Maßnahmen auswirken. Man muß sich auch im Betrieb die Zeit nehmen und mindestens alle vierzehn Tage ansehen, wo etwas wächst und wie, das ist die Grundvoraussetzung für einen Leiter, aber in meinem Garten sehe ich das täglich. Und ich kann mich hier körperlich ausarbeiten und seelisch abreagieren.
Wir haben den Vorteil, eine reine Genossenschaft zu sein. In der ZBE als Zwischenbetriebliche Einrichtung gibt es verschiedene Eigentumsformen, das ist für das Bewußtsein der Leute dort kompliziert. Ich behaupte, die Genossenschaftsbauern haben im allgemeinen eine bessere Einstellung zur Arbeit als die meisten Arbeiter. In Michelsdorf hatten wir damals noch Viehwirtschaft, und wenn eine Sau geferkelt hat, saßen die Frauen über Nacht im Schweinestall und haben aufgepaßt ... sie empfanden das als ihrs und fühlten sich verantwortlich. Um dieses Verantwortungsgefühl für die Genossenschaft muß man immer von neuem ringen.
Wir hatten im letzten Jahr auch eine schlechte Ernte, und wir haben gesagt: Wir zahlen diesmal nicht die volle Jahresendprämie, damit unsre Menschen sich klarmachen: Wir haben unsere Aufgaben nicht erfüllt, also können wir auch nicht so viel verdienen wie sonst. Sie haben gesagt: Jawohl, is richtig ...
In den meisten Betrieben wird alles, was nur möglich ist, für die Jahresendprämie ausgegeben, weil die Leute meinen: Warum solln wir drauf verzichten? Unsere Entscheidung war unpopulär, aber wir haben damit Bewußtsein erzeugt. Kein Hurraschreien, aber die Menschen denken über Probleme nach. Das ist wichtig, sie sollen nichts einfach schlucken, sondern sich darüber streiten. Dabei werden Mängel aufgedeckt. Warum machen wir es nicht in der ganzen Gesellschaft so? Es ist kein Geheimnis, daß wir über unsre Verhältnisse leben, daß uns zum Beispiel das Wohnungsprogramm eine Reihe Probleme bereitet, aber die geben wir nicht zu. Wir zeichnen nur die Erfolge auf. Dadurch ist es schwer für einen als Leiter,

mit den Leuten offen zu diskutieren. Oder über die Preisentwicklung. Es wäre doch besser zu sagen: Die internationalen Bedingungen sind so und so, wir müssen uns ihnen anpassen und die Preise in einigen Dingen verändern! Unser Staat besteht ja nun lange genug, die Generation, mit der wir heute arbeiten, ist zum Denken erzogen worden, aber wenn wir sagen: Diese Auswirkungen treffen nur die kapitalistischen Staaten, bei uns gibt's keine Preisänderungen ... entmündigen wir sie. Im täglichen Leben werden die Menschen aber damit konfrontiert, und sie sagen: Unsre Vorgesetzten belügen uns, sind wohl schon blöde geworden? Das kompliziert die Arbeit.

Oder die Probleme unserer Entwicklung hier im Gebiet.

Natürlich war diese Forcierung des Obstanbaus, Kooperation der Betriebe usw. notwendig. Nachdem in unserer Gesellschaft die Grundnahrungsmittel gesichert sind, müssen wir mehr auf gesunde Ernährung achten. Und es ist auch notwendig, dieses Gebiet, das komplex entwickelt wurde, komplex zu leiten. Dafür die Aufbauleitung. Aber sie müßte in erster Linie ein Organ der Betriebe sein, ihre Interessen vertreten. Aber es ist bei uns so: Die Bezirksleitung der Partei fällt Entscheidungen und gibt sie über die Aufbauleitung nach unten an die Betriebe. Die und auch die staatlichen Organe in den Orten und Kreisen werden in der Entscheidungsfindung übergangen und oft mit Problemen konfrontiert, die für sie unlösbar sind. Die Konzentration des Wohnungsbaus in Werder ist ein Beispiel dafür. Dort wurden Wohnungen gebaut, aber was ist mit Versorgungseinrichtungen, Kindergärten ... der ganzen Infrastruktur? Das rollt auf die Stadt wie eine Lawine zu, und die sagt eben: Ist Obstbau, geht uns nichts an! Wenn Sie unsere Aufbauleitung ansehen, da ist keiner, der die Ideen, die von oben kommen, sortiert, Mut hat, seine Meinung dazu zu sagen, und Probleme in Angriff nimmt.

So geschieht es immer wieder, daß etwas angerissen wird und

dann im leeren Raum hängenbleibt. Und nichts ist schlimmer als Aufgaben, die mit viel Kraftaufwand angeschoben, aber zum Schluß nicht kontrolliert und abgerechnet werden. Es gibt viele Beispiele dafür.
Wir erwarten in diesem Jahr eine sehr große Apfelernte. Im letzten Jahr war sie schlecht, es waren hohe Niederschläge, das führt zu einem starken Blütenknospenansatz. Außerdem werden wir in diesem Jahr wahrscheinlich ein spätes Frühjahr kriegen. Es gibt dafür Bauernregeln, zum Beispiel: »Wenn Maria Lichtmeß stürmt und schneit, ist der Frühling nicht mehr weit.« Und vorige Woche, zu Maria Lichtmeß, schien die Sonne ... Man darf diese Regeln nicht absolut nehmen, aber sie beruhen auf langen Erfahrungen, die Älteren mußten ja für eine falsche Entscheidung, die sie getroffen hatten, härter geradestehen als wir. Ein spätes Frühjahr ist für die Landwirtschaft schlecht, aber für den Obstbau günstig. Mit einer späten Baumblüte kommen wir aus dem Spätfrösten heraus.
Nun haben wir mit großem Aufwand die Produktion von Stahlrahmen für Großkisten für die Apfellagerung angeschoben, sind aber allein nicht in der Lage, einen großen Teil der Rahmen mit Holzteilen auszukleiden. Keiner hilft uns. Außerdem wird im Kooperativverband gerade nach dem Standort für ein drittes Kühlhaus gesucht. Alle Faktoren sprechen für Lehnin, aber die Aufbauleitung unterstellt uns, wenn bei uns das Lagerhaus gebaut würde, würden wir uns aus dem Verband ausschließen wollen. Das zeigt, wie wenig diese Genossen unsere Probleme kennen. Das Lagerhaus hätte eine Kapazität für zwölftausend Tonnen Äpfel, wir rechnen aber mit einer Produktion von fünfundvierzigtausend Tonnen. Damit kann sich keiner aus dem Verband ausschließen. Die Fehler hier sind gemeinsam begangen worden und können nur gemeinsam ausgelöffelt werden.
Auf Weisung der bezirklichen Organe mußten hier im Gebiet vorrangig Äpfel gepflanzt werden. Der Apfel bringt die

höchsten Hektarerträge und die schnellsten, schon nach vier Jahren sind sie ganz entsprechend. Mit Äpfeln kann man auch das ganze Jahr über versorgen. Aber die Menschen wollen auch andere Obstarten essen. Man kommt doch auch in der Landwirtschaft nicht auf die Idee, wir machen nur noch Broiler, die können wir mit drei GE je Doppelzentner produzieren statt Schweinefleisch mit fünf GE. Ein ausgewogenes Obstgartenverhältnis würde für unsere Menschen auch eine kontinuierliche Bereitstellung von Arbeit bedeuten, die Technik könnte besser ausgelastet werden usw. Man muß doch solche Dinge in vernünftigem Verhältnis sehen.
Im ganzen Havelländischen Obstanbaugebiet werden einmal zwischen hundertzwanzigtausend bis hundertfünfzigtausend Tonnen Äpfel geerntet werden, aber Lagerhauskapazität ist nur für zweiundfünfzigtausend Tonnen vorgesehen. Wenn etwa zwanzigtausend Tonnen auf den Frischmarkt gehen, bleibt noch eine ganze Menge übrig. Diese Äpfel sind mit hohem Aufwand als Tafelobst produziert worden und müssen verarbeitet werden. Das ist rausgeschmissenes Geld.
Wir sprechen hier von industriemäßiger Produktion. Aber was heißt das? Zielgerichtet auf das Endprodukt hin produzieren! Nicht wie der Tischler, der erst ein Brett hobelt und zum Schluß überlegt hat: Nehm ich's als Fensterholz, oder mach ich ein Möbelstück draus? Wir hätten uns schon bei der Pflanzung überlegen müssen: Produzieren wir die Äpfel für den Frischmarkt, für die Lagerung oder für die Industrie? Welche Sorten also ... Aber die Weisung war: Produziert erst mal, dann sehen wir, was wir draus machen!
Ich bin ein Gegner von Weisungen. Die dienen dazu, den Menschen das Denken abzugewöhnen: Wer einem anderen eine Aufgabe einfach erteilt, entbindet ihn davon, sich selber Gedanken zu machen. Aber Verantwortung kann ich nur von einem verlangen, der selber mitentscheiden durfte. Wenn Sie in die ZBE in Satzkorn-Fahrland gehen, spüren Sie, daß hier Dinge durchgesetzt wurden, die nicht von den Menschen ge-

tragen sind. Das wird auch bei uns versucht, wir wehren uns dagegen, da ist man dann unbequem.
Als unser Betrieb 1975 in seiner jetzigen Größe entstand, sind wir gerade in diese Apfelanbauphase hineingefallen. Unser Leitungskollektiv kam aus verschiedenen Betrieben, war bunt zusammengewürfelt, und wir hatten noch nicht die Kraft, uns zu widersetzen. So haben auch wir an der einseitigen Spezialisierung zu knabbern.
Sich selbst einschätzen ist kompliziert. Ich finde gut an mir, daß ich fachliche Zusammenhänge schnell erkennen und daraus Schlußfolgerungen ableiten kann. Ich entscheide vielleicht manchmal ein bißchen leichtfertig, ohne alle Konsequenzen abzuwägen. Aber ich stehe dann auch dazu. Als Leiter kann man ja immer sagen: Es hat ein andrer Schuld.
Ich bin vielleicht etwas liederlich. Nicht in Grundsatzfragen, aber wenn Sie mal in meinen Schreibtisch gucken wollen?
Bei Problemen im Betrieb bin ich oft nicht hart genug, sehe im anderen nur das Gute. Das wirkt sich oft negativ aus. Es gibt ja so'n Wort: Gutmütigkeit ist am Schluß Liederlichkeit, ja? Aber dadurch traut sich auch jeder, mit seinen Sorgen zu mir zu kommen. Ich kann's nicht leiden, daß sich ein Kollege, der mich sprechen will, einen Tag vorher anmelden muß, oder was weiß ich. Wenn ich da bin, kann mich jeder sprechen, wann und wie er will.
Eine Grundfrage für uns im Betrieb ist auch die Kolletivbildung. Die zusammen arbeiten, müssen auch als Menschen zusammenfinden. Wer gut zusammen feiern kann, sagen wir, kann auch gut arbeiten. Und ich sehe darauf, in den Bereichen Charaktere zusammenzubringen, die unterschiedlich sind, sich aber in letzter Konsequenz ergänzen. Hinter ihrem Brigadier müssen die Leute stehen, mit ihm arbeiten sie jeden Tag, aber der Bereichsleiter kann meinetwegen der »Böse« sein, einer muß ja auch nach vorn treiben. Es muß doch verschiedene Leitungsmethoden geben. Ohne Auseinanderset-

zung, wenn's nur heißt: Hier ist der Befehl, so geht das! gibt's keine Entwicklung.
In meinem persönlichen Leben habe ich Fehler gemacht. Mit sechsundzwanzig oder siebenundzwanzig habe ich geheiratet, aber seitdem arbeite ich auch in Leitungsfunktionen. Ich dachte damals naiv: Wenn du die Etappe hinter dir hast, wirst du genug Zeit für die Familie haben. Aber man kriegt gleich die nächste Aufgabe angeknallt, und die ist immer komplizierter. Ich mußte meine persönlichen Belange immer zurückstecken. Wir haben bis 1975 über einer Gaststätte gewohnt, als ich dachte: Jetzt ist's genug, jetzt baust du ... kam die Entwicklung des Betriebes hier, das Theater fing von vorne an. Ich wollte nicht Vorsitzender werden, aber die Damsdorfer sind ja 1930 hier angesiedelt worden, zwischen 1965 und 1970 haben sie das Rentenalter erreicht, im Betrieb war ein Generationswechsel, auch unter den Kadern. Um die Fragen vernünftig zu lösen, mußte ich wieder das Persönliche verschieben, und als wir schließlich anfingen zu bauen, gab es riesige Probleme, um die Genehmigung dafür zu bekommen. Meine Frau ist sehr sensibel, in diesem Hin und Her ist sie nervlich zerrieben worden. Ich kann dafür keinem anderen die Schuld geben, man muß doch auch einmal nein sagen können!
Wenn wir weggefahren sind, lag das erste Telegramm schon da, immerfort war irgend etwas zu klären. Ein Leiter, so sehe ich das heute, müßte mindestens vierzig sein, seine persönlichen Dinge geregelt und genügend Lebenserfahrung haben. Hätte ich vor fünf Jahren die Erfahrungen gehabt von heute, sähe unser Betrieb noch ganz anders aus.
Wenn wir verreisen, verbinde ich das gerne mit dem Nützlichen. In Ungarn habe ich durch meine Arbeit gute Freunde, auch in der Slowakei. Ich mag diesen Menschenschlag. Die Slowaken sind zielstrebig wie die Leute hier, wissen, was sie wollen, aber sie verbinden das mit einer anderen Lebenseinstellung, sind nicht so verbissen. Das gefällt mir sehr, meiner Frau auch.

Entscheidenden Einfluß auf mich hatte ein Landwirt aus Damsdorf. Mein Vater ist erst 1950 aus der Kriegsgefangenschaft zurückgekommen, zwischen meinem fünften und zehnten Lebensjahr hatte ich also keinen. Und da war dieser Mann, ein richtiger Landwirt! Wenn's im April regnet, warm ist und anfängt zu wachsen, kann der irgendwo zwei, drei Stunden auf einem Stein sitzen, sich das angucken und sich freuen. Überhaupt bin ich unter guten Bedingungen aufgewachsen. Meine Eltern hatten eine Gärtnerei, aber wir mußten als Kinder nicht arbeiten. Und wenn, haben wir es freiwillig gemacht. Meine Eltern sagten: Wenn die Arbeit ein anderer macht, müssen wir's bezahlen, also wenn ihr was macht, kriegt ihr auch das Geld! Das fand ich gut, als ich fünfzehn war, konnte ich mir ein Moped kaufen, später ein Motorrad.

Ich hatte gute Freunde, wir haben viele Dinge gemeinsam gemacht. Nach der Ausbildung ging dieser Kontakt auseinander, drei von ihnen gingen in die BRD. Jetzt ist es für mich schwer mit Freunden. Sie arbeiten bei uns im Betrieb, und wenn das Verhältnis zu bestimmten Kollegen zu eng ist, wird es für die anderen kompliziert.

Als ich im Betrieb anfing, war ich noch nicht in der Partei. Und es gab hier einen Genossen, der war ... na, ein Stalinist, die Eigenschaften von so einem sind ja klar. Er leitete die Genossenschaft so, daß es große Probleme gab. Ich hatte vorher an der Hochschule für Landwirtschaft gearbeitet und dort die einmalige Chance gehabt, in einem Jahr mein Diplom zu machen, ich wollte noch bleiben. Aber als ich die Dinge hier sah, durch die die Entwicklung des Betriebes negativ verlaufen wäre, bin ich, auch auf Wunsch meines Vaters, der hier Brigadier war, zurückgegangen. Der Mann wollte das verhindern, ahnte, daß ihm durch mich Konkurrenz entstehen wird, aber die Kreisleitung entschied, daß ich hier arbeiten durfte. Und dann fand ich einen Parteisekretär, der sehr sachlich war ... der Schritt in die Partei wurde für mich ganz normal.

Als Nichtgenosse hätte ich es sicher leichter, aber wenn man was verändern will, muß man Mitglied der Partei sein. Es gibt ja so 'ne Phrase: Ein Genosse kritisiert, ein Nichtgenosse meckert.
Was wir an unserem Staat vor allem verändern müssen, ist die Art und Weise der Entscheidungsfindung. Vieles bei uns neigt dazu, uniformiert zu sein, viel wird gleich zur Doktrin erhoben. Die Menschen fühlen sich dadurch in einen Rahmen gepreßt. Ich nehme mir einfach das Recht, meine Entscheidungen zu treffen, wie ich es für richtig halte, und sage das jedem. Aber so zu leben, ist unbequem. Ich würde manchmal besser fahren, wenn ich mich unterordnen könnte.
Für Dinge wie Sinn des Lebens sind für mich die zwischenmenschlichen Beziehungen das Entscheidende, also wie man Kontakte zu anderen hat, sich verständigt und auseinandersetzt ... Dabei bin ich eigentlich kein Mensch, der viel spricht. Ich kann auch nach Hause kommen, mich hinsetzen und nur Zeitung lesen. Aber meine Frau wartet den ganzen Tag darauf, daß ich komme, und möchte sich mit mir unterhalten.
Ich lese viel Fachliteratur, wenn Belletristik, dann am liebsten historische Sachen oder Bücher über Natur- und Umweltfragen.
In unserer Genossenschaft wissen wir, daß wir mit der Umwelt leben müssen. Wir mußten zwangsläufig in sie eingreifen und versuchen nun, das wieder zu korrigieren. Zum Beispiel pflanzen wir Waldflächen, die wir roden mußten, an andrer Stelle wieder an. Oder das heikle Thema Pflanzenschutz. Das Institut für Pflanzenforschung in Kleinmachnow hat in unserem Betrieb eine Außenstelle errichtet, gemeinsam beobachten wir bei der Anwendung von Giften die Natur. In dem Biotop, das wir geschaffen haben, hat sich bis jetzt die Vogelwelt nicht verringert, nur andere Vogelarten sind da. Bei uns macht ein Kollege den Pflanzenschutz, für den diese Arbeit gleichzeitig Hobby ist. Das ist meine Idealvorstellung von

einem Leiter, und ich gebe mir Mühe, jedem Aufgaben zu geben, die seiner Mentalität entsprechen. Das ist auch ein Grund dafür, daß in unserem Betrieb vieles gut läuft.

Aber was soll das hier ... alles bloß Ausschnitte. Es gibt viele Faktoren, die ein Leben beeinflussen, von denen ich hier nicht sprechen kann. Für Sie stehen hier ein paar Fakten und nackte Entscheidungen, aber wie man vorher mit sich gerungen hat, welchen Weg man geht ... das kann man doch mit ein paar Sätzen keinen nachempfinden lassen ...

ANKE, 18, BAUMSCHULFACHARBEITER Ein Berufswunsch stand bei mir nie fest. Ich wußte nur, ich muß draußen arbeiten. Über eine Kollegin meiner Mutter habe ich die Adresse der Baumschule bekommen und ab September '78 dort gelernt. In Ketzin wohnten wir in einem kleinen Internat, in Werder, wo wir Schule hatten, im Neubau auf der Jugendhöhe. Das war ein krasser Gegensatz. Da ist man oft an einem vorbeigelaufen, der mit einem im Zimmer wohnte. Bei diesen Massen von Lehrlingen hatten die Erzieher keine Zeit für den einzelnen. In Ketzin konntest du mit deinen Wünschen und Problemen zu allen kommen, bis zur Putzfrau und Küchenfrau, sie haben dir geholfen. Es war wie in einer Familie, beim Abendbrot haben wir erzählt, sind zusammen mal weggegangen. Mit meiner Erzieherin konnte ich über alles reden, zum Beispiel über die Scheidung meiner Eltern. Ich gehe heute noch zu ihr, wenn ich Sorgen habe.
Mein Beruf ist interessant. Wir ziehen Obst- und Laubgehölze, Koniferen und Rosen. Die Unterlagen werden im Herbst gepflanzt, im Sommer veredelt, dann kommen Schnittmaßnahmen. Im dritten Jahr im Herbst werden sie verkauft.
Ich bin bei den Alleegehölzen. Jetzt im Winter putzen wir Pflanzen oder schneiden aus Reisern Steckhölzer.
Beim Veredeln und Pflanzenputzen gibt es viel Handarbeit. Das geht nicht durch Maschinen zu ersetzen, ist ja nicht jede

Pflanze gleich ... Aber du hast am Tag oft zwei, drei verschiedene Arbeiten, es ist nicht eintönig. Tagelang Bäumeschneiden oder Äpfelpflücken könnte ich nicht.
Wären meine Eltern nicht geschieden, wäre ich jetzt Verkäuferin. Das wollte mein Vater, ich weiß auch nicht warum. Das Schäbigste ist, wenn Eltern ihre Kinder nicht selber über ihre Zukunft entscheiden lassen. Ich werde meinen Kindern nie irgendwas aufdrängen. Mein Vater hat mir ewig vorgehalten, daß er Abitur hat und immer: Du mußt! Und ich hab's nie geschafft. Das war furchtbar. Wenn einer lieber einfacher Arbeiter werden will, warum nicht?
Meine Eltern sind jetzt drei Jahre geschieden. Ich habe drei Geschwister. Was wir Kinder da mitgemacht haben. Zur Scheidung war ich gerade in den Prüfungen zur zehnten Klasse. Ich hätte beinah alles hingeschmissen. Und die Zeit danach ... wir mußten alles neue Möbel kaufen, und kein Geld! Mein Vater hat die ganze Wohnstube gekriegt, und meine Mutter verdient fünfhundert Mark. Die ist Elektrowicklerin im EAW Kyritz, ungelernt, vorher war sie Frisöse.
Mein Vater ist Alkoholiker. Das ganze Geld ging dafür drauf. Da hat ihm meine Mutter das Geld sperren und auf ihr Konto überweisen lassen. Er ist Schlosser im Betrieb, und nun hat er Buntmetall geklaut. Aber wenn du jeden Tag mit 'ner Aktentasche voll Buntmetall beim Schrotthandel erscheinst ... so ist er ins Gefängnis gekommen. Aber gleich darauf gab es die Amnestie.
Meine Mutter war mit den Nerven richtig fertig. Das war so schlimm mit ihm ... meine Schwester kannte ihn gar nicht anders. Abends kam sie hoch in mein Zimmer und hat geheult: Anke, der Alte ist schon wieder besoffen. Da war sie fünf, sechs Jahre alt.
In seinem Betrieb hatten sie meinem Vater immer gesagt: Na, kommste mit, einen saufen? Da hat's angefangen mit drei Bier, dann eine kleine Flasche Schnaps am Tag, dann zwei große.

Nach der Scheidung ist er bei uns eingebrochen, hat die Fernsehantenne geklaut. Und dann wollte er einmal durchs Küchenfenster, wir wohnten unten, hat die Scheibe eingedrückt. Mein Bruder kam nachts um zwei hochgerannt und hat geschrieen: Anke, steh uff! Und dann kamen wir runter, was sahen wir? Unterm Fenster auf dem Küchentisch saß meine Mutter und hat gebrüllt: Wenn du rinkommst, kriegst du das Ding drüber! Und dann hat meine große Schwester die Rührkelle genommen und meinem Vater eine drübergehauen. Das war ein entsetzliches Bild. Meiner kleinen Schwester hat sich das so eingeprägt. Meine Mutter hätte eine Kur gebraucht, das konnte sie sich nicht leisten. Die war dermaßen nervös, hat nur rumgebrüllt. Mein Bruder gibt dann patzige Antworten, da hat er von mir eine runtergekriegt. Dann hab ich zu ihr gesagt: Mutti, beruhige dich! Wir machen auch was im Haushalt! Und meinem Bruder habe ich alles einigermaßen erklärt. Jetzt verstehe ich mich mit meiner Mutter wie mit 'ner Schwester. Es ist ganz schau jetzt bei uns zu Hause.
Ich bin im Betrieb FDJ-Sekretär. Bei Versammlungen kommt es mir vor, als ob die meisten in der FDJ sind, weil sie's müssen. Aber wenn wir Veranstaltungen haben, machen sie richtig mit. Zum Beispiel bei der Schrottaktion. Den Trecker hatte uns der Betrieb gegeben. Das war lustig, da wurde noch zwei Wochen drüber geredet ... Das Geld sammeln wir, auch das von den Ernteeinsätzen, und machen dann eine große Fahrt, über Jugendtourist ins Ausland. Jeden Monat fahren wir einmal nach Brandenburg ins Theater. Bei manchen Stücken langweilen wir uns aber ganz schön. Bei einem hatten nur drei Mann mitgespielt, aber die haben einen Krach gemacht! Ich saß ganz vorn, mir hat das Trommelfell weh getan. Es ging irgendwie über Arbeit ... aber was? Das hat man nicht mitgekriegt. Spaß gemacht hat mir zum Beispiel ein Musical, wo sie verschiedene Lieder aus Filmen gebracht haben, das hat viele begeistert.

Havelobst macht große Discos, da können wir nicht immer hin, der Betrieb muß Benzin sparen, und jedesmal bis Werder ... Auch unsere Zirkel gehen gut, wir haben welche für Kochen, für Kegeln, einen Nähzirkel, und in einem machen wir aus Gips Bilderrahmen und Masken.
Unser Betrieb liegt im Kreis Nauen und ist seit 1978 auch dem HOG angeschlossen, auch unsere FDJ-Grundorganisation. Da habe ich alle Versammlungen doppelt, auch den ganzen Schreibkram, Berichte und Abrechnungen. Ich sitze abends oft bis elf. Was da alles ankommt! Und das meiste ist überflüssig.
Wenn mit der FDJ-Arbeit was nicht klappt, hilft mir die Betriebsleitung. Unser Betriebsleiter ist neu. Der alte ... der sollte uns mal eine Auszeichnung überreichen, da hat er eine Hand in der Tasche gehabt und gesagt: Na ja, hier, und guten Weg. So war der. Der neue kommt rein, gibt jedem die Hand, ob Lehrling oder Facharbeiter, und stellt sich vor. Dem kannst du mit Problemen kommen. Auch dem Parteisekretär. Wenn's um FDJ geht oder deine eigenen. Über Dinge im Betrieb können wir nicht mitreden. Zum Beispiel sollten wir 1978 für das HOG virusfreie Obstgehölze ziehen. Und jetzt, im Herbst 1980, wurden uns hundertzwanzigtausend Stück nicht abgenommen. Vermutlich hatten sie sich verplant. Aber es war schwere Arbeit, vor allem im Winter, manche haben sich verfrorene Beine geholt. Und jetzt, nach drei Jahren, sollen die Bäume verbrannt werden? Und da heißt es immer auf Anleitungen, unsere FDJler sollen Stolz empfinden auf das HOG.
Die Lehrlinge hatten gefragt, ob alle Obstgehölze Absatz finden, und der Lehrausbilder hat gesagt: Na, seht ihr noch welche? Dabei wissen alle, daß sie in Markee auf dem Acker stehen und dort und dort. Sie versuchen es also auch noch zu vertuschen.
Und wie soll ich im FDJ-Studienjahr übers Programm der SED reden, wenn ich darauf, warum die Obstgehölze nicht

verkauft werden, nicht antworten kann? Die sehen die Politik doch von ihrem Betrieb aus.
Kürzlich war in Werder auf der Friedrichshöhe ein großes Jugendforum, wir sollten Fragen stellen. Ich habe den Professor F. danach gefragt und dazu gesagt: An die Kleingärtner können wir die Bäume nicht absetzen. Er hat geantwortet, wir müßten es eben bei denen noch mal versuchen. Das war alles.
Ich bin jetzt Kandidat der Partei geworden, weil ich denke, dann kann ich vielleicht in solchen Sachen mal was verändern. Außerdem kriege ich, wie zum Beispiel jetzt über die Kreisschule, mehr Einblick in Probleme. Es war mein eigener Wunsch mit der Partei, nicht weil eine Erzieherin oder ein Lehrer es gesagt hat. Vorteile habe ich nicht dadurch, im Gegenteil, weniger Freizeit. Manchmal ödet das mich an: Versammlungen, Versammlungen ... und in der Parteischule den ganzen Tag sitzen und reden und schreiben. Und die hauen mit Wörtern rum, du mußt oft dreimal überlegen, ehe du weißt, was das bedeutet. Deshalb kommen viele Leiter auch nicht bei der Jugend an. Wenn die anfangen mit ›realistisch‹, ›opportunistisch‹ ... unsere Achtklassenabgänger wissen doch nicht, was das ist. Nach der zehnten Klasse habe ich auch oft dagesessen, und es war mir peinlich zu fragen: Was heißt das? Deshalb fragen sie eben nicht, ja? Sie hören nicht mehr hin. Ich rede mit ihnen im einfachen Ton. Erst hatte ich Angst: Wenn du FDJ-Sekretär bist und auch noch Kandidat, daß es heißt: Na, sagen wir der guten Tag, aber nichts weiter. Ich habe es aber geschafft, so daß die meisten mit vielen Problemen zu mir kommen. Darauf bin ich stolz.
Beim Übergang von der Lehre zum Beruf ist es ja schwierig. Erst denken sie: Nun biste frei! Nischt mehr mit FDJ und so. Nischt als sich ausleben! Aber nach zwei Monaten kommen sie wieder an: Ewig in der Kneipe is ooch nischt! Das weiß ich und renne keinem nach.
Zum Beispiel das Problem Geldsparen. Erst mal richtig Geld!

So denkt ein Jungfacharbeiter. Und dann hast du noch weniger als ein Lehrling. Am 15. Juli hast du ausgelernt, der erste Lohn kommt einen Monat später, und weil die Abrechnung immer vom 20. bis zum 20. geht, kriegst du also nur die ersten fünf Tage bezahlt. Hast aber dein Zimmer gekriegt und dir anzuschaffen: Brettchen, Messer ... Jetzt haben sie im Durchschnitt sechshundert, siebenhundert Markt auf die Hand, da meckert keiner mehr. Im Juli sind wir ins Ledigenwohnheim gezogen. Mein Zimmer kostet dreißig Mark Miete, Strom und Gas einbegriffen. Bloß ... die Wände! Nach einem halben Jahr haben die schon solche Risse, und wenn du mal mit der Tür knallst, fliegt der Putz ab. Mein Zimmer ist rosa und blau gestrichen, die Decke ist weiß-grau tapeziert, und weil das Rosa Hell- und Dunkelrosa ist, habe ich also vier Farben drin ... nee! Und der Flur dagegen ganz kahl, weiß! Eine schweinische Arbeit haben die gemacht. Der Klubraum hat fünf Farben. Und kalt ist es, der Ofen kaputt und der Schornstein kaputt, wir haben oft bloß zwölf bis sechzehn Grad im Zimmer. Die ersten vier können duschen, die anderen nicht mehr.

Was ich nicht gut an mir finde: Ich bestehe zu sehr auf allem. Erkläre zwar warum, wieso, aber wenn die anderen trotzdem nicht wollen, müssen sie und fertig.

Am besten reden kann ich mit den Leuten auf dem Acker. Da sagen sie ihre Meinung, ich sage meine. In der Mitgliederversammlung mit dem Leiter sagt kein Mensch was. Das ist für mich oft blamabel. Erst sagen sie, sie wollen diskutieren, ich bestelle den Leiter, und wenn er da ist? Keener weiß mehr wat. Wenn er weg ist, fangen sie an zu diskutieren.

Zum Beispiel über Versorgungsschwierigkeiten. Aber wenn ich meine Mutter nehme ... Es gibt ja selten Spee-gekörnt und Ketchup. Zum Spee-gekörnt hat sie Beziehungen über eine Schulfreundin und hat einen ganzen Schrank voll davon. Aber Ketchup? Da hängt sie aus dem Fenster, gegenüber wohnt auch eine Frau, und die meckern nun, daß es kein

Ketchup gibt. Da habe ich zu ihr gesagt: Wenn alle so Ketchup ramschen wie du Spee-gekörnt, brauchst du dich nicht zu wundern ... Trotzdem muß man die Leute verstehen.
In der Zeitung wird ja wenig über aktuelle Sachen bei uns diskutiert. Überhaupt stört mich die Art der Information. Wenn was ist, hör ich's zuerst auf dem Acker und denke: Woher kommt denn das? Aus'm Westfernsehen, klar. Ich hör mir beide Seiten an, den Westen und die DDR, und wenn du nicht blöd bist, merkst du, die spinnen drüben manchmal ganz schön was zusammen. Und da rede ich mit ihnen drüber.
Informiert werden die Leute hier eigentlich, aber ungenau und jedesmal zu spät. Auf der Kreisschule habe ich gefragt: Warum? Sie müßten erst mal alles prüfen, ob es stimmt, haben sie darauf gesagt. Aber bis dahin sind die Leute schon von drüben informiert. Wenn's dann von uns kommt, hört keiner mehr hin.
Meinen Freund sehe ich nur selten. Der wohnt in Belzig, ist Elektriker, hat das eine Wochenende Frühschicht und das andere Spätschicht. Und wenn er mal frei hat, bin ich meistens von der FDJ unterwegs. Er will, daß ich zu ihm ziehe. Ich will aber erst noch meinen Meister machen und die Bezirksparteischule. Das versteht er nicht. Wenn er auch in Ketzin wohnen würde, könnte man sich richtig drüber unterhalten. Aber wenn ich schon mal zu ihm fahre, sagt er: Heute bitte nicht. Ich seh dich so selten, wolln wir was unternehmen! Nun gut, und dann kommen wir doch drauf zu sprechen, und das endet mit Streit. Das überstehen wir beide sicher nicht. Schade. Die meisten Jungs sind so vorlaut, immer voran ... er ist anders. Ich kannte ihn schon bald ein Jahr, dachte: Ich mag ihn ja, aber er ...? Und auf einmal hat er mich gefragt – meistens fangen die doch mit Kuß an und so – nein, richtig gefragt, ob ich mit ihm gehen würde. Das hat mir gefallen. Daß man erst mit einem Mädchen was haben muß und sich dann mit ihr befreundet, finde ich nicht besonders.
Mein Freund vorher hatte das nicht verstanden mit der FDJ

und war total dagegen, daß ich Kandidat werde. Ich habe gesagt, er soll mich verstehen, ich habe bei ihm ja auch alles mitgemacht, zum Beispiel Motorcross, ich darf gar nicht dran denken! Aber da war der Einfluß seiner Kumpels: ʻne Freundin, die Kandidat ist? Ich habe versucht, mit ihnen zu reden, aber mit denen kannst du's nicht. Horst war eigentlich nicht so, aber auf dem Dorf Außenseiter sein? Als Schluß war, habe ich drei Nächte geheult, hab geschwankt: entweder Hast oder Kandidat werden ... Da hat meine Schwester mit mir geredet: Wenn er mehr auf seine Kumpels hört als auf dich, kann sowieso nichts Festes daraus werden, ja? Ich habe ihn jetzt lange nicht mehr gesehen, ich fahre nur selten nach Hause, und wenn, gehe ich nicht weg, ich trinke lieber mit meiner Mutter 'ne Flasche Wein.
Meine Mutter ... die hat so gern gestrickt, als Elektrowicklerin geht das nicht mehr. Sie muß Handbäder nehmen und bald ganz aufhören. Dieser Betrieb! Wenn ich dort wäre, ich hätte längst einen Aufstand gemacht. Die Arbeit ist nervtötend! Eine Menge Frauen in einer Halle, und da laufen die Motoren ... und die Normen, die die haben! Unmöglich! Wenn meine Mutter Viertel fünf nach Hause kommt, ist sie total fertig. Da lassen wir sie in Ruhe, erst ab sechse kann man mit ihr reden. Einmal hat sie zehn Motoren falsch gewickelt, das kann doch vorkommen, wenn einer auf Leistung arbeitet. Und es ist doch schon 'ne Strafe, wenn sie die Motoren noch mal wikkeln muß und dadurch die andern nicht schafft. Aber da sollte ihr auch noch Geld abgezogen werden. Da habe ich ein Faß aufgemacht, bis sie zur Gewerkschaft gegangen ist. Und sie hat recht bekommen. Aber sie läßt sich immer alles gefallen, ja? In Kyritz hat sie nicht die Möglichkeit, was anderes zu machen. Frisöse geht nicht mehr wegen ihrer Hände. Und in den Beinen hat sie's auch. Dabei ist sie erst neununddreißig und sieht sogar jünger aus. Wenn meine Schwester sagt, ich bin einundzwanzig, glaubt es keiner, daß es unsre Mutter ist. Jetzt hat sie einen Freund, aber heiraten will sie nie wieder.

Ich möchte auch nie heiraten, weil ich das alles mitgemacht habe zu Haus, nur vielleicht mal mit einem zusammenziehen. Ist doch viel einfacher ohne Ehe. Aber Kinder haben möchte ich unbedingt, zwei. Vielleicht hat es für sie Nachteile ohne Vater, aber bestimmt nicht solche wie bei einer Scheidung. Aber warum heiraten die meisten schon mit achtzehn? Weil sie denken: Bloß weg von den Eltern! 'ne Wohnung haben! Und dann sind sie mit zwanzig geschieden. Da macht der Staat doch was falsch mit der Förderung junger Ehen.
Was ich sehr schätze, sind die Maßnahmen für kinderreiche Familien. Habe ich selber mitgemacht: in der Schule Freiessen, einmal im Jahr Geld für Bettwäsche, Kohlen und Kindersachen usw.
Ein großes Problem für mich ist unser Brigadier. Ich bin als FDJ-Sekretär ja oft unterwegs, und wenn ich meinen Einladungsschein aus der Tasche ziehe, zieht er schon ein Gesicht. Da heißt es dann: In der FDJ braucht man nicht zu arbeiten. Aber wenn ich mal einen zur Versammlung geschickt habe, bloß für zwei Stunden, hat derjenige hinterher gesagt: Lieber arbeiten! Aber nach zwei Wochen haben sie's vergessen und meckern wieder.
Der Brigadier ist so uninteressiert an allem, an der Politik, der Arbeit, an jedem einzelnen. Alles zieht er ins Lächerliche ... Ich habe ihm mal auf einer Versammlung die Meinung gesagt, da hat er mich hinterher angeschnauzt: Wie kann man seinen Brigadier in den Dreck ziehen! Ich hab ihm gesagt: Vorher haben Sie nicht hingehört, da ist eben der nächste Schritt der Parteisekretär ...
Und dann Herr H. Der fängt dauernd an, die Liebe ins Lächerliche zu ziehen. Wir sollen vor ihm Respekt haben, weil er fünfundvierzig ist, aber dann muß er sich anders benehmen. Wir haben hier eine, Lydia, die ist ein bißchen tolpatschig. Und da hat ihr jemand ein ganzes Päckchen von diesem Gummischutz geschickt, Präservative, ja? Sie mußte zweiunddreißig Markt fuffzig zahlen, ist 'ne Riesenschweinerei!

Und jedenfalls haben die sie derart aufgezogen: Na, Lydia, schon alle verbraucht? Der Herr H. mit seinen fünfundvierzig Jahren immer voran. Der verlangt von uns Respekt.
Der Brigadier kann vor allem uns Mädchen nicht leiden. Er zieht uns willkürlich Prozente ab, und den beiden Alkoholikern gibt er volle Prämie. Wieso, haben wir gefragt, der Herr N. hat doch fast nichts gemacht? Wenn er unter Stoff steht, kann er nicht arbeiten. Wir wollten ihm nur fünfzig Prozent Prämie geben. Aber der Brigadier hat den längeren Arm. Obwohl ... er kann auch in Ordnung sein. Wenn Regentage sind, und wir haben drinnen nichts zu tun, schickt er uns um zwei nach Hause: Arbeitet da, jeder hat doch mal 'nen Strumpf zu stopfen. Und wir kriegen die Zeit bezahlt. Die anderen Brigaden müssen sie absitzen bis halb fünf. Wozu? Da müßte irgendwie die Planung anders sein, für Regentage müßte es Arbeit geben, die man drin machen kann. So, wie's jetzt ist, da kündigen viele nach einer Weile, gehen in einen Blumenladen oder ins Gewächshaus.
Seltsam, unsere Jugendlichen! Mit einem allein kannst du über alles reden, auch noch mit zweien. Sie sagen wirklich, ernst, was sie denken. Aber sobald es mehr als dreie sind, isses aus. Meinetwegen über das Thema Mann-Frau. In der Brigade sind wir zwanzig, davon zwölf Mädchen. Wenn einer anfängt von einer Freundin, fragen sie: Na, hastes endlich geschafft? Und so. Man muß doch über so was ernsthaft reden können.
Mich hatte zu Hause keiner aufgeklärt. Eine gute Freundin hat mir später viel gesagt, um nichts drumrumgeredet ... Ich hatte so 'ne Angst vor dem ersten Kuß. Mit sechzehn hatte ich dann das erstemal einen Freund. Ich war so enttäuscht, daß das zweitemal erst ein Jahr später war. Jetzt habe ich Probleme mit der Pille. Die hatten mir falsche verschrieben, ich hatte zwei Monate meine Regel nicht und sollte operiert werden. Die Angst! Kann doch sein, daß man später keine Kinder kriegen kann. Ich mußte unbedingt mit jemandem reden. Mit

meinem Freund kann ich das, sehe ihn aber nur alle vierzehn Tage. Mir war so schlecht. Da hat Gerd aus unserer FDJ-Leitung gefragt: Was hast du? Schließlich hab ich's doch erzählt und geheult. Dabei kriegte ich gar kein Kind ... Wie er sich dann mitgefreut hat, als ich sagen konnte: Ist alles gut. Ich bin ihm um den Hals gefallen, die anderen haben sonstwas gedacht. Schade, daß man mit denen nicht reden kann.
Die schönste Zeit war bei mir die Kinderzeit. Trotz der Verhältnisse zu Hause. Ich bin auf dem Dorf aufgewachsen. Wir haben Buden gebaut, dann haben wir einen Wohnwagen vom Dorf gekriegt. Wir haben auf dem Heuboden Greifen gespielt mit den Jungs, obwohl's meine Mutter verboten hat. Da bin ich runtergeflogen, genau in die Futterkrippe von den Kühen. Da lag ich, und über mir die Kuh! Da ist mir das Zeug, das den Kühen aus dem Maul läuft, in den Nacken gelaufen. Und dann habe ich sechs Wochen im Krankenhaus gelegen, weil ich mir das Schulterblatt ausgerenkt hatte. Trotzdem haben wir's wieder gemacht. Und wir Mädchen hatten uns mit geprügelt. Puppen? Nee. Mein Bruder hat immer gesagt: Meine Pippi ... Aber wir? Colt, Gürtel um, Indianerhut ... dann waren wir am glücklichsten. Wenn wir sonntags 'n Kleid anziehen sollten, haben wir getobt.
Wir haben uns halbtot geheult, als mein Vater gesagt hat: Wir ziehen in die Stadt! Und dann waren wir da und saßen sonntags in der Wohnstube und haben Fernsehen gekickt. Meine Mutter: Nun geht doch mal raus! – Wo solln wir denn hin?
Die kleinen Kinder in der Stadt, die können gar nicht spielen. Wir hatten ein Stück Holz, das war unser Gewehr und fertig! Wenn meine kleine Schwester zur Oma fährt und zurückkommt, ist die ganz anders. Die Nachbarn dort haben zwei Ponys, sie hat gespielt. Davon, denke ich, kommt auch das Rowdytum. Die wissen nicht wohin. Zum Beispiel mein Bruder. Auf dem Dorf war er noch zu klein, und als er in das Alter kam, wo man sich austoben muß, waren wir in der Stadt. Er saß nur immer da. Und '79 am ersten Mai haben sie

ihn mit dem Krankenwagen nach Hause gebracht, weil sie besoffen auf dem Festplatz unter 'ner Bude gelegen haben. Der weiß einfach nicht, was er machen soll.
Ich hänge sehr an meiner Oma. Wenn sie mal weg wäre ... ich kann mir das gar nicht vorstellen. Überhaupt sterben. Wenn ich so allein im Zimmer sitze und denke: Was ist, wenn du stirbst? Du bist weg, und alles lebt weiter ... Man weiß genau, es muß sein ... aber dann ödet mich alles an: Man arbeitet und arbeitet und arbeitet, bloß, um dann zu sterben? Ist doch ein ulkiges Gefühl, nicht wahr? Am nächsten Tag ist es meistens besser. Da lache ich wieder und mache allen Mist mit. Aber am Abend ...
Es gibt auch so Dinge, die ein bißchen wie Sterben sind. Ich hatte in der fünften, sechsten Klasse eine Freundin, wir hatten uns immer gut verstanden. Aber mir haben immerfort Sachen gefehlt. Ich habe Ilse die Schuld gegeben, einer anderen. Dann hat sich herausgestellt, es war meine Freundin. Da war ich fertig. Dabei hatte sie zu Hause viel Taschengeld gekriegt und ich keins, aber die mußte alles wegnehmen. Wenn's bloß ein Füller war, viel hatte ich ja nicht. Ich habe ihr verziehen, aber meine Freundin war sie nicht mehr. Wenn ich jetzt das Wort VERTRAUEN höre ...
Ich lese gern, alles: Märchenbücher, Romane, auch politische Bücher, Lenin oder das Manifest. Lehrbücher, die wir in der Schule haben, nicht, sind mir zu stupide.
Ich habe von meiner Oma ein altes Buch: »Hans im Schnee«. Das war lustig, ich saß in meinem Zimmer und habe laut gelacht. Meine Schwester kam rein: Was machst du denn?
Ich habe viele Bücher, auch über Gegenwart und Arbeit. Von ihnen verlange ich, daß es nicht nur heißt: der hat 'n Problem, sondern, man muß spüren, daß es nicht nur der eine ist. Ich verlange nicht, daß die Probleme am Schluß gelöst werden, ich finde es schöner, wenn man noch lange nachdenken muß: wie's dann weitergeht mit dem. Was hat er falsch und was richtig gemacht?

Mein schönstes Erlebnis war das Jugendfestival in Berlin. Obwohl ich, als ich nach Hause kam, solche Blasen an den Füßen hatte und der Lehrausbilder meine Tasche tragen mußte. Man hatte sich einfach hingesetzt, auf die Straße oder einen Brunnenrand und sich mit Jugendlichen unterhalten, die man gerade erst kennengelernt hat. Über alles. Und getanzt auf der Straße, jede Nacht durch. Das hältst du alles aus, sogar die Unterkunft. Wenn man früh um sechs nach Hause kam, sich auf die Luftmatratze legte, war keine Luft mehr drauf. Du pumpst sie auf, legst dich hin, da haben sie einem die Luft wieder rausgelassen ... Aber es war schön, wir haben noch ewig davon geredet.

FRANZ, 68, RENTNER Meine Eltern, Großeltern, Urgroßeltern waren alle Werderaner Obstzüchter. Ich kam gleich nach der Schulzeit mit in den elterlichen Betrieb. Meine Lehrausbilder waren meine Eltern. Sie hatten fünfundzwanzig Morgen Obstland, also eine große Wirtschaft, aber sie ist dann kaputtgegangen.

Ich hab ganz allein wieder angefangen, mir drei Morgen Land gekauft. 1957 hatte ich ein geschlossenes Grundstück von sechs Morgen, damit haben wir uns durchgekrabbelt.

Wir hatten 70 Süßkirschbäume, 100 Bäume Schattenmorellen, 100 Pflaumen, 50 Äpfel, darunter wuchsen Erdbeeren und alles mögliche.

Dann kam die Genossenschaft. Wir wurden vorgeladen, mußten rein, immer vier Mann, zum Unterschreiben ... das war ein Schlag für mich. Was man sich mühselig geschaffen hat, ist ja schwer herzugeben. Außerdem hatte ich für das letzte Stück Land, das ich mir gekauft hatte, noch zweitausend Mark Schulden. Ich bin zur Abteilung LPG-Recht im Kreisgericht gegangen, habe gesagt: Das Land gehört jetzt der Genossenschaft, die Schulden sind also ihr Bier!, aber die haben gesagt: Wer ist denn die Genossenschaft? Das sind Sie selber ... Als ich gezahlt hatte, kamen sie: Jetzt haben wir eine Anweisung, die Schulden der Genossenschaftsmitglieder zu übernehmen. Ich wollte die zweitausend Mark zurückhaben, aber ich kriegte sie nicht.

Auch deshalb war der Anfang in der Genossenschaft für mich sehr schwer.
Wir haben in der Brigade unsere Grundstücke gemeinsam bearbeitet, dann wurde das unrentabel, die Flecken wurden den großen Betrieben gegeben. Mein Grundstück gehört jetzt der LPG Groß Kreuz, die Bäume sind herausgerissen, ich will es gar nicht mehr sehen. Obwohl, die Bäume wären jetzt fünfzig Jahre alt, da müssen sie ja raus sein.
Im Laufe der Zeit merkte ich: Einfacher ist es gemeinsam. Wenn früher eine schlechte Ernte war, mußte man sehen, wie man das Jahr durchkam. Wenn es so war wie jetzt, die Bäume hängen voller Kirschen, und es regnet, dachte man: Noch zweimal Regen, und sie sind verfault, du kannst den ganzen Dreck abschreiben! Solche Probleme hatte man nun nicht mehr. Wir kriegten alle vier Wochen unser Geld, das konnten wir verleben, und was man nebenbei machte, konnte man wegpacken. Man will ja auch einen Notgroschen haben.
Aber unsere Genossenschaft »Pionier« war erst schlecht dran, wir kriegten nicht so große Jahresendausschüttungen wie bei »Frühling« oder »Pomona«.
Die anderen in der Genossenschaft waren Berufskollegen von mir, wir sind gut miteinander ausgekommen, haben Blumenkohl angebaut und Tomaten, plötzlich kam Schwung in die ganze Kolonne, und ab 1971 hatten wir schöne Jahresendauszahlungen, das ist ja, was den Menschen, wenn er arbeitet, am meisten interessiert.
Alle Jahre haben wir Betriebsfahrten gemacht, wo man in andere Ecken der DDR kam, und auch ein Jahreshauptvergnügen war immer. Dann wurden wir mit anderen kleinen Betrieben zur ZBE Gewächshauswirtschaft zusammengeschlossen, die Anlagen mit Obst und Feldgemüse haben wir anderen Betrieben gegeben, bei uns wurden nur noch Glas-Plast-Gewächshäuser gemacht. Damit funktioniert jetzt alles gut. Was die alles erfinden! Früher war's auch so, daß jedes Jahr was

Neues gesucht wurde, aber es ging nicht in so großen Sprüngen.
Ich war erst Gruppenleiter, dann Brigadier, dann mußte ich leider in den Handel, weil's gesundheitlich nicht mehr ging. Im Handel ist es leichter, vormittags be- und entladen, nachmittags Obstverkauf. Jetzt bin ich Rentner und arbeite nachmittags noch mit auf der Sammelstelle.
Die erste Zeit in meinem Leben, bis ich mit meiner Frau zusammen war und wir uns hochgekrabbelt haben, war nicht schön. Die Schulzeit und die Arbeitslosenjahre und dieser Krampf, wenn man in der Woche von seinem Vater nur zwei, drei Mark für die Arbeit kriegt und sehen muß, wie man auskommt ... dann der Krieg, der war plötzlich über Nacht da, das Soldatenleben. Ich war in Holland, Belgien, Frankreich, bei der Artillerie, aber dann wurde bei mir Tuberkulose festgestellt, die kam von der Kälte im Schützengraben, und ich wurde Gott sei Dank entlassen. Ich mußte dreizehn Monate in eine Heilstätte, dann kamen die Jahre mit der schlechten Ernährung, bei so 'ner Lungensache muß man ja gerade essen. Es war schwer, herauszukommen und die Gesundheit in Gang zu bringen.
Meine Frau ist aus der Uckermark, sie war früher hier bei einem Obstzüchter in Stellung. Wenn man sich hier eine Frau sucht, ist der Hauptfaktor, daß sie eine Ader für den Garten hat, wo ein Pferd zieht, zieht es durch. Sie war denn mit in der Genossenschaft, jetzt haben wir noch einen Morgen Land, womit wir ein bißchen Geld machen. Sie ist noch mit Leib und Seele dabei.
Und wir haben ja was aus uns gemacht. Vor sieben Jahren haben wir das Haus gekauft, vorher waren wir im Pachtverhältnis, jetzt haben wir ein Auto, fahren am Wochenende weg, mal nach Luckenwalde, nach Lehnin ... aber als Obstbauer hat man nicht viel Zeit dafür, ich bin glücklich, wenn ich in meinem Garten bin, das ist für mich die Freizeit.
Mit unseren zwei Jungs sind wir auch zufrieden. Der eine hat

Schlosser gelernt, der andere Gärtner, arbeitet jetzt als Technologe in der GPG Obstproduktion. Was hat er denn zu erzählen gehabt?
Sie haben, als sie jünger waren, beim Rudersport mitgemacht, da habe ich mich gefreut. So was gab's früher nicht. Gut, da waren Turnvereine, aber die Eltern sagten: Was willste da? Und heute sagt man das nicht mehr.
Gut war auch an der Genossenschaft, daß man sich nun Freunde gehalten hat. Früher, wenn man mit seiner Wirtschaft Sorgen hatte, mußte man allein sehen, wie man fertig wurde.
Mit meinem Nachbarn hier bin ich gern zusammen, wir sind zusammen aufgewachsen, ich war viel drüben, er viel hier, und so halten wir es heute. Bloß, es guckt eben jeder sein Fernsehen alleine, zusammen ist man nur, wenn einer ein Anliegen hat und man einander hilft.
Jetzt war hier das Baumblütenfest, ganz schön, aber früher kamen da viel mehr Leute, alle zehn Minuten ein Vorortzug, und Dampfer, das war für die Obstzüchter das erste Geschäft im Jahr, den Obstwein verkaufen. Vor allem den Hohen Weg hoch bis zur Friedrichshöhe ... da waren Bierzelte und Schaubuden und sonstwas. Aber es ist vielleicht ganz gut, daß es jetzt zum Blütenfest keinen Obstwein gibt, es ist ja oft ausgeartet.
Ich war neulich im Westen, mein Cousin wohnt da, der hatte hier eine Wirtschaft, ist dann, als die Genossenschaft kam, abgehauen und hat sich drüben zwei Gärtnereien aufgebaut. Ich hab sie mir angesehen. Sie sind nicht schlecht, aber ich finde es hier besser. Jeder, der was macht, weiß von vornherein, er kriegt sein Geld. Es kann mal billiger werden, aber im Grunde ist es so wie jetzt bei den Tomaten, daß der Erzeuger auf der Sammelstelle mehr dafür kriegt, als es im Geschäft dann kostet. Wenn drüben einer zehntausend Salate geplanzt hat, und es stellt sich heraus, das wird kein Geschäft, pflügt er alles unter. Sie müssen genau wissen, ehe sie was machen,

welche Sachen gehen, sonst haben sie einen Sack Schulden und werden nicht wieder froh. Mein Cousin hat's mir gezeigt: Guck mal, der ist fertig, und der, und dort der macht auch nicht mehr lange! Er selber zieht Rosen, Maiblumen und so was, da geht es, aber schlafen darf er auch nicht, er muß sehr auf Draht sein, wenn er existieren will.

Um Gott und so was kümmere ich mich nicht. Ich lebe mein Leben, was nachher kommt ... da kommt leider nischt. Man muß sich abfinden, mit dem letzten Atemzug ist's aus. Das ist ein Abwickeln des Lebens, daran konnte noch keiner was ändern. Natürlich denkt man drüber nach, was nach einem kommt, schon wegen der Kinder, man hofft ja, daß es denen gut geht. Aber das liegt an jedem Menschen selber, was er aus sich macht. Ich habe was aus mir gemacht. Bis zu dem Schlag damals mit der Genossenschaft, daß ich auf einmal nicht mehr mein freier Mann war, aber damit habe ich mich abgefunden, bin ich zufrieden mit meinem Leben.

FRANZ, 30, TECHNOLOGE Meine Eltern waren Obstzüchter hier in Werder. Ich konnte schon in der neunten Klasse mit meiner Gärtnerlehre anfangen, das war damals ein neuer Weg der Berufsausbildung. Nach der zehnten Klasse hatte ich noch ein Lehrjahr und war mit siebzehn dann schon Facharbeiter für Obstbau.
Dieser Beruf war mein Wunsch. Als mein Bruder Schlosser werden wollte, haben meine Eltern nicht reingeredet. Ich glaube, sie haben uns gut erzogen. Daß ich mich beruflich und persönlich so entwickelt habe, verdanke ich vor allem meinen Eltern.
Mein Ausbildungsbetrieb, die GPG »Pomona«, hat mich dann zur Ingenieurschule delegiert, nach meinem Abschluß als Gartenbauingenieur kam ich zur Armee, seit 1973 arbeite ich als Technologe. Ich sitze nicht am Reißbrett wie ein Technologe in der Industrie, ich habe mit der Vorbereitung und Durchführung der Produktion zu tun, durchaus mit gärtnerischen Dingen. Trotzdem wünsche ich oft, mehr fachliche Probleme auf dem Tisch zu haben, nicht so viele Fragebogen, statistische Erhebungen usw., Papierkrieg, worauf keine Rückantwort kommt, die für unsere Arbeit was bringt. Viele Kollegen sagen: Laßt bloß erst die Erntesaison sein, dann können wir uns wieder mit der Produktion befassen! Auch zu viele Versammlungen haben wir im Winter, politische und Auswertung und Vorbereitung der Ernte-

kampagnen ... im Sommer machen wir nur die, die wirklich wichtig sind.
Als ich mich entschloß, Gärtner zu werden, hatte ich an solche Sachen nicht gedacht, trotzdem würde ich diesen Beruf wieder lernen.
Ein Gärtner muß auch viele Überstunden machen, im Betrieb und zu Hause, jeder muß selbst einschätzen, wo er da eine Grenze setzt.
Mein Hobby ist der Garten. Im Betrieb habe ich viel mit der Theorie des Gartenbaus zu tun, es macht mir Spaß, nach Feierabend meinen Beruf noch einmal in der Praxis auszuüben. Ich habe im Garten fast alles, vom Obst übers Gemüse bis zu den Blumen. Der Garten darf kein Geld kosten, das, was ich investiere, muß er mindestens wieder einbringen.
Wir fahren jedes Jahr in Urlaub, unser Betrieb hat Wohnwagen und Bungalow in verschiedenen Gegenden der DDR und ein Ferienheim bei Saalfeld. Man muß für den Urlaub nur eine Zeit wählen, wo der Garten auch ohne Gärtner auskommt.
Früher habe ich Leistungssport im Rudern mitgemacht. Aber die Rudersaison fällt mit der gärtnerischen zusammen, außerdem bin ich verheiratet und habe zwei Kinder, da geht es nicht mehr. Der Leistungssport hat mir Spaß gemacht. Wir waren Lehrlinge unterschiedlicher Berufe, haben abends trainiert, montags bis freitags, in der Saison haben wir sonnabends Boote verladen und sind sonntags zur Regatta gefahren. Wir haben auch interessante Wanderfahrten gemacht, nach Neustrelitz, Rheinsberg, und auf der Elbe und Moldau von Prag bis Meißen. Diese Zeit zwischen vierzehn und zwanzig war bis jetzt die schönste in meinem Leben. Von der neunten Klasse an hatte ich in meinen schulischen Leistungen einen Aufschwung, dazu die sportlichen Erfolge, ich war unabhängig, konnte viel unternehmen ...
Ich bin seit acht Jahren verheiratet, wir haben zwei Jungs, der eine ist sieben, der andere drei. Meine Frau ist auch Gärtner, stammt aus Potsdam, wir haben uns an der Fachschule ken-

nengelernt. Jetzt arbeitet sie in der GPG in Glindow und macht die Warenabrechnung. Sie ist, soweit ich das einschätzen kann, mit ihrer Arbeit zufrieden. Wegen der Kinder hat sie eine Vierzig-Stunden-Woche, wir fangen ja früh um sechs an, während der Weichobsternte oft um fünf, ihre Arbeitszeit ist immer von Viertel acht bis sechzehn Uhr, so daß sie sich morgens um die Kinder kümmern und den Kleinen nachmittags vom Kindergarten abholen kann. Abends hat sie mit dem Haushalt zu tun oder macht mit unserem Größeren Schularbeiten. Ich kümmere mich um den Garten, um Reparaturen im Haus, um Moped und Auto, oft helfe ich auch mit im Haushalt, damit meine Frau auch mal in den Garten kommt. Wenn sie Zeit hat, liest sie auch mal ein Buch, was, da bin ich überfragt. Unsere Ehe ... toi toi toi, wir hatten bisher noch keine Probleme. Aber wenn einer von uns beiden mal jemand anderen hätte, würde die Toleranz sicher aufhören.
Unsere Kinder sollen einmal einen eigenen Standpunkt haben, eine kritische Einstellung zu ihrer Umwelt, aber auch ehrlich sein. Wenn sie einmal Mist gebaut haben, sollen sie dazu stehen. Und sie sollen sich gut ins Kolletiv einordnen. Bei unserem Jungen, der in den Kindergarten geht, merken wir am Vergleich mit Kindern, die zu Hause oder bei der Oma sind, daß er es dadurch später im Kolletiv einmal leichter hat. Aber das Wichtigste ist, daß sie gesund bleiben. In unserer Nachbarschaft ist ein Kind immer krank, da denken wir: Lieber auf eine gute Charaktereigenschaft verzichten, aber keine körperlichen Schäden!
Der größte Wunsch von mir und meiner Frau ist, bis zu unserer Silberhochzeit einmal nach Kuba zu fahren.
Mit meinem unmittelbaren Vorgesetzten im Betrieb, dem Produktionsleiter, habe ich ein gutes, kameradschaftliches Verhältnis. Er ist als Leiter nicht autoritär, schätzt auch unsere Meinungen und ist ein sehr umgänglicher Mensch.
Nicht leiden könnte ich Unehrlichkeit, wenn ein Leiter also versucht, bei einem Kollegen nur Fehler zu finden, die aber,

statt sie mit ihm selber auszuwerten, an anderer Stelle an die große Glocke hängt: Seht, der hat wieder Mist gemacht! Oder wenn man einen Kollegen gegen den anderen ausspielt. Solche Leute gibt es leider auch in unserem Betrieb, ich habe davon Gott sei Dank keinen vor der Nase.
Ich habe mich nun mit Beruf, Wohnort und Familie ziemlich festgelegt, das Interessante an meiner Arbeit ist deshalb für mich, daß so fest gar nichts liegt. Alle zwei, drei Jahre kommen neue Dinge. Wenn man in meinen SVK-Ausweis guckt, diese vielen Arbeitsstellen!, denkt man wunder wie oft ich den Betrieb gewechselt habe. Dabei bin ich ihm treu geblieben. Es war nur immer ein neuer Betrieb mit anderen, größeren Aufgaben.
Es wurden hier im Havelländischen Obstanbaugebiet in den letzten fünf Jahren ganz neue Betriebsformen gefunden, dabei gab es auch Reibereien: Wer ist nun wo zuständig? Da von heute auf morgen so große Produktionseinheiten geschaffen werden mußten, ohne daß es oft die nötigen Vorbereitungen gab, war der Arbeitsablauf manchmal sehr hektisch. Das hat sich heute gegeben, aber die Auswirkungen sieht man noch. Für die großen, schnellen Pflanzungen wurden Projekte gemacht: die und die Apfelsorte mit den und den Unterlagen! Aber die Gehölze sind oft nicht gekommen, weil die Baumschulen der DDR nicht in der Lage waren, diesen großen Leistungsanstieg mitzumachen. Dann wurde international aufgekauft, was zu kriegen war, und das wurde, unabhängig von den Projekten, gepflanzt. So haben wir Anlagen, die mindestens noch zehn Jahre stehen werden, mit denen wir uns nur rumärgern. Also mit Dingen, die wir gar nicht gewollt haben. Da gibt es Tage, wo man die Nase voll hat. Trotzdem macht mir meine Arbeit Spaß.
Wir haben im Betrieb jetzt Diskussionen um die Entwicklung der Produktion in den nächsten Jahren, also, welche Kultur wir in welchem Umfang anbauen werden. Dabei gibt es vor allem um die Erdbeeren Streit. Die staatliche Leitung fordert,

daß wir den bisherigen Produktionsumfang an Erdbeeren beibehalten sollen. Der Bedarf an Erdbeeren ist in der Volkswirtschaft nicht gedeckt, insofern muß man sie verstehen, aber wir sagen: Was sollen wir so viele Hektar Erdbeeren pflanzen, wenn wir nur niedrige Hektarerträge erreichen? Damit versorgen wir auch nicht besser! Nach der Rodung eines Erdbeerbestandes müßte auf dieser Fläche eine längere Pause eingehalten werden, um die Bodenfruchtbarkeit zu steigern, aber bei unserem jetzigen Anbauumfang geht das nicht, und die Erdbeererträge gehen ständig zurück. Um diese Sache wird es in unserem Betrieb noch viel Kampf geben.
Ich bin seit zehn Jahren Kreistagsabgeordneter und Mitglied der Kommission Jugendfragen, Körperkultur und Sport. Wir treffen uns mindestens einmal vor jeder Plenartagung, wenn es besondere Probleme gibt und wir Untersuchungen machen müssen, auch öfter.
Die letzte Plenartagung hatte zum Beispiel das Thema: Entwicklung der Elektrotechnik/Elektronik im Industriegebiet Teltow. Wir haben in den Großbetrieben Untersuchungen angestellt: Wie ist die Arbeit in den Jugendbrigaden, welche Aufgaben werden entsprechend dem Plan Wissenschaft und Technik übergeben? usw. Dadurch weitet sich ein bißchen mein Blick. Aber was wir noch nicht machen, ist, hinterher wieder in die Betriebe zu gehen und zu kontrollieren, ob auch durchgesetzt wurde, was wir angeregt haben. Insofern bin ich mit der Arbeit unserer Kommission nicht zufrieden. Das ist doch für die Leute dort, wie wenn wir immer Fragebogen kriegen, am Ende bringt es nichts.
Da müssen wir an unserer Arbeit was verändern. Aber das Wollen ist immer die eine Seite und das praktische Durchsetzen die andere, ja?
Als Kreistagsabgeordneter nehme ich im Jahr an acht Plenartagungen, acht Kommissionssitzungen teil, dazu der Tag des Abgeordneten … da sind schon zwanzig Arbeitstage weg, ohne daß ich weiß, ob ich irgendwas bewirkt habe.

Es wäre besser, wenn wir nur die Hälfte Sitzungen machten und in der restlichen Zeit nach dem Nutzen sähen.
Aber wir kriegen immer neue Aufgaben gestellt, jetzt heißt es eben Elektrotechnik / Elektronik.
In unserer Kommission war es leider auch so, daß der Vorsitzende und der Stellvertreter oft gewechselt haben. Das sind meistens Leute aus der FDJ-Kreisleitung, die werden dann irgendwohin delegiert. Unser jetziger Kommissionsvorsitzender geht Ende des Jahres zum Parteistudium, wir kriegen einen neuen, dadurch kommt wieder ein Bruch in die Arbeit.
Aber wer seine Arbeit als Abgeordneter ernst nimmt, hat doch die Möglichkeit, was zu verändern. Vor allem durch die Arbeit in der Sprechstunde. Jeder Kreistagsabgeordnete ist ja für einen Wahlkreis aufgestellt. Das war bei mir bisher das Territorium Plötzin, Göhlsdorf, Groß Kreuz, Derwitz. Hier ist unser Betrieb, ich kenne viele Leute und ihre Probleme. Eins war zum Beispiel die Trinkwasserversorgung. Ich kenne unsere Anlagen zur Wasserversorgung und konnte mitreden: So können wir's machen und so nicht! Am Ende kam für die Bürger etwas heraus.
Jetzt bin ich in den Wahlkreis Caputh umdelegiert worden, ich fühle mich dadurch vor den Kopf gestoßen. Soll ich durch den halben Kreis schaukeln, in eine Ecke, wo ich niemand kenne, mich im Rat der Gemeinde hinsetzen und sagen: Jetzt ist Sprechstunde? Das ist vertane Zeit. Die Leute, die mit einem Anliegen kommen, wenden sich an den Bürgermeister, der Kreistagsabgeordnete interessiert sie gar nicht, er hat ja keine Befugnis, im Ort zu entscheiden.
Was soll ich also dort?
Wir hatten jetzt in Potsdam eine Beratung, da wollte ich das sagen. Aber vor mir standen schon drei auf, die woanders wohnen und arbeiten als dort, wo sie als Kandidaten aufgestellt sind. Man konnte ihnen nichts sagen als: Das hat mit den Mandaten nicht hingehauen, wir sollten eben mehr in den

Kommissionen mitarbeiten ... Da dachte ich: Hilft nischt, das mußte schlucken! Und ich fahre einfach nicht nach Caputh, ich mache die Sprechstunde weiter in meinem Betrieb.
Meine Wünsche sind, daß der Frieden erhalten bleibt, meine Familie gesund ist, und daß zwischen meiner Arbeit und Freizeit ein harmonisches Verhältnis ist, keine dieser zwei Seiten zu kurz kommt.

MARIA, 30, DIPLOMGARTENBAUINGENIEUR Ich bin vor acht Jahren, nach meinem Studium in Berlin, ins Havelobst gekommen. Es war für meinen Mann und mich schwierig, uns einzuleben. Das ist ein seltsamer Schlag Menschen hier, alles dreht sich um den Garten, ums Geldverdienen nach Feierabend ... ich frage mich wozu, da gibt's für mich im Leben noch was anderes. Man sieht's den Leuten, die am meisten Geld haben, ja nicht mal an. Und wenn sie merken, da zieht einer nicht mit, der will nicht nur im Garten rackern, wird mit dem nichts unternommen. In der Ecke Glindow, Göhlsdorf hier ist es besonders schlimm, vor den Häusern sind riesige Tore, ringsum Mauern, alles ist abgeriegelt. Am Wochenende mal wegfahren? Das gibt's hier nicht, geht ja auch nicht bei so viel Land hinterm Haus.
Wir haben hier am Anfang in der Meliorationsgenossenschaft gearbeitet, mein Mann als Schweißer und Schlosser, ich hatte mit der Beregnung zu tun. Wir hatten in der Arbeit beide große Schwierigkeiten, und da ist es besonders schlimm, wenn man keinen findet, mit dem man Freundschaft schließen kann.
Nachdem wir zwei Jahre hier gewohnt haben, das Haus war noch nicht ausgebaut, sind wir nach Phöben in einen Landneubau gezogen. Da war auch ein junges Ehepaar, Absolventen der Ingenieurschule, mit ihnen haben wir uns befreundet. Die waren jung und wir auch, da ein Kind und hier eins, man

sagt: Könnt ihr nicht mal eine Stunde nach den Kleinen gukken, wir müssen weg ... und man verbringt ein paar schöne Stunden zusammen, das war ja gleich ein ganz anderes Leben!

Damals im Meliorationsbetrieb ... na ja, ich akzeptiere es, wenn gesagt wird: Du mußt dich erst einarbeiten ... aber nach Jahren sagte ich mir: Ich habe studiert, ich will eine richtige Arbeit: Nur mal hier rumpusseln und da ... das hat mich nicht ausgefüllt. Wenn ich in meinen Aufgaben ein bißchen weiter ausholen wollte, saß immer schon einer davor. Was unter diesen hundertfünfzig Mann Belegschaft an Hochschulkadern herumlief! Die Struktur und die Aufgaben des Betriebes waren aber nicht so, daß man dieses Potential hätte ausnutzen können. So haben sie auf eine günstige Gelegenheit gewartet, um einen abzuschieben. Martin, unser zweites Kind, war geboren, ich nahm das eine Jahr Freistellung in Anspruch, danach habe ich für ihn eine Pflegemutti besorgt, weil es hier mit Krippenplätzen schlecht ist, und bin in den Betrieb gegangen: Ich will wieder arbeiten. Sie hatten meine Arbeitsstelle nicht mehr ...

Wenn meine Tochter mal gut in der Schule ist und studieren möchte, werde ich mich vorher erst erkundigen, ob das Fach für sie einen Sinn hat. Sonst studiert man und studiert, und hinterher steht man da und fragt sich: Was mach ich jetzt eigentlich? Man hat nur Zeit vertan. So wie mir ging es vielen. Es gibt immer weniger Möglichkeiten, einen Diplomingenieur sinnvoll einzusetzen. Und da heißt es eben: Du arbeitest dich erst mal ein! Und nach vielen Jahren macht man das immer noch. Dann haut man entweder wieder ab oder wurstelt sich irgendwie durch.

Von meinem ehemaligen Kollegen ist einer bei Cottbus in einem Obstbaubetrieb Produktionsleiter, viele haben sich in ihren Betrieben nicht durchsetzen können und gekündigt. Einer unterrichtet jetzt an der Ingenieurschule für Gartenbau in Werder, eine Freundin von mir ist in Schwerin in der Wirtschaftsvereinigung Obst-Gemüse-Speisekartoffeln, aber sie hat auch eine Arbeit, für die sie eigentlich kein Hochschulstudium braucht ...

Wenn man einen Betrieb findet, der einem wenigstens die Ausbildung bezahlt, hat man noch Glück gehabt. Aber es kann einem auch passieren, daß gesagt wird: Hier hast du eine Planstelle als Meister oder Ingenieur, als Diplomingenieur können wir dich nicht bezahlen!

Jetzt arbeite ich im Projektierungsbetrieb. Hier fühle ich mich wohl. Wir sind zwei Arbeitsgruppen, die Standortuntersuchung und die eigentliche Projektierung. Ich bin in der ersten, wir untersuchen den Boden der Flächen, die mit Obstbäumen bepflanzt werden sollen, machen Vorschläge für die Düngung usw. Ich habe auch schon mit projektiert. Dabei kriegt man die ganze Theorie noch einmal mit, von der Bodenuntersuchung bis zur Pflanzung, die ganze Technik und die Ernte, das müssen wir ja alles durchrechnen und dann kontrollieren. Da gehen wir mit unserem Pflanzplan hinaus und gucken: Haben die Betriebe danach gepflanzt? Wenn nicht: warum? Das ist für mich sehr interessant. Und wenn man zwei, drei Jahre später durchs Gebiet fährt und sieht den Schlag siebenhundertsechzig meinetwegen, alles ist gut angewachsen und gepflegt ... das ist ein schönes Gefühl, man sieht das Ergebnis seiner Arbeit. Von meinen jetzigen Kollegen wurden auch einige nach dem Studium hierher vermittelt, mit solchen findet man sich schnell zusammen, und die zwei, drei Kollegen aus dem Raum Werder sind keine so schrecklichen Obstmucker. Unter ihnen muß man sich einfach wohl fühlen. Wie die einem helfen!

In dem Betrieb vorher war Cliquenwirtschaft, nichts wurde offen ausgesprochen. Wenn man es einmal tat, kriegte man es garantiert irgendwann zurück, und dann war man still.

In unserem Kolletiv jetzt wird ganz ehrlich über alles gesprochen, auch über uns selbst. Sie haben mir gesagt, daß ich in meiner Art sehr direkt und manchmal verletzend bin, ich

habe mir das zu Herzen genommen und mich schon ganz schön geändert. Es ist doch schlimm, wenn man durch die Gegend rennt und immer wieder dieselben Fehler macht, weil keiner sie einem sagt.
Wir haben auch viele gemeinsame Veranstaltungen, Kegelabende, Theaterfahrten, nach Potsdam und Berlin, da denke ich immer: Gott sei Dank! Ich gehe sehr gern ins Theater, und um allein hinzufahren, dazu wird man allmählich zu träge. Auch Wanderwochenende haben wir gemacht, zum Beispiel durch den Harz, mit Kindern und Ehepartnern ... Mein Mann fühlt sich dabei auch sehr wohl. In seinem Betrieb gibt es so was nicht, höchstens mal ein Betriebsfest, aber auch das selten.
Ich bin auf dem Dorf groß geworden, in der Nähe von Schwerin. Mein Vater ist Bauer, meine Mutter war Zugführerin, nach der Heirat arbeitete sie mit in der Landwirtschaft. Ich mußte auch viel helfen, aber solche Arbeit hat mir immer Spaß gemacht.
Meine älteste Schwester ist Lehrerin, mein Bruder Rinderzüchter, die andere Schwester hat EDV studiert, arbeitet bei Robotron, und die jüngste ist Krippenerzieherin.
Von uns Kindern lebt jetzt keiner mehr bei meinen Eltern, es ist dort anders als hier, wo zwei, drei Kinder unbedingt zu Hause bleiben müssen. Meine Mutter ist ein bißchen traurig darüber, aber wir sind ja eine andere Generation, haben unser eigenes Leben und unsere eigenen Probleme.
Wenn ich an die Zeit zurückdenke, wo ich sieben, acht oder zehn war, wie wir auf den Feldern, in den Strohmieten herumgetobt sind und was weiß ich ... da tun mir meine Kinder richtig leid. So spielen können die nicht. Sie werden abends zeitig ins Bett gelegt, weil morgens eben Schule ist. Wir hatten noch spätabends mit Taschenlampen Versteck gespielt. Das ging alles. Wir sind heute zu verkrampft oder zu sehr im Streß, es muß alles zack zack gehen ... die Kinder abends auf die Straße lassen? Ausgeschlossen! Mit wem sollten sie hier auch spielen?

Den Übergang vom Dorf zur Stadt hatte ich aber als wohltuend empfunden. Das Studium, das waren vier schöne, turbulente Jahre.Eingeengt fühlte ich mich erst, als die Ehe und die Praxis kamen. Wir fingen mit so vielen Problemen an. Die Wohnung taugte nichts, Geld war nicht da, die Arbeit gefiel uns beiden nicht, mein Mann ist sehr kontaktfreudig, hatte in Schwerin einen so duften Freundeskreis gehabt, der fehlte ihm, und wir hatten hier so lange vergeblich versucht, Anschluß zu finden. Da waren wir beide mit uns allein und mußten uns erst einmal gegenseitig zurechtbiegen und mit den täglichen Sorgen fertig werden. Jetzt sind wir acht Jahre verheiratet. Man sagt, es entscheide sich meistens nach sechs, sieben Jahren, ob eine Ehe hält. Da ist was Wahres dran. Es war aber auch günstig, daß Mutter, Vater und Schwiegermutter nicht da waren, man kann mit solchen Problemen doch nur allein fertig werden. Wir haben uns, in den verschiedensten Krisen, immer gesagt: Wir müssen da wieder raus, und irgendwie schaffen wir's auch, wir werden aus der Familie und dem ganzen Drumherum was machen, womit wir einigermaßen zufrieden sind! Daran muß man aber ganz fest glauben. Über die Jahre hin nur dasitzen und heulen, daß man dies und das nicht kann, da wird nischt, da hätten wir den Kopf längst in den Sand gesteckt.
Ich komme mir noch gar nicht so alt vor, wie ich bin. Früher wollte ich nie wahrhaben, daß ich älter werde, aber jetzt bin ich eine Frau von dreißig und fühle, das ist eigentlich ein schönes Alter. Jetzt hat man's geschafft und fängt an, sich wohler zu fühlen. Mit dreiundzwanzig ist man mit dem Studium fertig, aber beim Studieren wurde man nicht reifer, man fühlt sich noch nicht so alt. Eine Frau, die von achtzehn an arbeitet und Kinder hat, ist mit dreiundzwanzig ihrer Lebenserfahrung nach so weit, wie ich es mit dreißig bin. Sie ist entsprechend älter, aber auch hoffnungsloser. Sie hatte noch gar keine Zeit, sich zu fragen: Was will ich eigentlich aus mir machen?

Heute haben wir gute Freunde, aber unsere Familie, finde ich, müßte mehr tun. Wir sind seit zwei Jahren nicht mehr in Urlaub gefahren, müssen mal wieder was anderes sehen und erleben. Überhaupt Verreisen ... das ist es, was ich mir immer wünsche, und manchmal kommt es mir so hoch: Das ist die Welt, die Erdteile, warum darf ich die nicht sehen? Ich möchte so gern mal raus, zum Beispiel nach Afrika, aber dann denke ich: Da führt kein Weg rein, also was soll's ... und fühle mich in meinem ganzen Denken und Handeln irgendwie zurückgestoßen. Ja, man müßte sich erst mal richtig hier in der Republik umsehen, da gibt es auch schöne Flecken, aber ich würde mich anders fühlen, wenn ich wenigstens wüßte; da und da kann ich hin. Warum ist man unseren Bürgern so mißtrauisch gegenüber? Es würden doch nicht mehr so viele abhauen, den Leuten geht es jetzt viel besser. Worüber nörgelt man heute und worüber war's damals? Da fehlten lebensnotwendige Dinge, heute sind's manchmal nur Nippsachen.
Ich finde, man sollte versuchen, daß man sein Leben so einfach wie möglich einrichtet. Bloß nicht dieses Spießerdenken: Der hat das, also müssen wir das auch haben, sonst sind wir nicht zufrieden. Man muß sich endlich wieder einmal fragen: Was brauche ich von den materiellen Sachen eigentlich zum Glücklichsein? Klar, ich freue mich über wieder mal ein neues Kleiderstück, aber was hier so los ist, gerade in dieser Gegend, wo viele Finanzen liegen ... da ist man nur noch hinter jedem neuen Stück her, Kristall oder Schmuck und was weiß ich. Die Gefahr, daß sich das verselbständigt, das Leben verbürgerlicht, das ist für mich das Schlimmste. Unter den Frauen hier heißt es nur noch: Was hab ich an und was die? Das macht doch nicht den Sinn des Lebens aus! Aber die Gefahr ist groß, daß man in diesen Trott mit hineingerät. Man ist in jungen Jahren, will sich was anschaffen, dabei verliert man leicht das Maß und fängt dann auch an zu muckern, im Garten zu wühlen und wühlen, um Geld zu

machen. Aber arbeitet man, um zu leben, oder lebt man, um zu arbeiten? Da verzichte ich lieber auf was.
Ich beneide die Menschen zum Beispiel in Bulgarien, in der Sowjetunion, da spielt sich das Leben mehr auf der Straße ab, in der Gemeinschaft, sie sind viel lebenslustiger. Hier wird abends um sieben alles verriegelt, und man muß sich echt 'n Kopf machen: Mensch, kannst du jetzt überhaupt noch zu dem hingehen? Aber eigentlich wäre es doch ganz normal, daß man zu jemandem abends noch hingehen kann, um was zu fragen oder dies und das.
In Werder auf der Jugendhöhe, wo die Neubaublöcke sind, sitzen im Sommer abends alle vorm Haus auf der Treppe, trinken Wein und reden, das finde ich schön. Aber hier in Glindow hört man schon: Mensch, was sind denn das für Leute, haben die nichts anderes zu tun? Und das ist es: meine vier Wände, Tür zu! Bei jeder Stimme, die nach neunzehn Uhr noch laut wird, heißt es: Was sind das für welche, nee!
Aber ich kann jetzt nicht mal sagen, was ich abends am liebsten mache, ob mal wieder etwas lesen oder Handarbeiten ... Ich habe jetzt so viele Verpflichtungen und will alles gut machen, da bleibt dafür keine Zeit. Ich komme um vier nach Hause, renne einkaufen, überall anstehen ... dann dreht sich erst mal alles um die Kinder, ich will mir ihretwegen ja später mal keine Vorwürfe machen müssen.
Meine Eltern hatten wenig Zeit, sich mit uns abzugeben. Sie hatten uns gern, aber durch den täglichen Streß hatten sie keine Zeit, es uns zu zeigen, liebevoll zu sein. Unseren Kindern soll das nicht so gehen. Sie sollen zeigen können, was sie fühlen, in solchen Dingen locker sein, etwas richtig gern haben können, ohne sich dafür zu schämen. Ich selbst war immer ein bißchen verkrampft, erst mein Mann hat mir geholfen, das zu überwinden. Man muß auch etwas dafür tun, daß die Kinder zu uns richtiges Vertrauen haben. Das ist schwer, da ist immer dies oder das, was schnell gemacht werden muß, und dann schneidet man ihnen ein Wort ab oder sagt: Laß

mich in Ruhe! Man merkt es immer erst, wenn's zu spät ist. Und man spürt auch, wie sie sich freuen, wenn man mal ganz für sie da ist. Zum Kindertag waren wir mit den Rädern unterwegs, den ganzen Tag im Wald, mit einer befreundeten Familie zusammen und mit Körben Spielzeug und Fressalien. Das war schön. Manchmal merke ich erst in solchen Situationen, wenn ich meine Gedanken einmal schweifen lassen kann und mit den Kindern ganz zwanglos ein Gespräch zustande kommt, was sie bewegt. Die Sylvie hat zum Beispiel gesagt: Mami, ich hab 'n Freund. – Ja, Sylvie, sag ich, wer issn das? – Das ist der Marco, der geht schon in die zweite Klasse ... Man muß dabei genau auf ihren Ton eingehen. Und sie ist so geworden, daß sie sich nicht hinstellt und lacht, wenn mein Mann und ich uns mal drücken. – Na, ihr Schmusekatzen, sagt sie da. Und wenn wir uns streiten, sagt sie: Ach, müßt ihr denn schon wieder schimpfen!

Sie geht jetzt drei Wochen zur Schule und hat für alles eine Begeisterung: Ich denke, die muß man ihr lassen! Bei den Jungen Pionieren zum Beispiel ... soll ich sagen: Mensch, Mädchen, das Leben ist doch ein bißchen anders? Nein, sie muß da erst mal mit und die Erfahrungen dann selber machen. Diese Freiheit haben mir meine Eltern auch gelassen.

In unserem Dorf galt die Kirche viel. Obwohl meine Eltern nichts davon hielten, hätte ich mich mit vierzehn konfirmieren lassen können. Aber da dachte ich schon: Was soll's! Weiß ich, was sich Sylvie mal für eine Meinung bildet?

Als ich studiert habe, bin ich oft zur Studentengemeinde gegangen. Es wurde so offen und interessant diskutiert, überhaupt nicht nach Schema. Das fehlt der FDJ ein bißchen, gerade in diesem Gebiet, wo die Jugend eine große Rolle spielt.

Ich glaube, es ist ein Übel bei uns, daß man die Reserven nicht dort sucht, wo sie sind. Wir hatten im Studium zwei Kommilitonen, die leistungsgemäß sehr gut waren. Die Angela war ein Aß in Operationsforschung, sie war ein lieber und fleißiger Mensch. Sie wollte Forschungsstudent werden, aber sie hatte andere Anschauungen in irgendwelchen Dingen und durfte es nicht. Der andere war so gut, daß er in Moskau studieren sollte, aber er war in der Jungen Gemeinde …

Ich bin überzeugt, daß die beiden unserer Gesellschaft nützlicher sind als Leute, die nur in Schlagworten reden, heucheln und sich persönliche Vorteile von einer Parteimitgliedschaft erhoffen.

KARLA, 25, BRIGADIER Ich komme aus dem Fläming, einem Dorf mit hundertzwanzig Einwohnern. Ich hatte als Kind viel mit Tieren und Garten zu tun und dachte immer: Wenn du einen Beruf lernst, bleibst du auf dem Land!
Aus unserem Dorf war eine hier Gärtner, die hat mir den Mund wäßrig gemacht: Mensch, Karla, in Werder ist's herrlich! Wenn du aus dem Fenster guckst, ringsum die Havel ... Ich bin hingefahren, gerade zur Baumblüte, und dachte: Das versuchst du mal! So habe ich hier gelernt, dann auf der Fachschule meinen Ingenieur gemacht und bin in der LPG Groß Kreuz gelandet. Erst war ich Arbeitsgruppenleiter in einer Obstbaubrigade, danach FDJ-Sekretär, dann brauchten sie mich als Brigadier im Gemüsebau.
Ich habe vierundzwanzig Mann in der Brigade, dreiundzwanzig sind Frauen. Die Arbeit macht mir Spaß, aber das kann sicher nur ich als Brigadier sagen.
Die jungen Mädchen in meiner Brigade hatten sich auch alles anders vorgestellt, jetzt sagen sie: Immer diese eintönige, schwere Arbeit! Ich glaube, das wird immer so sein, daß man sich unter einer neuen Sache im Leben erst wunder was vorstellt, und dann ernüchtert man. Bei uns gibt es monatelang Kälte und Baumschnitt, nicht nur Ernte und reife Frucht.
Früher war alles mögliche auf den Plantagen, Erdbeeren, Sträucher, Bäume ... da war die Arbeit abwechslungsreicher, aber jetzt ist unser Betrieb auf Äpfel spezialisiert worden.

Bei Kälte und Schneeregen ist die Arbeit wirklich unzumutbar. Aber wenn wir die Frauen nach Hause schicken wollen, sagen sie: Wir kriegen dann pro Tag nur drei Regenstunden bezahlt, wir wollen lieber arbeiten.
Früher sind wir im Winter in andere Betriebe gegangen, ins Schaltgerätewerk Werder, oder haben Möhren geputzt oder Bahnhofsdienst in Seddin gemacht. Jetzt sind wir zu viele, wir können nicht alle unterbringen.
Für den Baumschnitt haben wir pneumatische Geräte, aber bei minus zwei Grad gefriert das Kondenzwasser, dann muß man mit der Hand schneiden. Heute war es so kalt, daß unser Bereichsleiter gesagt hat: Es wird nicht auf die vereisten Leitern gestiegen, das ist gegen den Arbeitsschutz! Die Jugendlichen in meiner Brigade waren froh: Ab nach Hause, mal nicht arbeiten! Aber die Älteren waren böse: Wir wollen verdienen! Sie sind in eine Niederstammanlage gegangen, wo sie keine Leitern brauchen und mit der Säge arbeiten, dabei werden sie warm. Die Jugendlichen waren dagegen, wir mußten abstimmen, sechs wollten arbeiten, vier nach Hause, also mußte ich den Mädchen zureden: Kommt, setzt euch ab und rein und wärmt euch, dann geht ihr wieder raus und zeigt euren guten Willen! Nach vielem Knurren sind sie mitgegangen. In unserer Brigade haben die Älteren eine bessere Arbeitsmoral, sie treiben die Jungen an: Na kommt, macht mal ... Die Jugendlichen nehmen die Arbeit mehr auf die leichte Schulter.
Wir haben hier im Sommer das Erntelager mit Studenten und Ausländern, und da denken die Mädchen zu Mittag schon: Heute abend ist Disco! Und die Arbeit ist Nebensache. Dadurch gibt es immer Reibereien. Man kann sich eben nicht die besten Arbeitskräfte aussuchen.
Die Älteren wurden früher mehr zur Arbeit angehalten, sie sind es gewöhnt. Zwei oder drei Junge kann man auch umkrempeln. Einmal waren nur zwei da, weil die anderen schwanger waren, die beiden hat man nach ein paar Wochen

nicht wiedererkannt, so arbeiteten die. Aber wenn alle da sind ... Die Jugendlichen wollen nicht ständig nach Leistung arbeiten und beaufsichtigt werden, eine will sogar kündigen und als Kellnerin arbeiten, da wäre sie freier. Was verdienen sie? Im Sommer zur Erntespitze fünfhundert bis sechshundert Mark, jetzt im Winter vierhundertfünfzig. Zum Jahresende bekommen sie tausend Mark Endausschüttung, dazu die Jahresendprämie. Wenn jemand neu anfängt, wird ein halbes Jahr geguckt, wie er sich einarbeitet, dann wird er LPG-Mitglied und braucht keine Steuern mehr zu zahlen.
Die meisten Mädchen bei uns wohnen in Werder auf der Jugendhöhe, viele in wilder Ehe mit einem Jungen zusammen, haben Kinder und Wohnungen, so gefällt es den meisten ganz gut. Ich sollte auch eine Wohnung in Werder kriegen, aber in so einen Betonklotz, und nur ein Zimmer? Und alle Kollegen wohnen dort zusammen, die möchte ich nach der Arbeit nicht mehr sehen.
Ich wohne hier in Phöben in einem ganz alten Haus, eine Wand ist einsturzgesperrt, ich habe eine Zwei-Raum-Wohnung mit Küche, Außentoilette, Keller und Kammern, alles, was ich brauche. In den überheizten Räumen auf der Jugendhöhe würde ich Beklemmungen kriegen. Da habe ich hier lieber Arbeit mit Heizen und so und kann mich dafür abends vor dem Haus auf die Bank setzen und erzählen. Das Persönliche ist auf dem Dorf hier besser als in der Stadt.
In Phöben kenne ich jetzt alle. Die Leute sind nett zu einem, aber bis man Kontakt bekommt, das dauert lange. Die meisten sind arbeitswütig. Kaum sind sie zu Hause, geht's in die zweite Schicht. Aus jedem bißchen, das aus dem Garten rauszuholen ist, wird Geld gemacht. Und was machen sie damit? Zum Verreisen haben sie keine Zeit, da bauen sie Eigenheime. Jeder muß ein Auto und einen Farbfernseher haben.
Ich wünsche mir später mal eine bessere Wohnung, vielleicht ein Haus, ich will heiraten und Kinder haben.
Großstadt wär für mich das Schlimmste. Es ist schon eine

Strapaze, wenn ich sonnabends nach Berlin einkaufen fahre. Da sehe ich die Leute rennen ... bloß Hasten und Asphalt und Beton. Eine Kleinstadt wäre schön. Am Dorf stört mich, daß kulturell nichts los ist. Es müßte doch wenigstens mal ein Arzt oder jemand kommen und einen Diavortrag halten. So sitzt man abends immer zu Hause.

Die Männer hier wissen jetzt im Winter, wenn es zeitig dunkel wird, nicht, was sie machen sollen. Da geht's eben in die Kneipe. Das ist der einzige Ort, wo sie ein bißchen reden können.

In meiner Freizeit mach ich gerne Handarbeiten, gehe schwimmen, ab und zu tanzen. Hier ist selten was los, wenn, ist es vom Anglerverband oder der Feuerwehr, also geschlossene Gesellschaft. Einen Freund habe ich jetzt nicht. Es ist schwer, hier jemanden kennenzulernen. Nach Werder sind schlechte Busverbindungen, es gibt dort auch keine gute Gaststätte, die länger als bis zwanzig Uhr auf hat. Hier in Phöben sind alle verheiratet, und was noch ledig ist, kann man vergessen.

Mein Mann, der braucht mal nicht schön zu sein, aber er soll einen guten Charakter haben, treu sein, arbeitsam ... Und nicht so, daß ich ihn immerfort anstoßen muß: Komm mal, mach mal ... Deshalb bin ich zum Wochenende meist auf Achse, ich habe zwei gute Freundinnen, in Bautzen und im Harz, und wir gehen dann zusammen aus. Man braucht ja auch jemanden, wo man sich alles von der Leber reden kann. Im Sommer, wenn Tomaten- und Kirschenernte ist, wird es mit dem Wegfahren schwierig, da heißt es: Du bist Brigadier, du mußt am Wochenende da sein! Wenn man das von seinen Leuten verlangt, muß man ja Vorbild sein. Das fällt mir oft schwer, und oft kommt der Punkt, wo ich sage: Jetzt reicht es, jetzt fahre ich weg!

Zu meinen Eltern fahre ich auch oft, am liebsten zu Weihnachten und zu Ostern. Es ist schön festlich dort. Und meine Mutter freut sich, wenn alle zusammen sind. Meine Eltern arbeiten beide im Stall, auch zu Weihnachten und Silvester. Aber Heiligabend nehmen sie sich Zeit, dann gehen wir zuerst in die Kirche, wenn wir zurückkommen, ist Bescherung, das ist noch feierlicher. Ich bin nicht gläubig, bezahle auch keine Kirchensteuer, aber solche Feste ohne Kirche?

Immer möchte ich nicht mehr bei meinen Eltern leben. Meine Mutter ist herzensgut, aber ... schon die ganzen Ansichten. Zum Beispiel, wenn ich mir was Neues gekauft habe: »Wir früher ... ich habe im Konfirmationsanzug geheiratet ... Was heute für Geld rausgeschmissen wird!« Mein älterer Bruder arbeitet mit ihnen im Rinderstall, sie liegen sich dauernd in den Haaren, er will es so machen, mein Vater so ... Darum ist es das Beste, wenn ich nur alle drei Wochen nach Hause komme, dann sind alle friedlich.

Meine Eltern sind richtige Arbeitstiere. Mutter geht nächstes Jahr in Rente, aber ohne Arbeit könnte sie nichts mit sich anfangen. Obwohl sie selber Viehzeug und einen großen Garten haben. Nur einmal sind sie in Urlaub gefahren. Sonst sitzen sie immer zu Hause, kramen rum. Ich sage: Fahrt mal wieder weg, das hat euch doch damals gut gefallen! Wer soll das Vieh füttern, sagen sie da. Aber das ist nur ein Vorwand, sie haben noch gar nicht versucht, das zu regeln, sie denken eben, ohne sie geht es nicht.

Überhaupt sind die Generationen sehr verschieden, das sehe ich in unserer Brigade, wenn's Geld gibt. Ich sage: Na, was macht ihr damit? Spart ihr was? Meine Jugendlichen: Nee ... Das wird gleich verpraßt. Eine hat vielleicht nur vierhundert Markt verdient, ihre Freundin hat sich im Exquisit Schuhe für hundertsiebzig Mark gekauft, da muß sie die auch haben. Sie leben nur von heute auf morgen. Bei den Älteren ist es umgedreht: Nur sparen, für die Kinder und Enkelkinder ...

Ich bin jetzt zehn Jahre von zu Hause weg. Wenn ich auf Besuch komme, fragen manche schon: Wer ist denn das? Die, mit denen ich gespielt hatte, haben alle schon Kinder, da heißt es dann: Wann bringst du mal Nachwuchs mit?

Oder meine Kollegen, wenn die von ihren Familien erzählen: Du, Karla, kannst ja nicht mitreden! Schaff dir selber erst mal Mann und Kinder an! Oft wollten sie mir schon jemanden verschaffen, besonders die Männer. Sie fragen rum oder kommen mit ihren älteren Söhnen an: Karla, der sucht auch noch ... Ich nehme das mit Humor.
Die schönste Zeit in meinem Leben war bis zur achten Klasse. Mein Bruder und ich waren mit den Nachbarskindern unzertrennlich, das gab's bei uns nie wie bei Kindern heute, daß wir nicht wußten, was wir spielen sollten.
Die schlimmste Zeit kam gleich danach, zwischen vierzehn und achtzehn, wo man nicht weiß, gehört man zu den Kindern oder zu den Erwachsenen. Ich erinnere mich, wie ich zum erstenmal tanzen war. Ich ging mit meiner Freundin, wir waren beide noch ziemlich unterentwickelt, aber wir dachten: Jetzt kommen wir rein, und alle tanzen mit uns! Wir haben den ganzen Abend dagesessen, keiner hat uns geholt. Höchstens: Was wollt ihr hier, ihr Knöppe? Geht nach Haus zu Mama! Darüber bin ich lange nicht weggekommen.
Eine schöne Zeit war meine Lehrzeit. Das war noch bei »Pomona«, wir waren höchstens dreißig Lehrlinge, in dem kleinen Internat auf der Insel in Werder. Die Erzieher kamen zu einem, wenn man mal Sorgen hatte oder keine Lust. Jetzt, in den großen Heimen, gibt es bloß Massenabfertigung.
»Pomona« hatte viele Altanlagen. Wir haben noch mitbekommen, wie man Birnen- oder Pflaumenbäume schneidet, deshalb hatte ich es dann auf der Ingenieurschule leicht. Wenn jetzt eine ausgelernt hat, und ich sage: Du bist Gärtner, zeig mal, wie schneidet man diese Hecke oder das ..? – Das haben wir nicht gelernt! Durch die Spezialisierung kennen sie nur Äpfel, sonst nichts. In der Arbeit ist für mich das Wichtigste, daß alle in der Brigade kameradschaftlich zueinander sind und zusammenhalten. Jetzt ist so ein Fall, eine junge Kollegin läßt sich scheiden, die Kinder will sie dem Mann lassen und sich noch ein bißchen amüsieren im Leben, da

schimpfen die Älteren auf sie, und die Jüngeren sticheln. Sie ist vierundzwanzig, der Mann muß abends oft in seinem Betrieb auf Pumpenwache, Marina flaniert dann mit den unverheirateten Mädchen. Bei uns waren jetzt Brücken- und Straßenbauer, die hatten hier ihre Bauwagen, Marina ist immer mit zu ihnen. Jetzt, wo der Mann die Scheidung beantragt hat, machen die anderen sie schlecht. Da hätten sie doch gleich sagen müssen: Marina, du bist verheiratet und hast Kinder! Statt dessen waren sie froh, wenn sie mitkam. Nun will sie wenigstens die Älteste behalten und den Kleinen dem Mann lassen, da heißt es: Was ist das für 'ne Mutter, reißt die Kinder auseinander. Aber mit zweien, sagt sie, kommt sie nicht durch. Sie ist auch gar nicht wie eine Mutter, ganz kindisch. Wenn sie Gerichtstermin hat, getraut sie sich nicht hin. Sie sagt: Die Richterin beschimpft mich bloß! Erst hat sie mir gar nichts gesagt über die Sache, aber nun kommt sie: Karla, was soll ich machen? Es kommen auch aus anderen Brigaden viele zu mir und wollen Rat, weil ich jung bin und eine Frau.

Zuerst hatte ich Hemmungen, Brigadier zu sein, dachte, sie sagen: Du Küken, was willst du uns denn! Aber ich habe mich nicht hingestellt, als wolle ich kommandieren, ich habe gesagt: Wir machen es gemeinsam, wolln wir das nicht mal so anpacken? Vielleicht haben sie mich deshalb akzeptiert.

Mit unserem Bereichsleiter hatte ich Glück. Als ich von der Ingenieurschule kam, hat er mich nicht spüren lassen, daß ich jung bin und keine praktischen Erfahrungen hatte. Wenn ich was gefragt habe, hat er gesagt: Komm Mädel, wir setzen uns hin und besprechen das.

Wir unternehmen in unserer Brigade auch viel in der Freizeit gemeinsam. Jedes Jahr kämpfen wir um den Titel »Sozialistische Brigade«, wenn wir den erreicht haben, bekommen wir pro Mitglied fünfundzwanzig Mark, und da ist immer die Frage: Was machen wir damit? Voriges Jahr haben wir uns in Caputh in einer Gaststätte einen schönen Abend gemacht, dieses Jahr haben wir rumgefragt, was jeder zu Hause hat,

Zelte, Luftmatratzen ... und einer ist mit dem Auto zum Kolpinsee hinter Lehnin gefahren, hat unsre zwei Omas, die sich nicht mehr auf's Rad trauen, die Zelte und einen Grill hingebracht, und wir sind auf Umwegen, vier bis fünf Stunden, zum See geradelt, haben öfter Rast gemacht, die jungen Mädels hatten was gebacken ... dann haben wir gezeltet und gegrillt, am andern Tag ging es zurück. Alle waren begeistert. Nächstes Jahr wollen wir so was über's ganze Wochenende machen. Und vorher hatten uns die anderen Brigaden ausgelacht: 'ne Radtour mit so alten Frauen? Bleibt lieber zu Hause!
Wir machen auch Rommé-, Billard- und Kegelabende, das gefällt allen. Aber nicht im Sommer. Die Älteren haben ihr Stück Land zu Hause, mit denen ist dann nichts anzufangen. Der Betrieb gibt sich auch Mühe, daß wir mal aus dem Dorf rauskommen. Wir hatten Drei-Tage-Fahrten, voriges Jahr in die Tschechoslowakei, und jedes Jahr ist ein großes Betriebsfest mit Tombola und buntem Programm. Wir waren auch im Friedrichstadtpalast und in Brandenburg im Theater. Die Stücke waren nicht schlecht, aber das Theater ist regelrecht verwahrlost. Man sitzt festlich angezogen da, und auf den Stühlen müßte man Staub wischen, da ist der ganze Abend verdorben.
Ich lese gern, gerade Theodor Storms »Ein Doppelgänger«, am liebsten aber Expeditionsberichte oder was über früher, über die Urgesellschaft, über Ausgrabungen und so. Wenn ich verreise, bringe ich immer einen Bildband mit. Ich finde es schön, wenn ich rumblättern und sagen kann: Mensch, da warst du schon mal ... Letztes Jahr war ich in Baku, Tbillissi und Jerewan. Die Landschaft dort! Quartiere hatten wir auch gute. Ich würde auch gern nach Kuba fahren, das Geld würde mir nicht leid tun. Oder nach Südamerika! In anderen sozialistischen Ländern dürfen sie wenigstens alle drei Jahre reisen, wo sie hin wollen.
Bei uns wird so viel geschimpft: ›Uns geht's schlecht, alles ist

teuer‹ … Klar, wer nie von zu Hause wegkommt, und nicht sieht, wie Leute woanders leben, der schimpft. Die ganze Unterstützung zum Beispiel für junge Ehen, und was man vom Staat kriegt, vergißt der schnell.
Heute kam unser Vorsitzender und sagte: Karla, was ist bei diesem Wetter, was machen wir mit den Frauen? Die wollen nicht nach Hause? Na, dann heizt den Wagen gut und setzt euch oft rein! Unsere Betriebsleitung interessiert sich immer dafür, wie's den Leuten draußen geht, daß sie ihre Wattejakken kriegen oder warme Stiefel und sogar Gummihandschuhe, die sie sich eigentlich selber kaufen müßten.
Auch das Essen. Wenn wir weiter draußen auf dem Feld sind, bringen sie es raus, aber nicht in solchen Blechnäpfen, sondern auf schönen Tellern. Ich finde, da kann sich keiner beschweren. Was mich stört, ist die ganze Versorgung. Die Frau in unserem Betrieb, die den Handel macht, kann nicht mehr entscheiden, wohin sie die Ernte schickt. Alles muß nach Potsdam zum Großhandel. Und da kommt vor, daß gesagt wird: Ihr dürft keinen Blumenkohl schneiden, im Bezirk Potsdam ist Blumenkohlschwemme. Und in anderen Bezirken haben sie dieses Jahr keinen Blumenkohl gesehen! Neulich war ich in Babelsberg in einer Kaufhalle, da gab's gekörntes Spee und Apfelsinen, in Phöben gibt's nicht mal klaren Schnaps. Oder wenn du 'ne Schere brauchst oder was, mußt du nach Werder fahren. Im Sommer haben wir hier doppelt so viele Urlauber wie Einwohner, dazu das Sommerlager für die Erntehelfer, wenn da die Dorfleute von der Arbeit kommen, rennen alle zum Konsum, stehen Schlange und kriegen doch nicht, was sie brauchen.
Bei uns wird angebaut und angebaut, aber was alles dranhängt, Einkaufsmöglichkeiten, sanitäre Anlagen usw., daran wird viel zu spät gedacht. In unserem Betrieb ist über die Hälfte der Leute neu eingestellt, aber haben sich die Kindergartenplätze vermehrt? Klar, das geht nicht von heute auf morgen, aber irgendwann muß es doch mal werden …

VERZEICHNIS HÄUFIG VERWENDETER ABKÜRZUNGEN

AGRA	Agrarausstellung
AWG	Arbeiterwohnungsbaugenossenschaft
BBS	Berufsbildende Schule
BLG	Betriebsgewerkschaftsleitung
EAW	Elektroanlagenwerk
EOS	Erweiterte Oberschule
FDJ	Freie Deutsche Jugend, Jugendorganisation der DDR
GPG	Gärtnerische Produktionsgenossenschaft
GST	Gesellschaft für Sport und Technik
HOG	Havelländisches Obstanbaugebiet
IGA	Internationale Gartenbau-Ausstellung
KAP	Kooperative Abteilung Pflanzenproduktion
LPG	Landwirtschaftliche Produktionsgenossenschaft
MMM	Messe der Meister von Morgen
MTS	Maschinen- und Traktiorenstation
ND	Neues Deutschland, Zentralorgan der SED
SVK-Ausweis	Sozialversicherungskasse-Ausweis
TGL-Vorschrift	Technische Normen, Gütevorschriften und Lieferbedingungen
VdgB	Vereinigung der gegenseitigen Bauernhilfe
VEB	Volkseigener Betrieb
VEG	Volkseigenes Gut
VVB	Vereinigung volkseigener Betriebe
ZBE	Zwischenbetriebliche Einrichtung